Stefan Schröder

Paläo-Nerds

Stefan Schröder

# Paläo-Nerds

## Dinosaurier, die Sehnsucht nach Abenteuer und das Erbe der Vergangenheit

Telemach-Verlag

Der Verlag weist ausdrücklich darauf hin, dass im Text enthaltene externe Links vom Verlag nur bis zum Zeitpunkt der Buchveröffentlichung eingesehen werden konnten. Auf spätere Veränderungen hat der Verlag keinerlei Einfluss. Eine Haftung des Verlags ist daher ausgeschlossen.

Bibliografische Information der Deutschen Nationalbibliothek
Die Deutsche Nationalbibliothek verzeichnet diese Publikation in der Deutschen Nationalbibliografie; detaillierte bibliografische Daten sind im Internet über http://dnb.d-nb.de abrufbar.

1. Auflage

Königsberger Str. 16, 55218 Ingelheim am Rhein

Lektorat: Sarah Küper, Mainz
Korrektorat: Marie Schumacher, Leipzig
Umschlaggestaltung: Nadine Nagel, Mainz
Autorenfoto: Fotostudio Carina Faust, Fotografin Kristin Voss, Schmallenberg
Grafiken: Oliver Klein (S. 80, *La Smerna*), Marie Rohde (S. 154f., *Das letzte Abendmahl*), Simon Felix Zoppe (S. 196, *Dorudon atrox*)
Satz und Layout: Sarah Küper, Mainz
Druck und Bindung: Azymut, Warschau, Polen

ISBN: 978-3-98641-125-1



www.telemach-verlag.de

# Inhaltsverzeichnis

# Prolog

Oktober 2018. Während der Rückfahrt von einem Familienausflug hörten wir uns im Radio ein Hörspiel an. Mein damals sechsjähriger Sohn hörte gespannt zu. Es handelte von einem Jungen, den die Großeltern in den Sommerferien mit einem Ausflug nach Südfrankreich überraschen. Dort findet eine große Sauriergrabung statt, der unser junger Hauptdarsteller beiwohnen darf. Die Geschichte neigt sich dem Ende zu. Nach der aufregenden Mitwirkung am Ausgrabungsort braucht der Kleine offenbar eine Stärkung. »›So, mein kleiner Archäologe‹, sagt die Oma, ›jetzt wollen wir mal ein Eis essen gehen.‹«

»Paläontologe«, fuhr es aus mir heraus und ich nahm einem verdutzten Autofahrer die Vorfahrt. »Es sind Paläontologen, die nach Sauriern graben, nicht Archäologen!« Das »A« in den Berufsbezeichnungen dehnte ich betont aus, damit meine Familie auch unbedingt mitbekam, wie angefressen ich war. »Warum versteht das denn niemand? Paaaläontologen sind in der Vorzeit tätig, Aaaarchäologen beginnen ungefähr bei der Entstehung der menschlichen Kultur! Schreibt denn gar keiner mehr gute Bücher heutzutage?«

Geradezu gleichmütig – diese nerdige Aufregung kannte sie längst von mir – erwiderte meine Frau auf dem Beifahrersitz: »Dann schreib doch selbst eins!«

Das hatte gesessen. Hier ist das Buch.

Hinweis:

Für ein angenehmes Leseerlebnis verwende ich hauptsächlich das generische Maskulinum. Es versteht sich von selbst, dass ich dabei stets Angehörige aller Geschlechter meine.

# Vorwort von Dr. Achim Schwermann, Paläontologe am LWL-Museum für Naturkunde, Münster

Das Telefon klingelt: »Kannst du mal eben runterkommen? Hier ist jemand mit Fossilien[1].« Manchmal ist es der spontane Besuch im Museum, doch häufiger sind es Fragen, die per E-Mail eintreffen. Tatsächlich sind wir von Fossilien umgeben – am Wegesrand, im Wald, am Strand, sogar im Garten. Nicht selten führt die Entdeckung zu einer spontanen Faszination für die »Urzeit« und der Suche nach Erklärungen. Schließlich hält man Zeitzeugen in der Hand, von denen uns nicht selten Millionen von Jahren trennen.

In einem Naturkundemuseum trifft man naturgemäß die unterschiedlichsten Fossilienbegeisterten. Nicht selten durchleben Kinder eine »Dino-Phase«, die manchmal ganze Kindergartengruppen infiziert. Sie schicken interessante Mails, gespickt mit Fragen. Nicht für alle handelt es sich dabei nur um eine Phase, sodass gelegentlich Anfragen nach einem Schülerpraktikum oder einer Facharbeit kommen. Auch Studierende kommen für Praktika, Exkursionen und Abschlussarbeiten in das Naturkundemuseum. Die Vernetzung mit Fachkollegen ergibt sich aus dem reichhaltigen Fossilienspektrum der Museumssammlung sowie der Geologie im Umland. Hier sind es vor allem die emsigen Fossiliensammler, die mit wachen Augen durch das Gelände streifen, ihre Fundstücke vorstellen und für Forschungszwecke zur Verfügung stellen. Das Finden der Fossilien ist die Basis für die Wissenschaft des vergangenen Lebens. Präparatoren können die Fossilien aus ihrer steinernen Hülle befreien. Forscher nehmen sich dieser Stücke nur zu gern an, stellen Fragen und Hypothesen auf, testen ihre Annahmen mithilfe dieser Fossilien. Wenn tatsächlich neue Erkenntnisse entstehen, werden sie gern von Paläo-Künstlern aufgegriffen, die den Organismen wieder neues Leben einhauchen – zumindest in Bildern.

Die Erdgeschichte hat eine erschlagende Vielfalt an Lebewesen hervorgebracht. *Eine* Gruppe steht dabei ganz oben auf der Liste der Lieblinge: die Dinosaurier. Die Verfilmung von Michael Crichtons Buch *Dino Park* unter dem Namen *Jurassic Park* ließ die Welt in eine Begeisterung verfallen, die bis heute anhält. Das allgemeine Interesse an Fossilien und Dinosauriern hilft auch dem wissenschaftlichen Fach: Die Grundlagenforschung liefert die harten Fakten, die dann auf verschiedenen Wegen für populäre Zwecke genutzt werden. Die Präsenz in der breiten Öffentlichkeit schafft in der Umkehr wiederum eine größere Akzeptanz für die Wissenschaft. In diesem sehr einfach dargestellten Kreislauf spielen eine Vielzahl von Interessierten, Faszinierten, Sammlern und Forschern eine Rolle, und nicht immer kann man hier von klar abgrenzbaren Kategorien sprechen. Die Übergänge können fließend sein. Die Wissenschaft lebt von unterschiedlichen Betrachtungs- und Herangehensweisen, sodass es oftmals zweitrangig ist, welche Position tatsächlich eingenommen wird.

Ein schönes Beispiel für diese fließenden Grenzen ist der Autor dieses Buches. Verpackt in eine Interviewanfrage erreichte mich vor einigen Jahren seine Idee, die Ausgrabung des *LWL-Museums für Naturkunde* im Sauerland zu besuchen. Er selbst beschrieb sich damals als erwachsenen Urzeit-Fan und hatte schon handfeste Pläne für seinen später in einem sauerländischen *Lebensart*-Magazin erschienenen Artikel. Nur zu gern sagte ich ihm zu: Dem Interview und »einem Tag Dinograbung« stand nichts im Weg. Schon vor dem geplanten Datum hatte er vom Grabungsteam seinen Titel bekommen: der »Grabende Reporter«. Aus dem Urzeitfan war ein wichtiges Bindeglied zwischen trockener Wissenschaft und breiter Öffentlichkeit geworden.

Stefan blieb der Grabung treu und kam auch in den folgenden Sommern immer wieder vorbei. Mit seinem Buch *Paläo-Nerds* folgt nun ein Ergebnis seiner Faszination für fossile Lebewesen und die Paläontologie. Für den Leser spinnt er unterschiedliche Fäden aus Wissenschaft, Popkultur und persönlichen Erfahrungen zusammen.

Gerne möchte ich Stefan nicht nur als Urzeitfan, sondern auch als Wissenschaftler für dieses Buch danken, da es in seiner Weise das

Verständnis für Grundlagenforschung unterstützt. Dem Leser wünsche ich gute Unterhaltung. Möge ein Teil der Faszination abfärben!

Herzliche Grüße
Dr. Achim Schwermann

# Kapitel 1
# **Herzlich willkommen!**

*»Ich habe das Gefühl, nur dann wirklich über mich selbst zu bestimmen, wenn ich der Drift meiner Einbildungskraft, der Schwerkraft meiner Phantasie folge.«*[2]
Peter Bieri, Schweizer Philosoph und Schriftsteller

Liebe Leserin, lieber Leser!

Wir produzieren täglich weltweit etwa 500 Millionen Tweets, 294 Milliarden E-Mails, vier Millionen Terabyte an *Facebook*-Daten, 65 Milliarden *WhatsApp*-Nachrichten und 720.000 Stunden an neuen Inhalten im Internet. Zudem sind im Jahr 2022 rund 64.300 neue Buchtitel allein auf dem deutschen Markt erschienen.[3] Eine Flut an Informationen überrollt uns. Und dann komme ich daher und bringe ein weiteres Buch auf den Markt. Im Ernst?

Ja, im Ernst. Seit über 40 Jahren schicken die Dinosaurier und andere Lebewesen der Urzeit meine Vorstellungskraft auf Reisen: Wie sahen sie wirklich aus? Wo und wie haben sie gelebt? Wie sind sie umgekommen? Wie sahen ihre Lebensräume aus? Als Wesen, die wirklich existierten, brauchen sie von uns zu ihrer »Wiederauferstehung« neben präziser wissenschaftlicher Arbeit auch Kreativität und Fantasie. Manchmal finden wir nur kleine Knochenbruchstücke, wenig eindeutige Abdrücke oder winzige Zähnchen. In seltenen Glücksfällen konservierte sich sogar Interaktion, zum Beispiel beim bibergroßen Säuger *Repenomamus*, in dessen Magengegend zahlreiche Knochen von Dinosaurierbabys der Gattung *Psittacosaurus* entdeckt wurden. Das stellt den Mythos der im Erdmittelalter ständig von den Dinosauriern unterdrückten, »armen« Säugetiere ein wenig auf den Kopf, oder?

In derartige Fragestellungen kann ich mich stundenlang vertiefen. Weil ich obendrein Bücher mag, die sich wie Fanpost an die Urzeit lesen, habe ich nun selbst eins geschrieben. Das Erscheinungsjahr ist günstig, denn die Dinos feiern ein besonderes Jubiläum: Vor genau 200 Jahren wurde mit dem enormen Fleischfresser *Megalosaurus* erstmals ein Dinosaurier wissenschaftlich beschrieben.[4]

Und Sie? Wollten Sie sich nicht schon längst mal wieder in ein Abenteuer stürzen, abtauchen in eine Expedition zu den Schnittmengen von nüchterner Wissenschaft und überbordender Fantasie?

Lieber ein Abenteuer als ein teurer Abend: In einer Zeit des oberflächlichen Konsums, der wachsenden Verzweiflung angesichts der Menge schlechter Nachrichten sowie der verzweifelten Frage nach dem Sinn all dessen, was gerade schief geht, sehnen sich viele Menschen einerseits nach karnevalistischem Rausch, andererseits nach Erlebnissen und Erkenntnissen, die wirklich bewegen. Mehr denn je brauchen wir eine umfassende Geschichte, die uns von unserer Herkunft, unserem Platz in der Welt und davon ausgehend von dem erzählen, was zukünftig möglich ist. Eine Geschichte, die trotz zahlreicher kritischer Abschnitte auch Spaß macht und Hoffnung gibt. Niemand kann durchgehend als tumber Eierkratzer in müffelnder Jogginghose vor sich hin vegetieren, ab und an braucht man die ganz großen Fragen.

Wenn wir uns gelegentlich mal mies fühlen, sollten wir daran denken: Das Leben selbst war schon von dem endgültigen Aus bedroht, da war an das Erscheinen des Menschen nicht mal ansatzweise zu denken. Feuriges Magma, das sich aus gigantischen Höllenschlünden über ganze Kontinente ergoss, weltumspannende Eiszeiten, die das wenige noch vorhandene Leben in tief gelegene Höhlen zurückdrängten oder Himmelskörper aus dem All, von denen einer binnen weniger Wochen die Dynastie der Dinosaurier auslöschte: An existenziellen Bedrohungen hat es dem Leben in den gut vier Milliarden Jahren seit seiner Entstehung nun wirklich nicht gemangelt.

Und doch fand es immer wieder einen Weg, sich trotzig aus der Asche zu erheben. Es reckte sich, streckte sich, wischte sich den Staub aus den Augen und fragte: »War was?« Aufstehen, Krönchen richten, weiter gehen – Mut, Fantasie und Forschergeist helfen auch uns, unser Leben befriedigend zu gestalten.

So wie die wackeren Gesellen auf dem Buchcover[5] aus Knochenbergen auferstanden sind, um uns forsch den Spiegel vorzuhalten, eröffnen sich auch in unseren Leben immer wieder neue, brauchbare Perspektiven, egal, wie groß die vermeintliche Niederlage auch gewesen sein mag.

Ich bin fest davon überzeugt, dass eine Reise in die Erdgeschichte und zu Menschen, deren Leben sie ebenso nachhaltig beeinflusst wie meins, uns aus dem Grau der alltäglichen Niederlagen reißen kann. Dabei ist die Vielfalt der Menschen, die das Erbe der Dinosaurier und anderer Lebewesen der Vorzeit in Wissenschaft und Kulturbetrieb pflegen – einige davon lernen Sie in Kürze kennen – ebenso bunt wie die Menagerie der Lebewesen, die sie ausgraben, erforschen und feiern. Vielfalt ist ansteckend.

Ein echtes Abenteuer verlangt Einsatz und kann uns tief beeindrucken. Vom lateinischen »Adventus« für »Ankunft« abgeleitet, hat ein Abenteuer von Beginn an sein Ziel im Blick. Bestenfalls schickt es eine veränderte Version unserer selbst gestärkt zurück in die anstrengende Welt.

Ihr Interesse, Ihre Sehnsucht und vielleicht auch der Nerd in Ihnen haben Sie mit dem Griff zu diesem Buch in Richtung Urzeit gelenkt. Dabei haben Sie, keine Frage, die heiteren Knochengestelle auf dem Cover schnell als Dinosaurier identifiziert, obwohl es die beiden als echte Arten so gar nicht gegeben hat. Wäre ja auch noch schöner, ein Saurier mit Brille. Die Grafikabteilung des Verlages hat sich die beiden ausgedacht, und doch weiß jeder, auch ohne den Blick auf den Untertitel, was gemeint ist. Woran das wohl liegt? Finden wir auch das heraus!

Hier liegen Sie richtig! Doch bleiben Sie bitte nicht zu lange liegen! Lassen Sie uns lieber aufbrechen zu wunderbaren Episoden, wie sie uns so nur die Erdgeschichte und ihr Gefolge erzählen können!

Bereits seit vier Jahrzehnten bin ich in der Prähistorie unterwegs und immer wieder spüre ich: Kaum ein anderes Forschungs- und Betätigungsfeld liefert so viel Überraschung, Leidenschaft und

Wahnsinn; kaum ein anderer Bereich in Wissenschaft und Kultur lässt Menschen immer noch und immer wieder derart über sich hinauswachsen; kaum irgendwo sonst liegt eine tiefere Befriedigung verborgen als hier. Doch Vorsicht! Mut und Verzweiflung liegen eng beieinander. Auf den folgenden Seiten balancieren wir durchgängig auf dem schmalen Grat zwischen dem, was wir längst zu können glauben und dem, wovor wir uns noch fürchten. Wir sind eben typische Säugetiere und tapsen permanent in der Schnittmenge von Können, Wissen und Angst vor dem Ungewissen umher.[6] Aber es hilft ja nix: Nur in dieser Zone sind vergnügliche Lernerfolge möglich.

Pirschen wir uns also kühn heran an oft vertraute, andersartige Kreaturen in ihrem natürlichen Lebensraum! Hören wir gespannt den Nerds und Fans zu, denen die Urzeit die Welt bedeutet. Blicken wir staunend den Menschen über die Schulter, die sie ans Tageslicht befördern. Sie sind Meister der Ausgrabung sowie der Rekonstruktion und transportieren oft anhand dürftiger Hinweislagen ganze vorzeitliche Welten aus vermeintlich ewiger Versenkung in die heutige Welt.

## Ihr Reiseleiter

Ich möchte ehrlich zu Ihnen sein: Ich bin kein professioneller Geowissenschaftler. Als nach meinem Abitur die Berufsentscheidung anstand, bekam ich kalte Füße und schreckte aufgrund des hohen Chemieanteils vor dem Studium der Geologie zurück. Während einer der damals leider viel zu seltenen Berufswahlveranstaltungen war ich bereits im Geologisch-Paläontologischen Institut der Universität Münster zu Besuch, hatte Hammer und Meißel quasi schon in der Hand. Doch das Periodensystem der Elemente an der Wand und der stark chemielastige Studienplan der ersten Semester waren echte Abtörner. Was hatte das alles mit den Dinos zu tun? Also schrieb ich mich ganz pragmatisch als Lehramtsstudent für Gymnasien ein. Clever, wie ich war, hatte ich mich dabei für die Fächer Englisch und Biologie entschieden. Biologie! Natürlich war auch dieses Mal mein Endgegner die Chemie. Dazu gesellte sich das wunderbar lebendige, vor wundervollen, praxisnahen, erquicklichen Angeboten geradezu berstende Altenglisch. Oh my God! Ich konnte nicht erkennen, dass ich, der *wollte*, auch Lehrer werden *sollte*. Frustriert brach ich das Studium ab und verdingte mich zunächst für viele Monate als Fabrikarbeiter. Schließlich wurde ich diplomierter Sozialarbeiter.

Verhinderter Geologe? Studienabbrecher? Sozialpädagoge? Einen geeigneteren Reiseführer in die Vorzeit werden Sie wohl nirgends finden! Wenn uns einmal ein gefährlicher Raptor zu nahe kommt, kann ich ihn ja bei einem netten Tässchen Tee fragen, was genau ihn denn gerade so wütend macht und was er jetzt für sich braucht, um ein bisschen herunterzukommen. Gern vermittle ich außerdem mit erprobten Gesprächstechniken zwischen den inneren Teams eines hormongetränkten *Triceratops* und eines kampfeslustigen *T.rex*, dem in ewiger Streitlust verbundenen Traumpaar der Paläontologie. Wenn ich schlussendlich mein Ziel einer friedlichen Einigung der Kolosse verfehlt habe und als vor Blut triefendes, vom Horn des Triceratops durchstoßenes Wrack an dessen Riesenschädel hin und her baumle, werde ich ein letztes Mal und unverzagt wie eh und je in die Anti-Aggressions-Runde fragen: »Was macht das jetzt mit euch?« Sehen Sie? Ihnen kann wirklich nichts passieren!

## Erwartungen

Was ich von Ihnen erwarte? Nun, neben dem Kaufpreis des Buches, dafür ganz herzlichen Dank, Sie sind ein guter Mensch, verlange ich nicht weniger, als dass Sie sich mir mit Haut und Haaren verschreiben, mir blind und ergeben überall hin folgen und dabei meine unerschöpfliche Weisheit auf Schritt und Tritt bewundern. Und werfen Sie keinen Müll auf den Weg!

Blödsinn! Ein gerüttelt Maß an Neugier auf kluge Menschen und bizarre Tiere, eine Handvoll Abenteuerlust sowie ein wenig Courage werden genügen, um unsere Reise lohnenswert zu gestalten. Fantasie natürlich. Und Mut zur Lücke. Die Erdgeschichte ist ein Zeitraum, der sich dem menschlichen Vorstellungsvermögen komplett entzieht.[7] Viereinhalb Milliarden Jahre, überlegen Sie mal! Zudem befassen sich so unendlich viele Menschen mit der Geschichte der Erde, dass ich leider nicht alle treffen, begleiten und interviewen kann. Haben Sie bitte auch den Mut, sich immer wieder Ihr eigenes Urteil zu bilden. Ich bin nicht perfekt, aber ich lasse Sie nicht allein!

Unabdingbar ist eine kurze Information zum Buchtitel. Die Beschreibung »Paläo-Nerd« ist ein kombinierter Begriff und wurde erstmals vor etwa sechs Jahren in den USA verwendet. Man hatte beobachtet, wie verbreitet und ausgeprägt der Drang einiger Menschen zur Erforschung der Urzeit und zur populärwissenschaftlichen Begleitung dieses Bereiches war. Der Begriff setzt sich zusammen aus dem altgriechischen Wort »palaós«, was so viel wie »alt« bedeutet, und dem englischen Wort »nerd« (ursprünglich »nert«), das als verlängerte Aussprache des Wortes »nut« interpretiert wird. Als »nut«, wörtlich »Nuss«, wurden anfangs verrückte und/oder übermäßig stark einem bestimmten Thema anhaftende Personen bezeichnet.[8] Bezog sich »Nerd« zu Beginn seiner Verwendung eher auf von der damals neu aufkommenden Computertechnologie besessene Menschen, erweiterte sich der Verwendungsbereich im Laufe der Zeit auch auf andere Bereiche von Wissenschaft und Popkultur. Anfangs wurden mit einem »Nerd« häufig asoziales Verhalten, schlecht sitzende, übel riechende Cordkleidung und fettiges Haar assoziiert. Darüber hinaus galt als Markenzeichen eines »Nerds« sein Referieren über scheinbar abseitigste Themen und Details, denen er geradezu verfallen schien. Schließlich fand eine positive Umdeutung des Begriffs statt, vermutlich, indem die so bezeichneten Gruppen ihn in augenzwinkernden Akten der Selbstermächtigung für sich selbst benutzten. Heute gilt »Nerd« als selbstironisch verwendetes »Geusen-« oder »Trotzwort«, vergleichbar mit dem anfangs abfällig gemeinten »schwul« oder der von den Alliierten verwendeten Produktwarnung »Made in Germany«, die heute als Qualitätsmerkmal gilt.

Ich beschreibe mich selbst als Paläo-Nerd und habe durch mein nebenberufliches Selbststudium der Urzeitforschung und aktive Mitarbeit in von ihr angetriebenen Teilen der Popkultur meine fehlende fachliche Ausbildung kompensiert. Selbstverständlich war ich schon

Jahrzehnte vor dem Ernst des Lebens *der* Dino-Experte schlechthin, hielt als solcher Vorträge in Kindergärten (*»… und das Nest von Maiasaura war sooooo groß, dass eure gesamte Bienengruppe locker hinein gepasst hätte!«*) und Schulen (*»Die ersten Wale lebten an Land. Wie, das glaubst du nicht? Na dann schau mal hier…«*) und habe einer Schülerin lange vor *Wikipedia* bei einem anspruchsvollen Referat über den gar nicht mal so spektakulären *Wannanosaurus* geholfen, wodurch sie eine Eins bekam. Was kann schon schief gehen? Brechen wir auf!

Auf einer Abenteuerreise ist das Verharren im Bekannten ebenso gefährlich wie unüberlegtes Vorpreschen. Hören wir zu sehr auf unsere Angst, verwahrlosen Körper und Geist. Geben wir ihr zu wenig Raum, würden wir noch im Maul des Säbelzahntigers jauchzen, wie geil sich denn jetzt *dieser* Adrenalinkick wieder anfühlt! Jippie!

Stillstand, Furcht und Mut: Nur unsere eigene Art ist sich dieses herausfordernden Spannungsfeldes bewusst. Immer, wenn wir Menschen es uns im Laufe unserer Entwicklungsgeschichte zu lange bequem gemacht haben, ging die Sache nach hinten los. Das Tückische an unserer Programmierung als Mängelwesen ist: Je mehr wir haben, desto mehr wollen wir. Die Sesshaftwerdung des Menschen erweist sich genau deshalb jetzt als Bumerang. Die gleiche Erfahrung werden spätere Generationen mit der Digitalisierung machen, denn sie ist schon jetzt zum bloßen Selbstzweck degeneriert. Mit Implantaten im Kopf, die uns virtuelle Wunschwelten wie gebratene Tauben ins Maul transportieren, werden sich einige wenige *Homo sapiens*, wunderbar miteinander vernetzt, den neuesten B-Promi-Smalltalk entgegen schnattern und dabei in von Dürre oder Flut verwüsteten, artenarmen und resonanzschwachen Landschaften herumsitzen, die Rücken kaputt, die Lungen vergiftet, die Hirne korrumpiert. Da bevorzugen wir doch Mut, Schweiß und Tränen, oder? Sollen Sie haben!

Niemand will, dass sein Leben nur ein vergänglicher Furz im Kosmos ist. Wir brauchen ein Gefühl von Bedeutung, sehnen uns nach Anerkennung und möchten, dass das, was wir tun, gesehen und gewürdigt wird. Wir möchten frei, unabhängig und selbstwirksam leben. Wir brauchen die Geborgenheit und Resonanz des warmen Feuers, an dem wir mit Artgenossen unsere Vergangenheit, unsere Geschichten und unsere Hoffnungen teilen. Und immer wieder brauchen wir den Aufbruch.

## Unsere Route

Zu Beginn unserer Reise werden wir uns fragen: Was genau machen wir hier eigentlich? Wir legen Rüstzeug und Marschverpflegung bereit und reisen zunächst in das Sauerland, ja, tatsächlich, und damit auch ins Deutschland der unteren Kreidezeit. Anschließend steigen wir hinab in die sumpfigen Tiefen des Karbon-Zeitalters, wo sich unsere Säugetiervorfahren von ihren schuppigen Ursprüngen lossagten, um fortan eigene Wege zu gehen. Bei dieser Dschungelprüfung lernen wir mit unseren reptilischen Wurzeln auch den Dino in uns besser kennen. Er wird uns zugleich vertraut und fremd erscheinen, was ihn zu einem perfekten Verbündeten macht.[9] Daran anschließend übergebe ich Sie für ein Kapitel an einen Stargast, um den ich lange werben musste – lassen Sie sich überraschen! Im Anschluss an einen fulminanten Auftritt nebst Zugabe lässt er an der Theke noch ein Weilchen lang lehrreiche Nähkästchengeschichten aus erster Hand vom Stapel: wie einst der Mond entstand, was Leben eigentlich ist, wie sich ein Fußbad in der Ursuppe angefühlt hätte, welche(n) Wirbel unsere frühesten Ahnen um ihre Säule machten, warum das Leben an Land zunächst eher stolperte als ging, wie ganze Kontinente auf der Erdoberfläche auftauchten sowie wieder vergingen und wie in Afrika erstmals die menschengemachten Feuer flackerten.

Er wird uns auch ganz schön die Leviten lesen, ihm können wir schon längst nichts mehr vormachen. Er hat unseren Aufstieg erlebt, er wird wohl unseren Niedergang bezeugen. Doch er zeigt uns auch, dass für das Leben an sich immer wieder Hoffnung besteht.

So ermutigt treffen wir auf Verbündete, die auf dieselben Themen abfahren wie wir: andere Paläo-Nerds! Sie werden uns berichten, wie die Erdgeschichte sie in ihren Bann zieht und warum sie sich nicht dagegen wehren.

Anschließend sind wir hoffentlich bereit für eine kleine Prüfung. Dann gilt es, *diejenigen* angemessen zu begleiten, die sich erstmals in das »Abenteuer Urzeit« stürzen möchten. Ganz instinktiv und unbedarft stellen uns nämlich die Kinder ihre Fragen. Woher kommt alles, wohin will alles und warum ist nicht nichts? Die Dinosaurier sind dafür als Antworten so geeignet wie ein Achter-Legostein: für sich schon interessant, zugleich kompatibel mit fast allen anderen Klötzchen und dadurch oft wesentlicher Bestandteil komplexerer Bauten.

Dann wird es kurz heikel, denn die Urzeit und die Dinosaurier braucht es ja nicht unbedingt. Es soll sogar Menschen geben, die Dinosaurier nicht mögen und die mit der Geschichte unseres Planeten so überhaupt nichts anfangen können. Das können wir aber gut aushalten, denn seine Sehnsucht und seinen inneren Nerd kann man auf tausendundeine andere Art und Weise nähren. Auch darüber wird zu sprechen sein.

Doch *wer* wie Sie, ich und unsere neugewonnenen Bekannten die Erdgeschichte auch als Erwachsener noch liebt, braucht sich genauso wenig dafür zu schämen wie all die Nerds und Abenteurer, die anderen Leidenschaften frönen.

Schließlich trennen sich unsere Wege, aber nicht, ohne dass ich Ihnen einige praktische Ideen an die Hand gegeben habe: Wie können Sie den Paläontologen in Ihnen mal so richtig von der Leine lassen?

Eins noch: Abenteuer kann man naturgemäß nicht zu 100 Prozent planen. Ab und zu könnten wir uns in einer Sackgasse wähnen. In manchen Momenten können wir bestenfalls erahnen, was ein bestimmter Teil der Reise noch mit uns und der Erdgeschichte zu tun hat. Hier hilft uns die Überzeugung, dass Umwege die Ortskenntnis erhöhen. Wer schwankt, hat mehr vom Weg. Zur Ermutigung: Es kommt nur sehr selten vor, dass mir wirklich gar nichts mehr einfällt, egal, wie weit ich mich augenscheinlich verrannt habe.

Mein zwischenzeitlich vielleicht etwas ausgeprägtes Fallenlassen von allerlei Namen bitte ich zu verzeihen: Verstehen Sie es als Zeichen meines geradezu kindlichen Stolzes, Teil dieser enormen Vielfalt von Menschen zu sein, die in Gedanken, Worten und Werken der Erdgeschichte huldigen.

Ich werde immer wieder mal eine heitere oder nachdenkliche Rast einbauen. Diese Pausen möchte ich »Intermezzo« nennen. Dann dürfen Sie nach Belieben Aufgaben lösen und provokative Anregungen überdenken. Jetzt aber los!

# Kapitel 2
# Was mache ich hier eigentlich?

*»Wir leben in einer mysteriösen Welt voller Unsicherheiten. Und regelmäßig treffen wir Annahmen, um uns diese zu erklären. Frieden mit der Komplexität unserer menschlichen Erfahrung zu schließen, erlaubt uns, unserem natürlichen Zustand der Verwirrung zu entkommen. Erlaubt uns zu überleben.«*[10]
Rick Rubin, US-amerikanischer Musikproduzent (Übers. d. A.)

Fragen wir zunächst uns selbst und, das klingt jetzt vielleicht ein bisschen esoterisch, das Leben selbst, was genau wir auf dieser Welt zu suchen haben. Oft denke ich: Antworten haben wir schon genug, stellen wir uns lieber gute Fragen. Eine, die uns immer wieder dabei helfen kann, unseren Standort zu bestimmen, ist: »Was mache ich hier eigentlich?«

## Eine Frage, die verbindet

»Was mache ich hier eigentlich?«, fragt sich der Forschende, der Stunde um Stunde mit dem Zahnarztbohrer Gestein von vorzeitlichen Knochen löst. Die Erdgeschichte könnte antworten: »Du suchst nach Erkenntnis. Du befriedigst das urmenschliche Bedürfnis, deinen Standort im großen Ganzen zu bestimmen. Du befriedigst deine angeborene Neugier.«

»Was mache ich hier eigentlich?«, fragt sich die Liebhaberin von Dinosaurier-Devotionalien, die ihrer opulenten Sammlung schon wieder ein sündhaft teures Exponat hinzugefügt hat. Die Antwort könnte lauten: »Du schaffst Ordnung. Das Leben da draußen ist wild und chaotisch, da ist es verständlich, wenn du den Wunsch hast, etwas nach deiner Regie zu arrangieren und zu zähmen, und sei es, dass du die Schädelreplik eines Diplodocus in einer Schauvitrine in Szene setzt.«

»Was mache ich hier eigentlich?«, fragt sich der mittlere Angestellte mit Führungsverantwortung, der dank sinkender Umsätze wieder einmal seinen drängelnden Chef im Nacken spürt und den Stress abends an seiner Familie auslässt. Wenn er genau auf die Antwort hört, wird er womöglich bemerken, dass ihm gerade die Erdung fehlt.

»Was mache ich hier eigentlich?«, fragt sich auch der Neuautor, der gut und gerne weitere Jahrzehnte die Erdgeschichte und ihr Gefolge fruchtlos hätte anschwärmen können. So hätte er sich mühsame Stunden am Schreibtisch gespart – nur, um sich für den Rest seines Lebens zu fragen, wie es wohl gewesen wäre, ein eigenes Buch über seine Leidenschaft zu veröffentlichen.

»Was mache ich hier eigentlich?«, das hat sich keiner unserer tierischen Vorgänger und Mitbewohner auf diesem Planeten jemals gefragt. Es liegt an uns, diese genuin menschliche Fähigkeit zum »Was-wäre-wenn?« zu würdigen und zielführend – das bedeutet für mich, dem Leben dienend – zu nutzen.

»Was machen wir hier eigentlich?«, fragen sich die Menschen, seit sie sich ihres beängstigenden Hineingeworfenseins in diese Welt bewusst sind und sich als Antwort Geschichten über das große Ganze ausdenken. Solche Geschichten schafften Zugehörigkeit und Struktur. Durch sie konnten schon unsere Vorfahren den Mut aufbringen, die enormen Anstrengungen auf sich zu nehmen, die die Entdeckung von Neuland und der längst darauf etablierten Lebenswelt immer wieder erforderte.

So. Nach so viel Pathos wird es Zeit, mal etwas Handfestes zu tun. Gehen wir also auf die Knie, aber nicht aus Ehrfurcht, sondern um zu arbeiten. Dafür belohnen wir uns mit einem verwegenen Ausflug in die Kreidezeit, doch ob der wirklich so harmlos wird? Sonnencreme brauchen wir übrigens sowohl für die Arbeit als auch für unsere kleine Zeitreise – Sie haben doch welche eingepackt?

## Balve damals, Balve heute

»Was mache ich hier eigentlich?«, fragte ich mich in einem Massenkalk-Steinbruch im nördlichen Sauerland. Hier sah es aus, als sei der Dino-Killer höchstpersönlich eingeschlagen. Über Jahrzehnte hinweg haben Baufahrzeuge aller Art ein gigantisches Loch in die idyllische Hügellandschaft des Sauerlandes gefressen, um die Bauindustrie mit dem Pulver zermahlenen Kalksteins zu versorgen. Vor rund 400 Millionen Jahren, im Devon-Zeitalter, sanken mikroskopisch kleine Lebewesen mit ihren Außenskeletten auf den Meeresgrund. Unter enormem Druck und großer Hitze wurden sie zu kilometerdicken Gesteinsschichten verschmolzen, wie das vorliegende Gestein zeigt.

Fleischflosser wie der in Kanada entdeckte *Tiktaalik* wagten zu dieser Zeit erste Vorstöße an Land, das bis dahin nur von frühen Landpflanzen und hektisch umher krabbelnden Wirbellosen erschlossen worden war. Im Meer dagegen wimmelte es längst vor Leben. Die meisten der Wesen dort unten hätten wir wohl mühelos als Fische erkannt, wenngleich manchen ein Unterkiefer fehlte.

Vom Meer war hier heute nichts mehr zu sehen. Die Sonne knallte erbarmungslos auf dieses künstliche Loch, ein wahres Tor zur Unterwelt. Gelegentlich zeichnete sich am Himmel die Silhouette eines Greifvogels ab. Dornbüsche, Flechten und niedrige Sträucher rangen wie einst die allererste Vegetation um Nährstoffe aus dem Gestein. Am Anfang war die Erde wüst und leer.

Am Rande dieses Lochs hockte ich auf den Knien in gut zehn Metern Höhe auf dem Sims einer ziemlich steilen Wand. Vor mir verlief eine gut einen Meter hohe und rund vier Meter breite Stufe aus grauem, zähem Ton. Sie wurde »Balve X« genannt. Hinter mir gähnte der durch ein grünes Tornetz gesicherte Abgrund. Ich arbeitete ein Stückchen urzeitlichen Schildkrötenpanzer aus dem lehmigen Ton heraus, gut erkennbar an seiner noppigen Oberflächenstruktur. Erdgeschichte im Feld lehrt Entschleunigung, denn ein Fossil zeigt sich nicht früher, wenn man heftiger schabt. Sorgfalt ist gefragt; man folge den Formen des Fossils. Grabzeit und ausgegrabene Zeit näherten sich gefühlt einander an. Schweiß durchtränkte meine Baseballmütze, irgendwo surrte ein Insekt. Rechts neben mir hockte Tom aus New Jersey, ein junger Spezialist für ausgestorbene Haie, und legte ein Knochenfragment frei. Links neben mir pellte Dennis, Student der Geowissenschaften aus dem Ruhrgebiet, mit einer Tonschlaufe zähe »Dönerstreifen« von einem der vielen lästigen Felsbrocken ab, die unseren Wunsch nach Fortschritt bei der Grabung immer wieder auf eine im wahrsten Sinne harte Probe stellten. Zentimeter für Zentimeter schabte Dennis vom Fels, bis er das im Durchmesser gut 60 Zentimeter große Stück schließlich aus dem Ton rütteln konnte, um es dann trotzig den Abhang hinunterzuwerfen. Mit einem lauten »Platsch!« fiel der Stein in den Schlämmwassersee. Empört sprangen einige Heuschrecken aus dem angrenzenden Gebüsch, dann kehrte wieder konzentrierte Ruhe ein.

Meine Gedanken gingen auf Reisen und malten ein Bild der vorzeitlichen Landschaft, deren Überreste wir in diesen Sommertagen des Jahres 2023 bargen. Ich schweifte ab in eine Zeit ohne Menschen, genau genommen auch ohne Zeit. Das Insekt surrte noch immer. Ich hockte jetzt in dichtem Unterholz, dort, wo ein weiter Sandstrand mit dem bewaldeten Inneren der Insel zusammenwuchs. Karibikflair umwehte mich, doch statt Kokospalmen wuchsen hier am Ufer Schachtelhalme und Nadelgehölz.

Ich blickte auf einen weiten, flachen Meeresarm. Erst weit dahinter schien am Horizont wieder Land in Sicht. War ich auf einer Insel? Da! In der Ferne zeichnete sich eine Herde vierfüßig laufender Saurier ab. Nase voran! Längliche Köpfe, eineinhalbmal so groß wie der eines Pferdes, vorn mit schnabelartigen Mäulern ausgestattet, reckten sich gemächlich, aber wachsam in die Brise. Vom Hals einiger Exemplare schlabberten rosa Lappen. Waren das etwa die Männchen? Die Vorderfüße sahen aus wie Multifunktionswerkzeuge. Diese *Leathermans* des Erdmittelalters waren mit fünf Fingern ausgestattet und liefen elegant auf den mittleren drei. Ihre Daumen hingegen sahen aus wie gigantische Stachel. Was sie wohl damit taten? Nach außen schließlich stand ein kleiner, scheinbar sehr biegsamer Finger ab. Wow, waren das schöne Tiere! Ich kannte sie, ich hatte sie so ähnlich schon einmal gesehen!

Sie werden aufgrund ihrer weiten Verbreitung, ihrer großen Zahl sowie ihres Fressverhaltens oft als »Kühe der Kreidezeit« bezeichnet; von ihren Händen schwärmt die Wissenschaft. *Iguanodon*! Wie viele Tiere es wohl waren? Vielleicht 30, vielleicht 50, schwer zu sagen hier im Gebüsch. Von rechts nach links liefen sie zügig zur Höhe meines Strandabschnittes. Ich blieb lieber hocken!

Der Himmel war mit leichten Federwolken bedeckt, über Land und Wasser lag ein nebliger Schleier. Die Herde kam zügig näher, war jetzt vielleicht noch einhundert Meter entfernt. Eine an Dezibel nicht gerade arme Mischung aus Grunzen und Schnaufen erreichte meine Ohren, der wattschmatzende Sound der riesenhaften Geschöpfe mischte sich hinein. Die *Iguanodons* wogen ihre Köpfe sanft hin und her und hielten ihre Schwänze schräg in die Höhe, als wollten sie mit ihm geheimnisvolle Signale empfangen. Ein elegantes Gesamtbild war das, nicht so unbeholfen wie das der Tauben, ihrer entfernten späteren Verwandten, die in Millionen Jahren über die Marktplätze stolpern und die Abfälle unserer Zivilisation aufpicken würden. Das hier dagegen war Anmut pur.

Zwischen den vierbeinig laufenden Erwachsenen spurtete behände auf den Hinterbeinen die Kinderstube mit. Jetzt konnte ich sie zählen: Es waren 41 Tiere in unterschiedlichen Altersstufen. 13 davon bilden den Nachwuchs. Später, wenn die Mägen größer und sich dadurch der Körperschwerpunkt weit nach vorn verlagern würde, werden sie zu einem vierfüßigen Gang übergehen. Noch 50 Meter. Jetzt erkannte ich, wie die Tiere miteinander kommunizierten. Vorn und seitlich witterten große Individuen in den auflandigen Wind hinein. Immer wieder schienen sie »keine Gefahr« zu trompeten, was einige der Jungtiere übermütig machte. Sie entfernten sich vom Strom der Masse.

Eines der Jungtiere rannte plötzlich genau auf mein Gebüsch zu! Ach du liebe Güte! Es kribbelte in meinem Bauch, im Brustkorb schlug das Herz wie verrückt. Das Jungtier war an seiner Hüfte gute eineinhalb Meter hoch und wirkte ziemlich bullig. Jetzt blieb es stehen, schniefte und schnüffelte am Geäst. Sein schnabelartiges Maul riss eine Handvoll blättriger Zweige ab. Eine kräftige, pockige Zunge zog das Material in den Schlund. Ich blickte auf schuppige Haut, erkannte verheilte Narben. Wieso wollte ich mich ausgerechnet jetzt an Körperstellen kratzen, von denen ich bis dahin gar nicht wusste, dass sie existierten? Und warum musste ich niesen?

Komm ruhig näher, nein, bleib bloß weg! Was, wenn es noch weiter vordrang und mich dabei mir nichts, dir nichts erdrückte? Sollte ich wirklich so enden? Als Fettfleck an einem Strand der unteren Kreidezeit? »Okay«, tröstete ich mich, »immerhin werde ich im Anschluss so noch den einen oder anderen Fleischfresser ernähren.« Von denen sollte es ja hier so einige geben, hatte ich gelesen. Megalosaurier, frühe Tyrannosaurier, Raptoren, diese Sorte halt.

Hatte ich da gerade Fleischfresser gesagt?! Oh je, ich wollte den Teufel lieber nicht an die Wand malen! Immer wieder zuckte das Tier, um die hartnäckigen Fliegen zu verscheuchen, die ihre Leckwerkzeuge in das mineralhaltige Salzbad seiner Augen tunken wollten. Diese hatten runde Pupillen. »Wer hatte eigentlich die glorreiche Idee, die Raptoren in *Jurassic Park* mit geschlitzten Pupillen auszustatten?«, konnte ich mich gerade noch fragen, als sich die Ereignisse überschlugen!

Links von mir brachen zwei riesige Kiefer aus dem Dickicht und machten ein, zwei raumgreifende Schritte auf das kleine *Iguanodon* zu, um es dann kräftig an der Rückseite seines Halses zu packen. Knacks! Jetzt fuhr das überrumpelte Wesen gegen seinen Willen in die Höhe, wurde scheinbar mühelos mehrmals hin und her geschüttelt und sank schließlich als lebloser Körper auf den körnigen Boden. Kein Insekt war mehr zu hören. Zu schlechter Letzt gruben sich die Kiefer tief ins Fleisch und zerlegten die frische Mahlzeit behände in mundgerechte Happen. »Wenigstens ging es schnell«, dachte ich, und immerhin hatte es nicht mich erwischt. Für diesen Gedanken schämte ich mich ein bisschen. Wie lange hatte dieser Raubsaurier wohl schon neben mir gelauert? Warum hatte er mich nicht gewittert? Knack! Schmatz! Krach! Dinosaurierblut sickerte in den Sand.

Ich wollte mir das nicht mehr länger ansehen und blickte auf, um … zu erkennen, dass Dennis gerade trotzig einen weiteren dicken Felsen aus dem Ton rüttelte. Ich hockte noch immer in einem Steinbruch in Balve-Beckum, wo er mich jetzt verdutzt anschaute. »Wo immer du gerade auch warst«, lächelte er irritiert, »in *dieser* Welt warst du jedenfalls nicht.« Damit hatte er Recht!

Während die Wände und der Boden dieses Steinbruchs gute 400 Millionen Jahre auf dem Buckel haben und am Grunde eines riesigen Meeres in der Devonzeit entstanden sind, hatten sich die Tone, in denen wir gerade buddelten, in der unteren Kreidezeit gebildet. Dies war die Zeit, in der die Entwicklung der Dinosaurier einen ihrer zahlreichen Höhepunkte erlebte und weltweit ganze Heerscharen von Langhälsen, Leguanzähnen und Raubsauriern vielfältige Landschaften durchstreiften. Viele der berühmtesten Dinosaurier, wie *Allosaurus*, *Apatosaurus* oder *Stegosaurus,* hatten kurz vor dieser Periode den Planeten verlassen, der *Tyrannosaurus* hingegen war zu dieser Zeit noch eine ferne Ahnung. Damals war Norddeutschland Teil des zentraleuropäischen Massivs, einer gigantischen Insel im westlichen Ausläufer des Tethysmeeres, das sich im Osten bis zum späteren *Indischen Ozean* erstreckte. An den Küstensäumen ästen Dinosaurier der Gattung *Iguanodon*. Nur wenige Jahrmillionen zuvor hatten etwas weiter südlich von hier einige Dinosaurier erste Flugversuche unternommen, in Gestalt von *Archaeopteryx*, einer Ikone der Paläontologie.

Die Iguanodonten wurden verfolgt von Raubsauriern unterschiedlicher Größe. Kleine Raptoren fanden ebenso reiche Beute wie an die zehn Meter messende Allosaurier, enorme Räuber mit mannstarken Vorderarmen, aus denen gebogene Krallen wuchsen. Die Iguanodonten hatten mit ihrem neuartigen Gebiss eine effektive Nahrungsverwertungsmaschine entwickelt, mit der sie die bis dato dominierenden Langhalsdinosaurier ins Hoch- und Hinterland verdrängt hatten. Diese Langhälse waren wahre Fressmaschinen und zählten, den heutigen Elefanten ähnlich, in Sachen Pflanzenkost eher auf Quantität als auf Qualität. Im Schatten dieser Riesen wuselten kleine Säugetiere umher, unsere Vorfahren also, und suchten vorwiegend nachts ihr Auskommen mit Insekten.

Hier im Steinbruch waren wir ganz vernarrt in die Überreste dieser Säugetiere, denn bei aller Liebe zu den Dinosauriern wollen wir Menschen doch auch wissen, wie es unseren Vorfahren damals erging. Und tatsächlich fanden wir immer wieder kleinste Kieferchen und Zähnchen! Meistens stoßen diese einem nicht direkt bei der Grabung ins Auge, sondern erst später beim Schlämmen oder Wochen später im Museum, wo das durchsiebte Material mikroskopisch untersucht wird.

Ob Saurier oder Säuger: Irgendwann endete auch damals das Leben eines jeden Tieres. Wenn ein großer Kadaver an Land lag, konnte so einiges mit ihm geschehen. Flugsaurier pickten die saftigen Augen heraus, Aasfresser taten sich gütlich an Eingeweiden und Muskelfleisch und waren dabei gewiss nicht zimperlich, am Ende mag sich ein zerrupftes Skelett über ein fußballfeldgroßes Areal ausgebreitet haben. Die Knochen wurden schließlich von Pilzen und Bakterien zu neuem Boden zersetzt. Die allermeisten vorzeitlichen Tiere versteinerten nicht, sondern gingen den üblichen Gang aller Materie: Zersetzung, Umwandlung in elementare Bestandeile, Einbau in etwas Neues und Komplexeres. Doch ab und an wurden ganze Kadaver oder Teile davon vor ihrer Zersetzung luftdicht mit Sediment bedeckt. Wenn ein Tier zum Beispiel in einen See fällt, ist das eine klare Sache – der Kadaver sinkt, sofern er nicht im Absinken noch von Raubfischen oder Krokodilen zerfetzt wird, auf den Grund und wird über lange Zeiträume hinweg von Sand und Schlick bedeckt, der schließlich unter gigantischem Druck zu Stein wird. Darin erhalten sich wie Fenster in die Vorzeit die Fossilien, zum Beispiel die bislang zwölf bekannten Individuen des berühmten *Archaeopteryx* aus Bayern.

Die Fragmente, die wir heute in Balve fanden, hatten allerdings eine andere Geschichte hinter sich. Saisonale, sintflutartige Regenfälle im Inland rissen diese – Knochen und Knochenstücke, Zähne oder Panzer – immer wieder mit sich, dazu auch Holzkohlestückchen als Zeugen urzeitlicher Waldbrände und Steine unterschiedlicher Größen.

Während viele Flüsse, wie es sich für einen anständigen Fluss gehört, im Meer mündeten, platschten manche von ihnen auch in oder durch unterirdische Höhlen. Über Jahrzehnte, vielleicht Jahrhunderte hinweg wurden die von den regelmäßig strömenden Fluten mitgeführten Teile ins Sediment solcher Höhlen eingetragen. Das Wasser sickerte tiefer und hinterließ gräulich-bräunliche Sedimentschichten mit den heute heiß begehrten Funden darin. Wenn ich meine Müslischale nie spüle, entsteht in kleinem Maßstab etwas Ähnliches. Der Vergleich hinkt natürlich, denn die Milch im Bodensatz verdunstet und versickert nicht wie das urtümliche Höhlenwasser. Im Ergebnis sehen wir kleinere und große Getreidestücke eingebettet in eine dünne, vom Löffel nicht mehr erreichbare Bodenschicht aus halb getrockneter, kalkiger Milch. Würde ich über Monate hinweg diese Schüssel immer wieder ungespült benutzen, wäre darin irgendwann kein Platz mehr, denn die verkrusteten Schichten würden bis an den oberen Rand der Schale reichen. Ersetzen Sie zum Vergleich die noch leicht feuchte Milch durch Wasser mit Tonsediment und die Getreideflocken mit Knochen, Panzern und Zähnen, dann passt es schon irgendwie.

## Grabungsalltag

Am Rand einer solchen »Müslischale« kniete ich und kratzte, schabte und schwitzte. Die Arbeit war eintönig. Immer, wenn zwei Baueimer mit den länglichen, gräulichen Tonstreifen gefüllt waren, musste ich mich in die Senkrechte bringen, die kiloschweren Gefäße hochwuchten und mich den Hang hinauf schleppen, um den Inhalt des Eimers auf einer zimmergroßen Plane auszukippen. Hier sollte er trocknen, damit auch die winzigsten Partikel durch die dabei entstehende Spannung vom Ton absplitterten. Nach vollständiger Trocknung wurde das Gemisch in 15 Kilogramm schwere Säcke gefüllt und eine Etage tiefer am Hang den Schlämmapparaten zugeführt. Die Tage dort unten waren spannend. Wir bespritzten das auf ein Gitter gekippte Ton- und Steinmüsli mit einem gut gartenschlauchstarken Strahl. Dabei begegneten uns vielleicht schon Fossilien, die uns oben im Hang nicht aufgefallen waren und daher noch nicht eingemessen, kartiert und in sorgsam beschriftete Tütchen und Döschen überführt werden konnten. Das Schlämmwasser wurde schließlich durch zwei im Feinheitsgrad steigende Siebe, die auch kleinste Stückchen zurückhielten, in einen See geführt und später mit einer von einem Dieselgenerator angetriebenen Pumpe zum Schlämmen wiederverwertet. Die gefilterten Partikel wurden erst später in der Präparationswerkstatt in Münster unter dem Mikroskop identifiziert, sehr zur Freude von Grabungsleiter Achim Schwermann vom LWL-Museum für Naturkunde in Münster. Dieser hatte mich vor einigen Jahren mit offenen Armen an diesem Ort empfangen.

Aber heute war für mich kein Schlämm-, sondern ein Kratztag. Schmerzhaft erinnerte ich mich, von Haus aus eher Kopfarbeiter, wieder daran, dass ich Knie habe, eines davon durch einen verschleppten Kreuzbandriss schon stark beeinträchtigt. Der zugige Wind im Hang machte meinen Hals kratzig und trocknete die Kehle aus. Ab und zu gelang ein kurzes Gespräch mit meinen Nachbarn, wir tauschten uns darüber aus, was uns hierher gebracht hatte und was uns antrieb. Dabei wurde deutlich, dass zwar jeder seine eigene Motivation mitbrachte, uns aber doch alle dasselbe bewegte: Hier waren wir Teil eines viel größeren Zyklus, Schauspieler auf der Bühne einer unfassbar langen und intensiven Erdgeschichte, an deren vorläufigem Ende wir Überreste unserer Vorgänger aus dem Boden holten. Wir stießen auf Vertreter einer Dynastie, die einst genauso groß und mächtig war, wie wir es dieser Tage zu sein glauben – und dennoch unterging. Wir gruben, kratzten und schabten an der Spitze eines gigantischen erdgeschichtlichen »Eisbergs«, an der die Erde und das Leben uns rätselhafte Einblicke in ihre Entwicklungsgeschichten gewährten.

Gute acht Stunden täglich ging das so, vierzig, fünfzig Eimer lang, nur unterbrochen durch eine eher stille Mittagspause im Teamzelt. Hier röchelte eine uralte Kaffeemaschine, selbst ein lebendes Fossil, wacker vor sich hin, um schließlich eine am optischen Zustand des Geräts gemessen recht anständige Version des begehrten Heißgetränks in eine krustige Kanne auszuspucken. Den Grabungstagebüchern später hier agierender Teams würde ich entnehmen, dass die

Angst vor dem endgültigen Aus dieses Koffein spendenden Maskottchens einmal riesig war, aber letztlich unbegründet. Das inoffizielle Teammitglied würde es zum Glück nur mit einem zunächst unbemerkt gebliebenen Ausfall des Stromgenerators zu tun haben. Ohne Kaffee läuft selten etwas, auch nicht in der Paläontologie. Ich nippte am köstlichen Schwarz, schaute in die Runde und blickte in müde, sonnengegerbte Gesichter unter schweißnassen Hüten. Sie sahen glücklich aus, und glücklich war auch ich. Ich war freiwillig hier. Niemand hat mich zu dieser Knochenarbeit gezwungen.

Klingt abenteuerlich, nicht wahr? Für mich sind die Teilnahmen an diesen Grabungen ein weiterer Höhepunkt meines Lebens als »Paläo-Nerd«. Niemals hätte ich zu träumen gewagt, einmal mit echten Paläontologen zu fachsimpeln. Ich, der lange Zeit selbst Paläontologe werden wollte und als Kind verlegen seine sauerländischen Seelilien ins Museum in Münster schickte, um anschließend wochenlang der Antwort eines Fachmanns entgegen zu fiebern, war heute Teilzeitgast bei einer echten paläontologischen Grabung!

Fragen Sie lieber nicht, was die Fachleute davon halten, wenn ich mich mal wieder wie ein kleines Kind über ein Zähnchen freue und es »Jawoll!« durch den Steinbruch schallt. Erkundigen Sie sich auch besser nicht, was Fachpräparator Jerome von meinem über Jahrzehnte hinweg angelesenen Halbwissen hält, wenn ich ihm zum Beispiel stolz, mit antrainierter Kennermiene, ein neues Stückchen zeige: »Schau mal, ein Zähnchen. Vermutlich Ornithopode. Wie ich darauf komme? Nun, schau dir die blattförmige Struktur der Oberseite an.« Doch ich werde akzeptiert, blühe auf und will weiter kratzen, schleppen und schlämmen. Rausgeworfen hat mich jedenfalls bisher noch niemand.

## Die Neugier bleibt

Auch Sie bleiben bei mir, oder? Das ist ja auch alles ganz schön spannend. Fragen Sie sich nicht auch ab und zu: Was mache ich hier eigentlich? Wenn die Anforderungen, die der global wütende Kapitalismus an Ihren Alltag stellt, Ihnen mal wieder über den Kopf wachsen? Wenn Sie sich mal wieder fragen, ob Sie nicht am Eigentlichen vorbei leben? Sie füllen Exceltabellen aus, erstellen Powerpoint-Präsentationen, was das Zeug hält, füttern gierige Maschinen mit Werkstücken, sitzen Jahr um Jahr Ihre Betriebsfeier ab und machen Kilometer um Kilometer im Dienstwagen, während draußen das Abenteuer ruft. Dabei waren Sie doch einmal ein neugieriges, aufgewecktes Kind, das Regenwürmer gefangen, Hütten gebaut und mit großer Hingabe Wettbewerbe im Kirschkernweitspucken und Murmelklackern veranstaltet hat. Stundenlang sind Sie durch die Natur gestreift, sind aufgegangen im Wunder des Lebens, fingen Ameisen und Spinnen, freuten sich über den Anblick eines Feuersalamanders und staunten über den Vollmond.

Diese Neugier auf die Welt hat die Evolution uns mitgegeben, damit wir uns bereits in der Frühzeit unserer Entwicklungsgeschichte in unserer savannenartigen afrikanischen Heimat behaupten konnten. Diese Aufgeschlossenheit erhielt unsere Art. Schon die ersten Säugetiere trugen sie in sich und wussten ihren evolutionären Programmspielraum anders zu nutzen als Tiere, die wir heute grob, aber veraltet, zu den Amphibien oder Reptilien zählen würden. Das Spielen mit Möglichkeiten und das Reflexionsvermögen – die Fähigkeit, die Frage nach dem, was wir hier eigentlich machen, überhaupt erst zu stellen – standen nicht immer auf der Liste der wichtigsten Überlebensvorteile. Erst die Säuger hatten umwelt- und stoffwechselbedingt den Luxus, sich ein wenig von der Instinktgebundenheit ihrer Vorfahren zu lösen. Seit sich vor etwa 325 Millionen Jahren die erstmals völlig vom Wasser unabhängigen landlebenden Wirbeltiere in ein »Team Schuppen und Federn« und ein »Team Fell« aufteilten, verbindet sie ein zwiespältiges Verhältnis.

Als Mitglieder des »Teams Fell« sind uns fast reptilische Urinstinkte bekannt: Angst und den Kick, sie zu überwinden und noch einmal davon gekommen zu sein. Wir schlafen nachts im Museum unter einem *T. rex* im Rahmen eines Erlebnisangebotes der Museumspädagogik ein. Eine erfolgreiche Fossilienjagd endet. Die Statue einer echten Persönlichkeit, für die wir jahrelang gegen alle Widerstände gekämpft haben, wird enthüllt. Doch leider spüren das Adrenalin auch Großwildjäger, die protzig ihren Fuß auf dem Kopf eines toten Löwen platzieren, nur so zum Spaß. Großwildjagd ist die pervertierte Fortsetzung unserer Anfänge als Jäger und Sammler, zugleich sicher auch Ausdruck einer Sehnsucht nach Verbundenheit – und Überlegenheit. Die sublimierte und wesentlich fairere Form der Jagd ist die Jagd nach Punkten beim Sport, nach Fossilien im Feld, nach seltenen Sammlerstücken und wilden Erlebnissen, die unseren Bauch kribbeln lassen.

Sie haben das alles nicht vergessen. Wie erklären Sie sich ansonsten Ihre ausgiebigen Bergtouren in Klamotten mit so kräftigen Markennamen wie *Mammut*, *The North Face*, *Arc'teryx* oder *Dachstein*? Wieso sonst haben Sie bei *Jurassic Park* dermaßen mitgefeiert und bei *Cast Away* Rotz und Wasser geheult? Warum bloß freuen Sie sich jeden Sonntag wie ein Kind auf *Terra X* und träumen sich weg auf all die Forschungsschiffe, Kanus und Tafelberge? Und wieso erinnern Sie sich womöglich ausgerechnet jetzt an die Urzeitkrebse, die Sie als Kind so begeistert haben, Ihre erste Kakteensammlung und Ihre stundenlangen Streifzüge durch die Wälder? Es ist der Abenteurer in uns, der Sie ruft, und wir sollten viel häufiger auf ihn hören.

Zugegeben, auch ich bin zu einem Gutteil konform geworden, habe mich an die Sitten und Unsitten dieser Zeit gewöhnt und angepasst. Ich fahre viel zu oft mit dem Auto Brötchen holen, sitze zu viel, mache mir dauernd Sorgen und bereite ununterbrochen anderen Menschen selbst welche. Ich bin ein typischer Deutscher »zwischen Mahnwache und Wahnmache«, um den Schriftsteller und Kabarettisten Thomas C. Breuer zu zitieren.[11] Aber ich hüte einen Schatz, der mir immer wieder als Ausgleich zu diesem absurden Spiel zur Hilfe kommt: Meine Möglichkeit, durch innere und äußere Zeitreisen das riesige Universum der Erdgeschichte zu besuchen und mich mit Menschen zu verbinden, die dasselbe tun.

Insbesondere die Dinosaurier haben mir immer geholfen, wenn die Lage wackelig war. Bis heute halte ich der Urzeit, vor allem dem faszinierenden Erdmittelalter, die Treue. Das fällt mir leicht, weil sie mich immer wieder neu an sich zu binden weiß. Sie ist eine alte Diva, die mich aus irgendeinem Grund ins Herz geschlossen hat und mir mit zärtlich-rauer Stimme ihre Geheimnisse preisgibt, wenn ich sie denn richtig frage.

Meine persönliche Reise in die Urzeit begann vor gut 40 Jahren, als ich im Zuge der üblichen westlichen Sozialisation eines Jungen erstmals in den unvermeidlichen Kontakt mit den Dinosauriern kam. Während der Begegnung mit Rudolph Zallingers fesselndem *The Age Of Reptiles* in einem von Opas opulenten Bildbänden hatte es »Klick« gemacht. Dieses gigantische Wandgemälde, das der Künstler 1947 an einer Wand im Dinosaurier-Ausstellungsraum des Peabody-Museums der Universität Yale in New Haven, Connecticut fertig gestellt hatte und das auch heute noch als Klassiker gilt und in Schuss gehalten wird, ließ mich nicht mehr los. Die großen, ausklappbaren Seiten wurden der Wucht des Gemäldes gerecht und zeigten die bizarrsten Kreaturen, die mir bis dahin untergekommen waren! Wie Monumente standen diese Wesen in einer tropisch-feuchten Landschaft jenseits von Zeit und Raum, demonstrierten ihre Macht, kauten gleichmütig auf abgepflückten Pflanzen herum, machten sich über verwesende Fleischberge her, benagten gleichmütig einen Palmfarn oder huschten behände durchs Unterholz. Ich träumte mich auf die Seiten, wollte den dampfenden Sumpf riechen, das Aas knacken, den Fleischfresser schmatzen und den bedrohlichen Vulkan im Hintergrund brodeln hören, aufsatteln auf den Panzer mit drei Hörnern am linken Bildrand und durch die Szene reiten. Hier war Zuflucht. Hier war Frieden. Hier war das Ziel meiner Neugier für die kommenden Jahrzehnte gefunden!

Auch der *Ornithosuchus*, eigentlich kein Dinosaurier, wie ich später noch erfahren sollte, den einer meiner Mitschüler in der dritten Klasse sehr detailliert mit Kreide aus einem seiner Dinosaurierbücher auf die Tafel übertragen hatte, trug seinen Teil zu meiner persönlichen Erweckung bei. Ich war angefixt und eingesaugt, mit Haut und Haaren, die auf meinem Kopf mittlerweile Mangelware sind.

Ob Wand- oder Tafelbild: In beiden Fällen hatte ich solche Tiere, solche Umwelten, solche Urwelten, noch nie zuvor gesehen. Ich konnte nicht glauben, dass solche Wesen einmal auf der Erde gelebt und sie beherrscht haben sollen. Mein bester Freund Basti, stets bemüht, mich mit seiner Lakonie zu erden, schickte mir dazu neulich ein Meme, auf dem zu lesen war: »*The* dinosaurs didn´t ›rule the Earth‹, they were just alive. Stop giving them credit for administrative skills they almost certainly did not have.«[12]

Vor meiner ersten Begegnung mit den Dinosauriern waren meine Eltern die größte Autorität in meinem Leben, plötzlich starrten mich aus ferner Vergangenheit mächtige Wesen an – und gehörten nur mir allein! Immer galt es davor, den Erwartungen anderer zu entsprechen. Musste ich in der Schule stillsitzen, den Kommunionunterricht über mich ergehen lassen und zu Hause den Teller leer essen, so konnte ich mich in der Urzeit stundenlang unbehelligt, frei und selbstbestimmt bewegen.

Vor dem Entstehen der heutigen Wisch-und-Weg-Generation, die so gut wie ausschließlich mit Bildschirmen aufwächst, waren Bücher, Zeitschriften und Fernsehdokumentationen unser Mittel der Wahl zum Wissenserwerb. Darin taten sich immer wieder neue Panoramen auf. Ich spürte die Poesie der Urzeit, die mir am Grenzgebiet zwischen Fakt und Fiktion einen Entwicklungsspielraum bot, den ich anderswo nicht erkannte. Die Erdgeschichte hatte mich in einem Zeitfenster erwischt, in dem ich neugierig alles aufsog, was die Welt mir außerhalb der Schule anbot. Wie viele Kinder wollte ich schließlich entweder Astronaut oder Dinoforscher werden. Zwischendurch führte auch kurzzeitig der Müllmann die Liste meiner Wunschberufe an, aber das steht auf einem anderen Blatt.

Heute fehlt mir oft die Unbeschwertheit dieser Jahre. Diese Selbstverständlichkeit, mit der ich all das und überall dort *tatsächlich* war. Ich sehe »fertige« Menschen, die kaum noch willens oder fähig sind, ihre Komfortzonen zu verlassen. Indem sie klagen, jammern und demonstrieren, überlassen sie die Kontrolle über ihre Emotionen dem Staat, den Ämtern und toxischen Mitmenschen. Dabei haben sie womöglich längst den Aufbruch zu ihrer persönlichen Heldenreise verpasst. Ich möchte nicht genauso verkrusten. Auch deshalb zieht es mich immer wieder zum Beispiel nach Balve. Für einen Backenzahn, ein Fingerglied und ein durch den Steinbruch hallendes »Yes!« lasse ich mich bei 30 Grad brutzeln oder stundenlang beregnen. Ich sehe keine andere Wahl.

Hier bin ich am ganzen Körper spürbar ein Teil der Erdgeschichte, auf magische Weise ganz bei mir und endlich auch mal unter »normalen« Menschen. Wobei: Normal, was heißt das schon? Menschen, die nach der obligatorischen Erstinfektion mit dem Dinosaurier-Virus bei der Urzeit geblieben sind, müssen irgendwie einen Knacks haben, denkt die Welt. Man attestiert uns eine Altersregression, und lange genug bin ich dieser Fremdzuschreibung leider selbst aufgesessen. So wie ich mir im Alter von 16, 17 Jahren mein *LEGO* als Geschenk einpacken ließ, um bloß nicht als Spielkind aufzufallen, habe ich mich auch für meine Leidenschaft, die Dinosaurier, geniert. Außerdem galt die Urgeschichte lange als überflüssiges Forschungsgebiet, als Spleen einiger Nerds mit zu viel Tagesfreizeit und einem gewissen Desinteresse an dem, was wirklich zählt. Ich hätte mich auf diese Seite schlagen und den Abenteurer in mir einfach wegsperren können, spätestens nach meiner Entscheidung gegen ein Studium der Geologie.

Dabei war mir immer bewusst, dass ich nicht der einzige Mensch auf der Welt war, dem es die Erdgeschichte dermaßen angetan hatte. Ich sah im Fernsehen Forschenden bei ihrer Arbeit zu und träumte mich zu ihren Ausgrabungen und in ihre Museen. 1990 erschien der Vierteiler *Dinosaurier!* im *ZDF*, ein charmanter, handwerklich exzellent hergestellter Vorläufer der pixelstarken, aufwändigen Dokumentationen unserer Zeit. Dort lernte ich David Norman, John Horner und Robert T. Bakker kennen, die viele Jahre lang zu meinen persönlichen Helden gehörten. Mit Anfang 40 schrieb ich David Norman schließlich eine Fanmail. Ich fragte ihn nach seinen Erfahrungen in Brilon-Nehden, neben Balve eine weiterer unterkreidezeitlicher Dinosaurierfriedhof, wo er Anfang der 1980er Jahre maßgeblich an den Ausgrabungen beteiligt gewesen war. Mein kindliches Herz hüpfte, als er mir tatsächlich antwortete. Derselbe Typ, der mir damals im Fernsehen in Hemd und Krawatte unter dem heute wieder *Giraffatitan* heißenden *Brachiosaurus* im Berliner Naturkundemuseum die Dinosaurier erklärte, hatte mir tatsächlich geantwortet! Nicht zu vergessen

James Gurney, den Schöpfer der großartigen Utopie *Dinotopia*, dem ich ausschweifend von meiner Bewunderung für sein Werk berichtete. Und was tat er? Er schrieb ebenfalls zurück! Kein Agent, kein Fanpostbeauftrager, nein, Herr Gurney selbst nahm sich die Zeit, dem Bewunderer aus Deutschland ein paar persönliche Zeilen zu widmen. Er lobte meinen Idealismus und führte aus, dass die Welt heutzutage hungriger denn je sei nach Visionen von Harmonie und Koexistenz. Nicht predigen oder moralisieren wolle er in seinen Geschichten, sondern einen Ort voller Erhabenheit und Wunder erschaffen. Punktlandung! Und wo ich gerade dabei bin, berühmte Namen in die Runde zu werfen: Sehr ergriffen hat mich auch die persönliche Bleistiftzeichnung eines *T.rex* von John Sibbick, dem britischen Paläo-Künstler, ohne den in den Neunzigerjahren des vergangenen Jahrhunderts im einschlägigen Sachbuchbereich so gut wie gar nichts lief.

Bei all dem spürte ich: Die Forschenden und Schaffenden sind in Wahrheit gar nicht weit weg, sie freuen sich sogar über Rückmeldung und Persönliches aus dem Publikum. Sogar einem wirren Typ wie mir, der sich beim Reden, Schwärmen und Schreiben oft selbst überholt, schreiben sie zurück. Irgendetwas musste also dran sein.

Heute ist die Urgeschichte längst fester Bestandteil unserer Popkultur. Die Dinosaurier als Zugpferde der Paläontologie sind im Mainstream allgegenwärtig. Sie sind zugleich Produkte unserer Forschungen und unserer Fantasie, halb Fakt, halb Fiktion. Selbst Helene Fischer, die ähnlich wie die »Borg« aus dem *Star Trek*-Universum so gut wie alles und jeden assimiliert und ihrem millionenschweren Kosmos einverleibt, macht vor den Dinosauriern keinen Halt mehr. Man schaue sich ihr »Christmas Special« aus dem Jahr 2018 an.[13] Während einer artistischen Nummer am Hochseil vor Dschungelkulisse auf LCD–Bildschirmen müssen zwei flaumige Fleischfresser aus der BBC-Show *Walking With Dinosaurs* wie wild am Boden herumturnen, um die Gefahr eines zu tiefen Absinkens oder gar Absturzes zu dramatisieren. Nachdem der überaus ehrgeizige, makellos perfekte Superstar erwartungsgemäß sicher gelandet ist, darf er sich zur Krönung als Zähmerin vogelwilder Urinstinkte betätigen. Die Fleischfresser erliegen ziemlich vorausschaubar choreographiert dem Charme der Hauptdarstellerin, lassen sich von ihr becircen und einem Hund gleich an der Nase herumführen. So wird das Wilde mittlerweile nicht nur gezähmt, sondern zudem auch gedemütigt. Der majestätische Wolf wurde zu einem zahmen Mops deformiert, und die einst mächtigen Dinosaurier müssen heute mit Helene Fischer tanzen.

Das ist die Schattenseite der Popularisierung von Naturwissenschaft. Noch im Jahr 1989 schloss der Paläontologe Hartmut Haubold sein rein wissenschaftliches Standardwerk *Die Dinosaurier* mit den Worten:

*»Zwei Strömungen prägen das heutige Verständnis: paläontologische Forschungen verknüpft mit Nachbardisziplinen und mystifizierende Popularität. [...] Dinosaurier sind als zoologisches Taxon das Ergebnis naturwissenschaftlicher Forschungen und kein Phantasieprodukt. Je weiter sich Hypothesen, Spekulationen und Rekonstruktionen von der wissenschaftlichen Basis entfernen und diese nicht mehr transparent bleibt, umso fehlerhafter werden die Schlußfolgerungen.«*

Nur vier Jahre nach diesen Zeilen erschien *Jurassic Park* auf der Weltbühne und machte wieder einmal deutlich, dass die Dinosaurier als »zoologisches Taxon« allein den Menschen offenbar doch nicht genügen.

Der Gift speiende *Dilophosaurus*, der übermannsgroße Haufen kackende *Triceratops* oder die geradezu grinsenden Velociraptoren machen deutlich, dass Knochenfunde aus der Vorgeschichte etwas mit uns machen, das außerhalb unserer Kontrolle zu liegen scheint. Wie ist das möglich?

Wir lieben es, Wissenslücken fantasievoll aufzufüllen, wir projizieren unser Unbewusstes auf die Bruchstücke, die wir aus dem Stein bergen und finden erst nachträglich für vieles sachliche Erklärungen. Das ist nichts Neues. Schon in Zwergelefantenschädeln aus Sizilien hatte man beispielsweise einen »Zyklopen« erkannt; ein versteinertes Riesenamphib der Gattung *Andrias scheuchzeri* wurde nach seiner Entdeckung zunächst kirchentreu zu *Homo diluvii testis* gemacht, einem sündigen Opfer der Sintflut.

So sehr ich Herr Haubolds Nüchternheit auch schätze, ich denke, es liegt in der Natur des Menschen, die Wirklichkeit trockener Funde in emotional aufgeladene Geschichten zu überführen. Wie kann es auch anders sein, wenn sich die Fähigkeit, packende Erzählungen weiterzugeben, seit Urzeiten für unsere Art als Überlebensvorteil herausgestellt hat? Längst bin ich der Überzeugung, dass Wissenschaft und Popkultur einander brauchen und teilweise sogar bedingen.

Das also ist *eine* mögliche Antwort auf die große Frage: »Was mache ich hier eigentlich?« Hier im Steinbruch, in der sengenden sauerländischen Sommersonne, befriedigen Menschen ein zutiefst menschliches Bedürfnis: Sie reisen zu ihren Wurzeln, mitten hinein in die wundervolle Erzählung, die wir Erdgeschichte nennen. In Balve graben wir nichts aus, das nicht in irgendeiner Verbindung zu uns selbst steht. Die Stücke gehörten einst zu Lebewesen aus Fleisch und Blut, die geatmet, gefressen, sich gepaart, gefurzt und gekackt haben. Und sie haben miteinander und mit anderen Arten interagiert – womöglich sogar mit einem unserer Ururahnen, dem man 140 Millionen Jahre später den Namen *Spelaeomolitor* geben würde. Dazu an anderer Stelle mehr.

# Intermezzo Nr. 1: Jurassic Park – Eine Bilanz

**Von Dinosauriern getötete Menschen nebst Todesart:**

- Dennis Nedry, gieriger, dicker Computerfreak. Wird auf der Flucht mit einer gestohlenen Rasierschaumdose voller Dinosaurier-Embryos von einem Dilophosaurus erst mit ätzend-grünem Schleim ins Gesicht gespuckt, später von demselben Tier im Fahrerraum eines Rovers in Sekundenschnelle in eine blutige Pfütze verwandelt.
- Donald Gennarro, gieriger, schlanker Anwalt. Lässt dem Mäzen John Hammond großzügig einiges durchgehen. Sucht bei der Erstbesichtigungstour panisch vor dem ausgebrochenen *T.rex* Zuflucht in einem Klohäuschen, das kurz darauf leider wie ein Kartenhaus einstürzt. Der *T.rex* snackt ihn mit einem Haps zügig vom Klo.
- Robert Muldoon, verwegener Großwildjäger. Erhält den Auftrag, die ausgebrochenen Velociraptoren zu jagen und zu erlegen, wird jedoch unbemerkt von zwei Weibchen der Art eingekesselt, frontal angegriffen und schließlich ausgeweidet.
- John Ray Arnold, Ingenieur und Kettenraucher. Wird von einem *Velociraptor* zerfleischt, als er auf Hammonds Anweisung hin Richtung Hauptschalter unterwegs ist, um das System neu zu starten. Legt später posthum seinen von einem Kabelschacht baumelnden Arm um Ellie Sattler.

**Überlebende:**

- John Hammond, größenwahnsinniger Mäzen. Trotteliger und profitgieriger »Papa Schlumpf« des ganzen Zirkus, der in der naiven Absicht, Menschen und Dinosaurier gleichzeitig glücklich zu machen, unfassbar viel Chaos anrichtet.
- Dr. Alan Grant, dem Namen entsprechend meist grantiger, im Herzen aber totguter Paläontologe, der aussieht wie Indiana Jones,

alles allzu Technische verabscheut und bei seinen Grabungen lieber auf das gute, alte Handwerk setzt. Mag anfangs keine Kinder, freundet sich später dann doch irgendwie mit ihnen an.

- Dr. Ellie Sattler, Paläobotanikerin, die gerne mal ihren Arm in einen Haufen Dinodung versenkt. Durchaus interessiert an der wahren Liebe, beispielsweise mit Dr. Alan Grant, wenn dieser nur nicht immer so bärbeißig wäre. Im Übrigen eine der ersten und immer noch leider zu wenigen positiv besetzten weiblichen Wissenschaftler in der Popkultur.
- Tim Murphy, tapsiger Junge mit Vorliebe für Eis und Dinosaurier. Enkel von John Hammond und Bruder von Alexis Murphy. Alle Jungen, die Jurassic Park sahen, haben ihn für seine Art gehasst und um sein Abenteuer beneidet.
- Alexis Murphy, Teenager. Schwester von Tim Murphy sowie Enkelin von John Hammond. Kann unfassbar laut schreien und entdeckt als Erste das Vaterpotenzial des Alan Grant.
- Dr. Ian Malcolm, ein auf Chaostheorie spezialisierter Mathematiker mit attraktivem Oberkörper, den er trotz des ganzen Chaos noch werbewirksam in die Kamera halten kann. Ausgerechnet diesem lupenreinen Lakoniker schrieb Steven Spielberg die entscheidende Pointe des Films (und der Erdgeschichte) ins Drehbuch: »Das Leben, ähem, findet einen Weg.«

**Aufgaben:**

- Welches Verständnis von Natur und Technologie bzw. Gut und Böse wollten uns Autor und Regisseur angesichts dieser Aufteilung der Besetzung wohl vermitteln?
- »Das Leben findet einen Weg«: Welche Bedeutung hat dieser Satz für Sie ganz persönlich?

# Kapitel 3
# Auf ins Abenteuer!

*»Wenn Du glaubst, das Abenteuer sei gefährlich, versuche Routine. Sie ist tödlich.«*
Paulo Coelho de Souza, brasilianischer Lyriker

Runter vom Bürostuhl, weg von der Baustelle, raus aus der Fabrik – hinein in die Urzeit! Unsere evolutionäre Werkseinstellung hat nicht vorgesehen, dass wir uns an einen Schreibtisch fesseln, uns gegenseitig im Internet beschimpfen oder vor dem Fernseher allabendlich eine Tafel Schokolade in uns hineinstopfen. Eigentlich sind wir konzipiert als neugierige Langstreckengeher, Jäger, Sammler und Geschichtenerzähler.

## Werkseinstellung: Etwas erleben!

Stundenlang spielten wir als Kinder vor uns hin, entwarfen versunken und selbstverloren verschiedenste Welten, in die wir flohen. Dabei übten wir gleichzeitig, uns mit harten Lebensrealitäten auseinander zu setzen. Wir streunten mit einem Gefühl von Zeitlosigkeit durch Wald und Flur, landeten auf anderen Himmelskörpern, beritten als Cowboys und Ureinwohner den wilden Westen, träumten von schnellen Autos sowie von elektrischen Gitarren, die uns die Freiheit schenken sollten. Mal waren wir Tutanchamon[14], mal waren wir der Ägyptologe, der ihn entdeckte, und immer ging es uns um das Bewältigen von Urängsten und die Erweiterung unseres Kompetenzbereiches.

In der Entwicklungsgeschichte des Individuums zeichnet sich immer auch die Entwicklungsgeschichte einer Art ab. Unsere, wir nennen sie *Homo sapiens*, war schon in ihrem frühesten Entwicklungsstadium eine Art der Entdecker, Forscher und Magier. Wären die frühen Hominiden, so nennt die Wissenschaft die Tiergruppe der Menschenaffen, der auch wir angehören, Investmentbanker, Steuerberater oder Immobilienmakler gewesen, so hätten wir es nicht bis hierhin geschafft. Erst Neugier, durch sozialen Zusammenhalt gezähmte Furcht sowie unser unbändiges Streben nach Autonomie machten uns zur einflussreichsten Spezies der Erdgeschichte. Seit unseren bescheidenen Ursprüngen als eine von zahlreichen Menschenarten haben wir uns zwar immer wieder andere kulturelle Gewänder angezogen, aber der Blick in die Gestirne und auf die Gesteine lösen noch immer in jedem Menschen dieselben zwiespältigen Gefühle von Anziehung und Angst aus wie damals. Wir fühlen uns erkoren und verloren zugleich.

## Macht Euch die Erde untertan?

Heute scheint es mir oft so, als hätten wir unsere Wurzeln gekappt und den Spruch »Macht Euch die Erde untertan« vollkommen falsch interpretiert. Aus den einst nur wenige kleine Sippen mit großen Geschichten wärmenden Feuern sind im realen wie im übertragenen Sinne Flächenbrände geworden, die in kürzester Zeit mit ihren Urgewalten konservierte Sonnenenergie – nichts anderes sind Kohle, Öl und Gas – freisetzen. Unsere Art ist in eine Bequemlichkeitsfalle getappt. Zwar haben es viele von uns warm und sind satt und sauber. Dennoch beschleicht mich das ungute Gefühl, dass dieses Glück nur geliehen ist und dieser wunderbare Planet unserer Spezies einmal mächtig um die Ohren fliegen wird. Manchmal verschafft mir dieser Gedanke offen gestanden ein leichtes Gefühl der Genugtuung.

Ein Teil dieses Buches ist am Mittelmeer entstanden. In früheren Urlauben gab ich hier den Zyniker, der sich die riesigen Bettenburgen der gierigen Tourismusindustrie mit Vorliebe als Ruinen am Rande der zukünftigen Salzpfanne Mittelmeer vorstellte. In etwa zwei Millionen Jahren, sagen Geologen, wird das Mittelmeer eine trockene Tiefebene sein, mit einer Salzwüste am Grund und supersalzigen Seen an ihren tiefsten Stellen.[15] Mallorca, Ibiza und Co. werden als Gebirgszüge hoch in den Himmel aufragen. Zwischen den Überresten all der Hotelketten, Basare und Autoverleihe stellte ich mir die Skelette übergewichtiger Touristen vor, über deren skurrile Verformung zukünftige Paläontologen staunen würden. Welche Lasten trugen diese Menschen wohl mit sich herum? Dass diese arthritischen Degenerierungen von massigen Bierbäuchen und vom Kummerspeck durch den Verzehr unzähliger Mengen von Sahnetorte und Abermillionen vernichteter Rinder und Schweine stammen, werden die Forschenden aus dem Fundumfeld allein kaum ableiten können. Und wenn doch, wäre dies nicht umso peinlicher?

Vielleicht ist das die dunkle Seite meiner persönlichen Sehnsucht nach der Urzeit: Sie fand die längste Zeit ohne den Menschen statt, was mir bisweilen sehr gefällt. Die Erde braucht uns nicht. Mein Wunsch für den Planeten war lange Zeit, dass der Mensch möglichst schnell wieder von seiner Bildfläche verschwindet.

## Ein Haltungswandel

Gleichzeitig schöpfte ich Hoffnung: Das Leben findet einen Weg, womöglich auch *mit* uns Menschen als seinem vorerst letzten Großprojekt! Wenn wir diese Haltung zulassen, kommt vielleicht Hilfe von der Natur selbst. Sie hat in uns eben nicht nur das Potenzial angelegt, die ausbeuterischen Monster zu sein, als die wir uns dieser Tage zweifellos aufführen. Sie hat uns auch ein Sensorium mitgegeben, das uns zu sensibel hinhörenden, zu differenzierter Betrachtung fähigen, empathisch teilenden und mutig denkenden Wesen macht. Zu Kindern, Abenteurern und Wissenschaftlern eben!

Heute schaue ich lieber mit Forscherblick und Mitgefühl auf die wunderlichen Veränderungen, mit denen der menschliche Körper sich mehr schlecht als recht an die Zumutungen des modernen Massentourismus anpasst. Erstens weist mein eigener Körper trotz gelegentlicher Bemühungen, mir diese Seite passend zu rationalisieren, selbst viele dieser Merkmale auf. Zweitens bringt mich ein neugieriger, möglichst wertungsfreier Blick auf das Leben mittlerweile weiter als eine predigende, anklagende oder politisierende Weltanschauung. So habe ich entdeckt: Auch im Schlaraffenland können die Menschen nicht ohne ihre Sehnsucht nach Abenteuer auskommen. Ich sehe, wie schlammbespritzte Buggyfahrer durch die Flussläufe im Hinterland rasen und Volleyballhelden auf der Jagd nach Punkten literweise Schweiß vergießen. Ich finde wissensdurstige Hobbyarchäologen, die am Hafen des nahen Side oder im entfernten Göbekli Tepe eifrig über ihren Begleitheften brüten. Und selbst unter den wohlbeleibtesten Neokolonialherren, Markensklaven und Schnäppchenjägern finde ich auf dem Markt in Manavgat neugierige Gewürztester, freundlich plaudernde Brückenbauer und launig verhandelnde Geschichtenerzähler.

## Zurück nach Balve

Der Abenteurer und der Forscher in uns geben eben nicht so schnell auf. Vielleicht ist es an der Zeit, ihnen wieder etwas mehr Raum zu geben. Wenn ich mir zum Beispiel das Logbuch der Grabungswochen nach meiner Teilnahme durchlese, wird mir klar: Hier waren wahre Helden am Werk, bereit, ihre Komfortzonen bis zur Selbstverleugnung zu verlassen. Wochenlang kamen sie ohne eine Dusche aus, sodass sich einer von ihnen irgendwann die verzweifelte Frage stellte, wie viele Menschen man eigentlich opfern müsse, um mit ihrem Wasser duschen zu können. Diese aufopferungsvoll grabenden Frauen und Männer spielten nächtelang im Gemeinschaftszelt Poker, nur um sich am nächsten Tag wieder acht Stunden lang von Mücken piesacken, von Regengüssen aufweichen, vom tonigen Lehm pökeln und vom treuen Grabungshund Tucker abschlecken zu lassen. Die Mannschaft hockte auf Knien im Ton, verdreckte sich von morgens bis abends und brachte sich bis spät in die Nacht gegenseitig das Häkeln bei. Über Monate hinweg war ein *Dixi*-Häuschen der einzige Rückzugsort. Tonne um Tonne schleppten die Teilnehmerinnen und Teilnehmer das Sediment aus dem Steinbruch und nannten ihre Werkzeuge nach einer Weile trotzig »Gewalt« und »Verzweiflung« (Kellen) oder »Aggression« (Spachtel). Trotz sengender Sonne und strömenden Regens schlugen sie sich nicht gegenseitig die Köpfe ein, sondern gingen gemeinsam in etwas Größerem auf. Belohnt wurden sie mit Nächten unter freiem Himmel, dem Finderstolz, als Erste und Erster etwas zu erblicken, das für Jahrmillionen im Boden geschlummert hat – und einem Gemeinschaft- und Freiheitsgefühl, das einem ein hastiger Smalltalk am Kaffeeautomaten in dieser Form definitiv nicht bieten kann[16].

An welcher Stelle des Lebensweges muss man eigentlich abbiegen, um dem Ruf der Natur, möglicherweise sogar seiner eigenen, zu folgen?

## Die Initiation

Lesenswert beschreibt der großartige Evolutionsbiologe E. O. Wilson seinen persönlichen Erweckungsmoment in der fantastischen Autobiographie *Des Lebens ganze Fülle.* Er schildert seine erste Begegnung mit einer Qualle der Gattung *Chrysaora*:

*»In einem dieser Bilder von mir selbst sehe ich mich im Alter von sieben Jahren im flachen Wasser von Paradise Beach stehen und eine riesige Qualle anstaunen; das Wasser ist ruhig und klar und läßt jede Einzelheit deutlich hervortreten. [...] Ein erstaunliches Lebewesen. Sie übertrifft alles, was ich mir bisher in meinen kühnsten Fantasien ausgemalt habe.«*

So entstehen lebenslange Leidenschaften. An welches Initiationserlebnis können Sie sich erinnern? Bezog es sich auf Ihre Verbundenheit zur Natur? Gehören Sie eher zum »Team Mittelalter«, das nicht genug bekommen konnte von Burgen, Drachen und Rittern? Brannten Sie für Pferde, die Raumfahrt oder das alte Rom? Warteten Sie begierig auf die neusten Erzählungen von Karl May, der Sie in fremde Länder und Kulturen entführte, ohne jemals persönlich dort gewesen zu sein? Waren Sie eher Detektiv oder eher Survival-Fan? Haben auch Sie jedes *YPS*-Gimmick gründlich auf seine Tauglichkeit für Ihre waghalsigen Projekte geprüft? Sie sind nicht allein. Viele der heutigen Mittvierziger zum Beispiel pendeln sich irgendwo »zwischen

Raumfahrt und Braveheart« ein, wenn es um ihre Favoriten aus Wissenschaft und Fiktion geht.

Oder gehörten Sie vielleicht wie ich schon früh zum »Team Urzeit« und folgten lieber dem Ruf der Dinosaurier und Mammuts? Ihr Griff zu diesem Buch legt diese Vermutung schon einmal nahe. Als Paläontologen und Saurier zugleich bespielten wir unsere Welt.

Ähnlich erging es dem großen Vorbild meiner Jugend, dem amerikanischen Paläontologen Robert T. Bakker. Er war Anfang der 1980er Jahre maßgeblich am Imagewandel der Dinosaurier von lahmen Riesenechsen zu durchaus lebenstüchtigen, flotten Hüpfern beteiligt. Der aufgrund revolutionärer Hypothesen über die Dinosaurier als »enfant terrible« der Dinosaurierpaläontologie bekannte Forscher umschreibt seinen persönlichen Klick-Moment wie folgt:

*»Alles begann sehr plötzlich, im Frühling des Jahres 1955. Ich las Zeitschriften im Haus meines Großvaters in New Jersey, als ich auf diese magische Life-Titelstory stieß: ›Dinosaurier‹. Ausfaltbare, vollfarbige Bilder heroischer Kreaturen. Allosaurus, Brontosaurus, Stegosaurus, Tyrannosaurus rex. Ich entdeckte eine ganze Welt, weit, weit weg, und konnte sie besuchen, wann immer ich wollte, dank der kreativen Mühen der Paläontologen. Genau hier, genau dann wurde mir klar: Ich würde mein Leben den Dinosauriern widmen.«* (Übers. d. A.)

Er hatte sehr wahrscheinlich dasselbe Bild betrachtet, das gute 30 Jahre später auch mich in seinen Bann ziehen sollte: Rudolph Zallingers Wandgemälde *The Age Of Reptiles*. Doch während der wilde Herr Bakker seinen Dinosauriern tatsächlich ein Leben lang treu blieb, wurde ich Sozialarbeiter, während es meine Mitstreiter nach dem Abitur ins Cockpit, an die Börse, in den Reitstall oder in die Arztpraxis zog.

Heute staunen, suchen und sehnen sich nur noch wenige von uns aktiv nach der Naturgeschichte. Dies ist sehr bedauerlich, denn uns geht etwas verloren, wenn wir uns nicht gelegentlich demütig daran erinnern, dass wir Teile eines größeren, gewachsenen Ganzen sind.

Als mir zum Beispiel erstmals wirklich bewusst wurde, dass ich, der sein Haus im Sauerland in einer Höhe von etwa 300 Metern über NN hat errichten lassen, am Rand eines ehemaligen gigantischen

Korallenriffs lebe, hat es mich schier umgeblasen. Wie kann das wahr sein, habe ich mich gefragt, Muschelschalen, Seelilien und Meeresschnecken hier an Land? Manch anderer wendet sich angesichts solcher Tatsachen wohl eher schulterzuckend seinem Tagesgeschäft zu. Wo ist es nur hin, unser Sehnen, Staunen und Suchen?

## Staunen

Heute zeigen uns Apps auf Wunsch an, mit welchem Tier, mit welcher Pflanze und mit welchem Stein wir es hier zu tun haben. Ein Klick auf den Auslöser genügt, der Algorithmus wühlt sich in Sekundenbruchteilen durch die Untiefen des Internets und mit großer Wahrscheinlichkeit spuckt er uns rasch eine korrekte Bezeichnung dessen aus, was wir ihm da gerade zeigen. Dabei kommt die Rolle dieses Bausteins in der großen Erzählung zu kurz. Die Idee eines zusammenhängenden Weltgefüges kommt nicht rüber; die positive Vorstellung über eine gute Richtung, in die es für uns gehen soll, wird auf diesem Weg nicht vermittelt. Wir schlafwandeln durch historische Stätten, schießen Urlaubsbilder in Pompeji und entwickeln keinerlei Achtung gegenüber den Urgewalten, die diese Stadt einst begraben haben.

Die Schule hat uns antrainiert, uns Daten, Zahlen und Sachverhalte isoliert voneinander einzuprägen, auf Knopfdruck auszuspucken und sie danach zügig wieder zu vergessen. Ab und zu hatten einige engagierte Lehrkräfte erkannt, dass eine »Projektwoche« sicher nicht schaden könne. Sie weichten das altbackene Curriculum etwas auf und trugen das selbstgesteuerte, nachhaltige Aneignungslernen in den Schulalltag. Dann lernten die einen mögliche Kommunikationsformen der Native Americans, während die anderen ihre Behausungen nachstellten und wieder andere die politischen Auswirkungen ihrer gnadenlosen Dezimierung durch die Einwanderer erörterten. Das war es dann aber auch meist. In Geschichte lernten wir nach der Projektwoche wieder, wann Rom aus dem Ei schlüpfte, in Biologie war die Zahnformel des Hundes das Thema der nächsten Stunden und in Deutsch hielt man uns an, das eingedeutschte Wort »Mayonnaise« korrekt zu buchstabieren, nur um irgendwann zu lesen, dass der Duden jetzt auch die Schreibweise »Majonäse« gestattet. Staunen und Experimentieren waren in der Schule so gut wie verboten. Ein unerwartet lautes »Poff!« unter dem Rauchabzug im Chemieraum nebst verdutzt dreinblickender Lehrkraft und dem Kichern der gesamten Klasse war oft das höchste der Gefühle. Was für eine Verschwendung angesichts der Tatsache, dass wir im Grunde von Natur aus Denk- und Erzählfreiheit benötigen, um neue Ideen und frische Denkrichtungen zu entwickeln. Vielleicht beugt sich der Lehrplan auch nur dem Zwang der Zeit. Etwas Schönes kommt ohnehin nicht mehr auf uns zu, denkt man wie selbstverständlich und macht es sich bequem. Es scheint, als würden wir uns bereits auf den nächsten Krieg, einen neuen Diktator, eine weitere Pandemie und natürlich eine erneute Inflation vorbereiten. Aber natürlich wäre es undenkbar, dass die Preise für Bier und Treibstoff steigen, da hört der Spaß selbstredend auf.

Fragt man den durchschnittlichen Bürger in der Fußgängerzone seiner kommerziell gleichgeschalteten Innenstadt, was er über die Urzeit und die Entwicklung des Lebens weiß, lässt sich sein »Wissen« vermutlich auf folgende Sequenz herunter brechen: Urknall (durch Gott oder zufällig) ➔ Dinos ➔ alle tot ➔ Eiszeit ➔ Mammuts tot ➔ Mensch. Dieser gilt selbstredend bei den meisten noch immer als Endprodukt und Krone der Schöpfung.

Wer staunt, gibt sich hingegen eine Blöße. Große Kinderaugen im Museum bekommt man mit Sicherheit zügig dazu, gelangweilt zu rollen, wenn man ihnen die Informationen ungefragt doziert und womöglich ergänzt: »Das wird alles in einem benoteten Test abgefragt.« Staunen als Selbstzweck und notwendiger Entwicklungsschritt ist nicht mehr »en vogue«. Dabei kann es vielleicht sogar dabei helfen, dass Kinderseelen überleben.

# Ein Dinosaurierpark für Gazas Kinder

Diese Bilder gehen mir nicht mehr aus dem Kopf. Vor acht Jahren habe ich sie aus den *Lübecker Nachrichten* ausgeschnitten.[17] Da war einmal der vielleicht siebenjährige Palästinenserjunge, der in einer völlig zerstörten Schule verdreckt und verzweifelt aus Schmutz und Trümmern heraus den Fotografen und damit die ganze Welt fragend anblickte. Daneben war ein Foto eines etwas älteren Jungen zu sehen, der mit offenem Mund und weit aufgesperrten Augen das giftgrüne, animierte Modell eines Stegosauriers anstarrte. Der Junge stand da wie vom Donner gerührt und schien Mund und Augen gar nicht mehr schließen zu können. Auch so ließ sich »Donnerechse« interpretieren, dachte ich – und brach in Rührungstränen aus. Wie sonst auch sollte ich reagieren, wenn meine Hoffnung auf eine neue Generation neugieriger, vom ewigen Teufelskreis des Fanatismus befreiter Menschen und meine pure Verzweiflung über so viel politische Unfähigkeit und dermaßen perverse Auswüchse des Gotteswahns derart krass aufeinander prallten?

Ich traute meinen Augen kaum: Unmittelbar nach einem erneuten Bombenhagel befand sich, inmitten einer ausgezehrten, blindwütig zerstörten Landschaft ein Haufen ausgestorbener Riesensaurier, und vor einem davon stand dieses traumatisierte Kind! Was tat es wohl als nächstes? Über die Absperrung klettern, um sich fest an den neugewonnenen Beschützer zu drücken? Oder in Abscheu vor diesem Unbekannten fliehen? Mein Gefühl sagte: Der leichte Grusel über dermaßen Fremdes war *die* Art von Schrecken, den eine Kinderseele auch verarbeiten kann. Der Junge würde also sehr wahrscheinlich weitere Monster aufsuchen, um das handhabbare Schaudern und Kribbeln im Bauch zu genießen, ähnlich einem Kind im verwöhnten Westen, das immer wieder auf eine überdimensionierte Wasserrutsche steigt. Bei uns bekam man mit ein paar pneumatisch animierten, ruckartig wackelnden Standmodellen keine Katze mehr hinter dem Ofen hervor gelockt, da musste es schon mindestens 3D sein.

Hier in Gaza aber war unter den Kindern noch genügend Fantasie vorhanden, die vielleicht auch aus Verzweiflung entstand. Mitten in einen der meist umkämpften Teile der Stadt hatten Designer und Initiatoren vorbei an der israelischen Dauerblockade ein kleines Paradies geschaffen, das den Kindern die Dinosaurier nahe bringen sollte. Diese dankten es mit Blicken wie dem des staunenden Jungen, der mich vor acht Jahren erstmals zum Weinen brachte.

Ich stelle mir vor, wie neben ihm ein israelischer Junge beim Anblick des *Stegosaurus* große Augen macht. Ich hoffe, dass irgendwann in ferner Zukunft die Menschen dort endlich befreit sind von all ihrem Hass und all ihrem Wahn. Dann wird ein israelischer Ingenieur gemeinsam mit einer palästinensischen Ingenieurin einen viel größeren Dinosaurierpark in blühende Landschaften setzen. Dann endlich bekommt die nächste Generation Luft zum Atmen und Raum zum Staunen. Verschwunden sind die lebenden Toten, die heute als Politiker, Imame, Rabbis, Krieger und Extremisten nicht ablassen wollen vom Zynismus ihrer finalen Weltanschauungen. *»Imagine there´s no heaven, it´s easy if you try. No hell below us, above us only sky.«*[18]

## Sehnen

Wie sehr sehnen wir uns nach einer heilen Welt? Und wie schwer ist es, diese tatsächlich Realität werden zu lassen? Neben dem Menschen, der noch immer oft genug des Menschen Wolf ist, sind es auch die Naturgewalten, die uns immer wieder auf Normalmaß zurück stutzen. Erdbeben, Tornados, Dürreperioden, Flächenbrände, Hochwasser, Tsunamis: Kaum ein Tag vergeht ohne die Nachricht einer Katastrophe. Schon unsere frühesten Vorfahren wurden nachweislich Zeugen gigantischer Vulkanausbrüche. Die ersten bekannten Fußspuren menschenähnlicher Lebewesen hinterließen vor über 3,6 Millionen Jahren Hominiden der Art *Australopithecus afarensis* in vom Regen angefeuchteter Vulkanasche im heutigen Tansania. Vielleicht ein paar Wochen vorher war der 20 Kilometer entfernte Vulkan Sadiman ausgebrochen. Das hat die Vormenschen vermutlich in großen Schrecken versetzt. Sie mögen ängstlich in ihren Baumnestern gekauert haben, mit weit aufgerissenen Augen, überrascht über dieses

Phänomen, für das sie damals noch keine Worte hatten. Irgendwann war der Vulkan erschöpft und eine große Ruhe legte sich über die Landschaft, als die mutigsten unserer Vorfahren ihrer unbewussten Sehnsucht nachgaben, zum erloschenen Licht zu pilgern wie in einem Millionen Jahre später noch zu erzählenden Weltenepos ein Hobbit namens Bilbo Beutlin nach Mordor.

Was liegt hinter dem Horizont? Welche Lichter flackern da oben am Himmel? Woher kommt der Rauch dort? Was donnert da so weit entfernt? Diese Fragen kannten die Australopithecinen auf vorsprachlicher Ebene und vererbten ihre Sehnsucht, die ich hier einmal als intensive, doch diffuse Form der Neugier definieren möchte, allen weiteren Nachkommen. Irgendeinen Vorteil muss die Sehnsucht gehabt haben, sonst würden wir sie heute nicht mehr als *»Zustand des innigen Verlangens nach Personen, Sachen, Zuständen oder Zeitspannen«*[19] empfinden. Unruhig sind wir Menschen und rasten nicht gern. Wir sind angetrieben von der Suche nach besseren Zuständen, tauglicheren Erkenntnissen und hilfreicheren Werkzeugen. Wie dieser innere Drang sich auf den Gegenstand der Urzeit selbst richten und dabei zu einem vielleicht sogar lustvollen Zustand der Unerreichbarkeit des Ersehnten führen kann, hat die Paläontologin Riley Black in ihrem fantastischen Buch *Die letzten Tage der Dinosaurier* eindrucksvoll beschrieben:

*»Ich sage manchmal, dass ich Dinosaurier vermisse. […] Wie kann ich Kreaturen vermissen, die ich nie lebend gesehen habe? Wie kann ich eine Zeit vermissen, die ich nie erlebt habe, außer als eine Mischung aus Museumsausstellungen, Paläokunst, Forschungsarbeiten und lückenhaften Vermutungen, die in meinem Kopf existieren? Es gibt im Englischen tatsächlich einen Begriff dafür – Anemoia –, aber er wird meistens für Leute verwendet, die in ihrer Vorstellung von den 1960er-Jahren vernarrt sind oder sich verzweifelt wünschen, Queen mit Freddie Mercury als Frontmann gesehen zu haben. Dieser Ausdruck wird meist nicht benutzt, um jemanden wie mich damit zu erfassen, der empfänglich ist für Tagträume von zwölf Meter großen Monstern mit kieselsteinartigen Schuppen, deren Flaum sanft in der Brise der späten Kreidezeit weht.«* (Übers. d. A.)

## Suchen

Das Suchen ist heute ein Mittel zum Zweck, logischerweise dem Finden, und scheint keinen eigenen Wert mehr zu besitzen. Allerorts schreit der Individualismus uns an, wir sollen schnellstmöglich finden, was zu uns passt. Danach ginge es uns garantiert besser. Suchmaschinen sollten meiner Ansicht nach eher »Findmaschinen« genannt werden, denn wer bringt schon die Geduld auf, das Suchen selbst als Quelle der Freude zu empfinden? Die gebratenen Tauben der Erkenntnis und des Einwegkonsums fliegen uns dank *Google* und *Amazon* scheinbar direkt ins Maul. Eine zu lange Partnersuche macht uns nervös und unglücklich, wir wollen keine zweite und schon gar keine dritte Meinung zu egal welchem Thema, wo die erste doch dem Zweck unserer Selbstvergewisserung längst genügt. Vergleichsportale dienen nicht mehr dem Vergleichen, sondern der Bestätigung, dass die Suche längst abgeschlossen ist und man mit seiner Entscheidung schon immer Recht hatte. Als grausam empfinden wir das Suchen nach einem verlegten Gegenstand, womöglich gar unserem Smartphone, diesem kleinen digitalen Selbstbefriedigungswerkzeug, das unsere Wunsch- und unsere tatsächliche Identität in eine permanente Dauererregung versetzt. Dieser Zustand macht auf Dauer unglücklich, ohne dass wir es merken. Die Suche nach größeren Zusammenhängen hingegen kann unheimlich erhebend sein, weil man mit wirklicher Arbeit etwas vollbringt.

Mit dieser Haltung begegnet ein Wissenschaftler der Welt. Er möchte nicht predigen, anklagen oder politisieren; er möchte nach Antworten suchen, indem er vorläufige Annahmen über die Ursachen und Auswirkungen von diesem und jenem durch Experimente und die Erhebung von Daten beweist oder widerlegt. Die Idee zum Beispiel, dass alle Dinosaurier ursprünglich befiedert oder zumindest mit Flaum bedeckt waren und manche Gruppen erst im Laufe ihrer Entwicklung diese Körperisolierung wieder verloren, kann noch nicht abschließend bestätigt werden. So galt der *Spinosaurus* noch vor kurzem als Sensation, weil er der erste vollständig im Wasser lebende Dinosaurier gewesen sein soll, doch sprechen neuere Erkenntnisse eher für die Lebensweise eines gigantischen Fischreihers. Dass die Raptoren der Gattung *Deinonychus* vorwiegend im Rudel gejagt und dabei vielleicht sogar absichtsvoll miteinander kommuniziert hätten, steht längst nicht mehr so felsenfest wie ursprünglich nach einem vermeintlich eindeutigen Fund angenommen. Wahrscheinlich haben sie nicht wie Wölfe gejagt, sondern eher wie Falken, die durchaus mal gemeinsame Sache machen, wenn sie zufällig dasselbe Beutetier im Visier haben. Reiher statt Otter, Falken statt Wölfe, und wir sehen: Jede vorschnelle Antwort ist unwissenschaftlich. Eine gewisse Toleranz für Widersprüche ist schon vonnöten, um es mit den offenen Fragen auszuhalten.

Ich weiß zum Beispiel, dass es da draußen einige sehr seltene, sehr teure Dinosaurierfiguren gibt, die ich liebend gerne meiner Sammlung einverleiben würde. Ab und zu gönne ich mir den Reiz der Jagd und google so weit wie möglich einem ganz bestimmten Modell vom urtümlichen Säugetiervorfahren *Exaeretodon* hinterher. Es erschien 2010 als museumspädagogisches Begleitmaterial der Ausstellung »Dawn Of The Dinosaurs« im *Art Center* in Tokio und existiert nur in einer sehr kleinen Auflage. Die Nachfrage bestimmt den Preis, und ohne ein Wunder werde ich wohl niemals eine solche Figur besitzen. Aber das macht nichts. Mir geht es wie einem Vogelkundler, der vielleicht niemals ein lebendes Exemplar der von ihm höchst verehrten Vogelart zu Gesicht bekommt, aber eine tiefe Befriedigung schon daraus zieht, alles Mögliche für die Suche getan zu haben. *The hunt is better than the kill.*

Besonders vergnüglich ist es, etwas zu finden, nach dem ich nie bewusst gesucht habe. Neulich traf ich auf ein 117 Jahre altes Originaldokument, das ein Stück Wissenschaftsgeschichte mitgeschrieben hat: Eine Schrift über die Pelycosaurier Nordamerikas, veröffentlicht 1907 in Washington D. C. von einem gewissen E. C. Case. Das Werk beschreibt auf 166 Seiten höchst wissenschaftlich eine Neueinordnung der bekannten »Segelsaurier« wie *Dimetrodon* oder *Edaphosaurus* in das Reich der Wirbeltiere. Erstaunt las ich dort, dass damals auch die Nothosaurier und die Plesiosaurier den Sauropsida zugeordnet wurden, aber das wird jetzt vielleicht ein bisschen zu nerdig. Halten wir fest: Ich bin sehr glücklich, diese kleine Zeitkapsel in Form und Inhalt mit etwas Glück für die nächsten 30, 40 Jahre hüten zu dürfen.

Manchmal frage ich mich: Was hat wohl der große Naturforscher Alexander von Humboldt mehr genossen: das Suchen oder das Finden? Wie ging Charles Darwin auf seiner Forschungsreise auf der Beagle mit dem Spannungsfeld um, manchmal gar nicht zu wissen, wonach er genau suchen sollte? Wie auch immer, mein eigener suchender Forschergeist erwachte früh und fand seinen ersten Niederschlag ausgerechnet in einem Einmachglas.

## Natürlich: Die »Krebse aus der Urzeit«

War das ein Wimmeln und Wuseln! Irgendwann hatte ich herausgefunden, dass die »Urzeitkrebse«, die mir einige Jahre zuvor als Gimmick im *YPS*-Heft zum ersten Mal begegneten, als einfach zu züchtendes Lebendfischfutter im Zoohandel erhältlich waren, und zwar in Form von »Eiern«. An dieser Stelle meldet sich der Nerd in mir und möchte, dass ich Folgendes klarstelle: Was im Handel als »Eier« der Salinenkrebse verkauft wird, sind meistens ihre langlebigen Zysten. Biologisch sind diese anders definiert als Zysten. In diesen ist sozusagen das Leben in seiner konzentriertesten Form enthalten. Vergleichen wir sie am besten mit diesen Geschenk-Waschlappen, die in winziger Form vakuumverpackt sind und ihre volle Größe erst entfalten, wenn sie mit Wasser in Berührung kommen. Wird der Salzgehalt im natürlichen Lebensraum zu gering, produzieren die winzigen Krebse solche Zysten. Sie sind kleiner als Sandkörnchen und können vermutlich Jahrzehnte in völliger Trockenheit und unter hoher Sonneneinstrahlung überleben.

Von diesen also träufelte mein jüngeres Ich eine erste Messerspitze voll in das sorgsam vorbereitete Einmachglas. Fortan schwamm über Jahre hinweg immer eine mehr oder weniger muntere, permanent vom Aussterben durch Absturz vom wackeligen Regal bedrohte Truppe von *Artemia salina* in einem Einmachglas umher. Es war natürlich nicht durchlaufend dieselbe Gruppe. Dafür war die

Lebensspanne der Individuen zu kurz, umfasste sie doch nur einige Wochen. Am Ende eines Ansatzes durchpflügten nur noch einige trostlose Exemplare müde eine zusehends staubiger werdende Brühe mit einem Bodensatz voller winziger, blass-beiger Tierleichen. Mehr als einmal kippte ich diese morbide Buchstabensuppe mit schlechtem Gewissen in die Toilette. Dann aber wischte ich das Glas sorgsam aus, schüttete erneut destilliertes Wasser aus dem Tankstellenshop hinein und rührte jodfreies Küchensalz dazu, bevor einmal mehr die entscheidende Zutat den Weg ins Wasser fand: Die Eier, sorry, Zysten.

Immer wieder setzte ich diesen Zyklus in Gang. Die oft zuckenden Bewegungen und ruckartigen Kehrtwendungen im eigentlich eleganten Schwimmstil meiner kleinen Haustiere deutete ich als angeborene Erinnerungen an archaische Schrecken.

Ich stellte mir vor, dass diese Tierchen bereits in vom Stampfen der Dinosaurier erschütterten Pfützen umher schwammen, Statisten zu Füßen eines gigantischen Dramas über ihren mit Antennen bewehrten Alienköpfchen. Hetzjagden von Allosauriern auf frühe Vogelbeckensaurier mögen sie derart zitternd abgewartet haben und Stampeden von Langhälsen auf ihren Strandstraßen an den Ufern des Inselarchipels entlang, das Europa die meiste Zeit des Erdmittelalters über gewesen war. Ich bildete mir ein, dass sich diese attraktive Art vor mir unbemerkt ins Fäustchen lachte, weil sie nicht nur das Aussterben der Dinosaurier überlebt hatte, sondern auch das Biotop eines Jungenzimmers der frühen Neunzigerjahre.

Doch ich möchte ehrlich sein: *Artemia* hat sich als Art vermutlich erst vor fünfeinhalb Millionen Jahren in einem Vorläufer des heutigen Mittelmeers entwickelt. Da waren die Dinosaurier schon seit gut 60 Millionen Jahren ausgestorben. So gesehen ist die Bezeichnung »Urzeitkrebse« zwar nicht ganz falsch, aber die Verbindung, die beispielsweise das *YPS*-Heft damals zu den Dinosauriern gezogen hatte, war Etikettenschwindel. Wer den Vogel in Sachen Urzeitkrebs hingegen wirklich abschießt, ist ein weiterer Gliederfüßer: *Triops cancriformis.* Diese Art existiert nachweislich schon seit etwa 220 Millionen Jahren. Zu dieser Zeit, in Fachkreisen mittlerer Keuper genannt, streiften die ersten wirklich großen Dinosaurier durch die Halbwüste

Deutschland, die Plateosaurier. Ihnen dicht auf den Fersen waren beispielsweise fleischfressende Vertreter der Dilophosaurier, zweibeinige Raubsaurier mit sonderbarem Überbiss und seltsamen Knochenkämmen auf dem Kopf.

*Artemia* hin, *Triops* her: Die Art und Weise, auf die ich hier gerade zu fachsimpeln beginne, zeigt, dass in jedem und jeder von uns immer auch ein Abenteurer steckt und ein kleiner Forscher ebenfalls gehört und gesehen werden möchte. Wir sind von Natur aus Paläo-Nerds, doch die meisten vergessen es wieder.

Wir müssen dringend wieder üben, zu staunen, zu suchen und uns zu sehnen. Die Erdgeschichte lehrt uns mit ihrer Magie, ihrer Poesie sowie ihrer Erhabenheit Geduld und Demut.

Wenn Sie, liebe Leserin, lieber Leser, den Weg bis hierhin genossen haben, dann ist es sehr wahrscheinlich, dass Ihr Draht zum Abenteurer in Ihnen noch immer – vielleicht ja sogar wieder? – glüht. So kann es doch weiter gehen!

# Intermezzo Nr. 2: Menschliche Dramen vor episch-ewiger Kulisse

- *Der Bergdoktor / Die Bergretter. Deutsche Vorabendserien im ZDF.* Allseits beliebter Mediziner bzw. verwegener langhaariger Bergretter, beide im Privaten eher unbeholfen, im Fachgebiet hingegen unübertroffen, haben quer durch die Alpen, die jährlich aufgrund der Kollision der afrikanischen und der europäischen Landmasse um 1,8 Millimeter in die Höhe wachsen und denen all das ziemlich gleichgültig ist, für jede und jeden ein offenes Ohr und retten nach allerlei Verstrickungen meist doch noch allen den Tag. Die Drehbücher strotzen nur so von der Story zuträglicher »Zufällen«.
- *Der Mensch erscheint im Holozän. Roman von Max Frisch.* Der Welt und des Familienlebens überdrüssiger Endsechziger zieht sich in eine Berghütte zurück und kämpft einsam gegen die Angst vor einer Naturkatastrophe sowie gegen sein eigenes Vergehen und Vergessen (Schlaganfall? Demenz?) an – inklusive eines missglückten Tagesausfluges. Er schneidet das, was er nicht vergessen möchte, aus einer Enzyklopädie aus und beklebt die Wände mit den Schnipseln. Auf dem Buchcover der ersten Auflage bei Suhrkamp sind gleich drei Skelette zu sehen: Das eines *Ornithosuchus,* das eines *Spinosaurus* und das eines *Homo sapiens.*[20]
- *Die Wand. Roman von Maren Haushofer.* Frau wird nach einem Verwandtenausflug versehentlich mit dem Hund auf einer – Sie ahnen es – Berghütte vergessen, möchte in die Zivilisation zurück und stellt dabei fest, dass das Tal plötzlich von einer unerklärlichen Käseglocke mit einer transparenten, aber undurchdringlichen Wand umschlossen ist. Es gibt kein Entkommen. Unfreiwillig entdeckt sie die Vorzüge des Lebens als Selbstversorgerin und kämpft aktiv gegen ihre Verzweiflung an.[21]
- *Der Mann aus dem Eis. Film von Felix Randau,* der auf erschütternde Weise die fiktive Geschichte um die letzten Lebenstage der

späteren Gletschermumie »Ötzi« erzählt. Jürgen Vogels Zahnspalten verleihen dem Protagonisten dabei eine Extraportion Authentizität.[22]

- *Erste Erde. Epos. Fast undurchdringliches Mammutwerk des Schriftstellers Raoul Schrott.* Egal, wo man einsteigt, man wird erschlagen von der andeutungs- und querverweisreichen Wortgewalt, mit der der Autor individuelle Schicksale und Erdgeschichte miteinander verquickt.[23]
- *Free Solo. Freikletterer Alexander Honnold* kämpft gegen seine Dämonen und bezwingt schließlich als erster Mensch ohne Absicherung die als die schwierigste Freikletterherausforderung der Welt geltende Granitsteilwand des »El Capitan« in Yosemite Nationalpark, Kalifornien. Die Wand brauchte Millionen Jahre für ihre Entstehung, Alexander Honnold benötigte drei Stunden und 56 Minuten und fast schon übermenschliche Kräfte, um sie zu erobern.[24]
- *Stehaufmännchen. Graphic Novel von Ralf König.* In Afrika ist mächtig was los: Nach tektonischen Verschiebungen sind einige Hominiden auf die falsche Seite des großen Grabens gelangt – die mit den immer kleiner werdenden Bauminseln. Gemeinsam, aber nicht ohne Widerstände, treffen die Vormenschen eine bahnbrechende Entscheidung: Von nun an gehen wir aufrecht! Wer Ralf König kennt, weiß, dass der Titel dieses Kleinods durchaus doppeldeutig gelesen werden darf.[25]

**Aufgaben:**

- Welche weiteren Dramen dieser Art fallen Ihnen ein? Verfassen Sie eine kurze Inhaltsangabe. Beleuchten Sie anschließend den Reiz, den der Kontrast zwischen den gleichgültigen geologischen Strukturen und dem Ringen des Menschen darin auf Sie ausübt – oder wieso nicht.
- Was haben die angeführten Kunstwerke gemeinsam?
- Was genau, wenn überhaupt, hat dieses Intermezzo Ihres Erachtens mit dem Thema *Urzeit* zu tun?

# Kapitel 4
# Der Dino in uns

*»Erlaubt es uns der Wandel, an dessen Schwelle wir gerade stehen, die Dinge weiterhin auf die Säugetier-Art zu tun? Wird es ein menschlicher Umbruch, durch achtsame Planung zielgerichtet eingeführt zum Wohle unserer Art? Oder werden wir den bevorstehenden Wandel ignorieren? Werden wir ihm gestatten, sich nachts als heimtückischer Wiedergänger an uns heran zu schleichen, woraufhin wir dann nur noch nur noch mit unserer eigenen Versklavung oder dem Aussterben antworten können?«*

John McLoughlin, US-amerikanischer Zoologe (Übers. d. A.)

Wir sind Produkte der Erdgeschichte – der Paläontologe Neil Shubin spricht in seinem gleichnamigen Buch vom »Fisch in uns« – und setzen uns als solche mit ihr auseinander. Ist es vielleicht denkbar, dass unsere Faszination für die »alles zertrampelnden und zerfetzenden Riesen der Urzeit« nicht dem distanzierten Blick des modernen Menschen entspringt, sondern einem schaudernden »Erinnern« an unsere reptilischen oder gar noch früheren Wurzeln? Haben nicht unsere Vorläufer immer wieder ihre Reviere mit teils gigantischen Raubtieren teilen müssen, wie beispielsweise der »Hobbit-Mensch« auf der Insel Flores mit Waranen enormen Ausmaßes?

Seit der Aufspaltung der Wirbeltiere in zwei neue Hauptdynastien konkurrieren diese dem Reich der sogenannten Chordaten (»Tiere mit Rückensaite«)zugehörigen Gruppen um die Vormachtstellung auf diesem Planeten. Sie erinnern sich? Obwohl es heute dreimal so viele Sauropsidenarten (Team Schuppen/Federn) wie Synapsidenarten (Team Fell) gibt, ist von einem heißen Krieg keine Spur. Man agiert eher subtil und lauert auf seine Chancen wie das Krokodil auf das Gnu. So unglaublich das klingt: Nicht nur Krokodil und Gnu, auch Menschen und Dinosaurier teilen sich in den Tiefen der Vorzeit stammesgeschichtliche Vorfahren, die sich in den dunklen

Steinkohlewäldern des Karbonzeitalters durchschlugen, permanent in Todesangst und immer auf der Flucht vor Riesentausendfüßern und Libellen, groß wie Elstern.

Im Dinosaurier, der das Phänomen Urzeit verkörpert wie kein zweiter, sehen wir das uns Vertraute und das absolut Fremde zugleich. Einerseits Lebewesen, die tatsächlich diesen Planeten bewohnten, andererseits teils bis zur Lächerlichkeit unkenntlich gemachte Bestandteile der Populärkultur, fast schon Haustiere, sind die Dinosaurier heute Mischwesen, die Mischgefühle auslösen.

Ein Forschungstrupp intelligenter Aliens, der in ferner Zukunft, lange nach dem Ende unserer Zivilisation, auf unserem Planeten landet und sich durch unsere Überreste gräbt, fände nicht nur verbogene Touristenskelette am Rande des ehemaligen Mittelmeeres, sondern zwischen all unseren Hinterlassenschaften auch überproportional viele Darstellungen und Nachbildungen der Saurier. Aber warum? Wenn die Aliens ähnlich gute Wissenschaftler sind wie wir, gelangen sie irgendwann zur Frage: Wozu brauchten die Menschen diese Tiere?

## Getrennte Wege

Möglicherweise bringt eine kleine Zeitreise uns der Antwort näher: »Bitte einsteigen, die Maschine startet – im Gegensatz zur Deutschen Bahn pünktlich – ins Karbonzeitalter.« Dieses begann vor etwa 359 Millionen Jahren, dauerte gute 60 Millionen an und »produzierte« nicht nur die enormen Massen an Steinkohle, deren maßloses Verfeuern wir hoffentlich in Kürze endgültig hinter uns lassen können. Es »sorgte« auch für einen entscheidenden Schritt in der Entwicklung unserer direkten Vorfahren. Schnell noch das Reiseziel und die Zeit eingestellt: »Nova Scotia, 325 Millionen Jahre vor unserer Zeitrechnung.« Zisch! Ratter! Peng! Wir drehen uns ein paarmal im Kreis, halten uns aneinander fest, sehen Sternchen, schwanken benommen. Nach einer Landung, die Luke Skywalkers Bruchlandung auf dem Sumpfplaneten Dagobah in *Star Wars – Das Imperium schlägt zurück* geradezu geschmeidig aussehen lässt, knallen wir auf den karbonischen Boden der Tatsachen.

»Bitte aussteigen!« Ratlos und tumb wie Eindringlinge stehen wir in einer vor Wasser geradezu dampfenden Landschaft herum. Wir müssen uns kurz berappeln, japsen unfreiwillig nach Luft, denn diese hier ist geradezu erdrückend, kämpfen gegen den Schwindel an, ziehen unsere Kleidung zurecht und marschieren los.

Im Gegensatz zu den zahlreichen Bildern, die uns fleißige Künstlerinnen und Künstler mit Motiven aus der Urzeit angefertigt haben und auf denen es vor eigentümlichen Kreaturen fast immer nur so wimmelt, ist hier von tierischem Leben zunächst einmal keine Spur. Grünes, feuchtes Dickicht umgibt uns, und als wir losgehen, stoßen wir andauernd mit unseren Füßen an irgendetwas am Boden an. Dies sind noch keine Schlangen, die sind noch nicht entstanden, sondern die Wurzeln turmhoher Bärlappgewächse. Sie sind riesige Geschöpfe, die das in der Atmosphäre gerade reichlich vorhandene Kohlendioxid in ihre massiven Stämme einbauen. Knickte eines von ihnen um und stürzte in den Morast, begann die Zersetzung nicht sofort. Auch ihre Stümpfe blieben wie gigantische Eierbecher zunächst für Jahrzehnte in der Landschaft stehen. Es gab schlicht zu wenig Sauerstoff in der Atmosphäre, um diese Menge an totem Material zu zersetzen, die bei einem in einer riesigen geologischen Senke liegenden Sumpf nun einmal anfällt. Dem sonst so hungrigen Netzwerk aus Bakterien und Pilzen fehlte ganz simpel die Luft zum Atmen. Große Sprünge waren da nicht drin.

Schwupps! Was war das? Irgendetwas wuselt unversehens um unsere Füße herum, kitzelt unsere Zehen – warum haben wir auch bloß Sandalen an? – und verschwindet, noch ehe wir zu Boden blicken können, im Unterholz. Wir sehen gerade noch, wie sich eine kleine Schwanzspitze durch einen winzigen Erdspalt schlängelt, dann entzieht sich der unbekannte Begleiter komplett unserer reflexartigen Suche.

Lassen Sie uns schnell weiter laufen, zur Lichtung dort. Spüren Sie es auch? Etwas Unheimliches liegt in der Luft. Wie eine Vorahnung unbekannter Gefahren und Verstrickungen. In dieser Welt herrscht noch nichts, was Wirbel hat. Ich weiß aus Büchern, dass es hier einige Tausendfüßer geben könnte. Über unseren Köpfen dürften irgendwann auch habichtgroße Verwandte der späteren Libellen zu sehen sein. Vor den Wirbeltieren hatten sich die Gliederfüßer an Land gewagt, mit ihren Außenskeletten waren die Ahnen der Spinnen und Insekten eher für den Landgang geeignet als die erst einige Millionen Jahre später nachziehenden Wirbeltiere.

Winzige Reptilien soll es in diesen Wäldern geben. Sie waren die ersten Wirbeltiere, die sich gänzlich vom Wasser losgesagt hatten und legten mittlerweile sogar ihre Eier an Land. Hochspezialisierten Fischen ist es einige Millionen Jahre vor unserer heutigen Exkursion gelungen, komplette Tage und Wochen an Land zu verbringen. Das war auch dringend nötig, denn erstens war im Wasser nicht mehr genügend Nahrung für alle vorhanden, und zweitens gab es weit entfernt von Meeresufern nicht mehr überall durchgängig stehendes Wasser. Da lobten es sich die Mosaikformen aus Fisch und Amphib, von Tümpel zu Tümpel kriechen zu können, ohne in Atemnot zu geraten und zu vertrocknen. Ihre knöchernen Flossen hatten sich bereits zu kräftigen Füßchen entwickelt, und statt hochkant wie ihre Vorfahren waren diese neuartigen Wesen energiesparend platt. Und das sind wir jetzt auch, von dem vielen Waten und Wandern. Doch wir wollen schließlich den allerersten Reptilien begegnen, oder? Also weiter!

Husch! Ein kleines Tierchen, nicht größer als eine Zauneidechse, zieht flink auf uns vorbei und hält dann kurz inne. Dann hopst es auf einen umgeknickten Baumstamm. Hektisch bewegt es das Köpfchen hinterher, seine Kehle pulsiert. Schon wieder so ein Tier! »Lasst uns eines fangen!«, flüstern Sie, beugen sich hinunter, formen Ihre Hände, als hielten Sie einen Volleyball nach unten und wollen zuschnappen. Zack! Das Zuschnappen übernimmt jetzt etwas ganz anderes! Es wagt sich aus der Deckung und Sie sterben fast vor Schreck! Aargh, blitzschnell baut es sich über Ihnen auf, im Gegenzug falten Sie sich in Sekundenbruchteilen zu einer schützenden Paketform. Wie mittelalterliche Kerkerketten rasseln endlos viele Beinpaare erwartungsvoll durcheinander – und der Gigant schnellt nach vorn! Sie sprechen ein letztes Gebet, spüren einen dumpfen Schlag, dann wird es still.

Als Sie wieder aufwachen, wird die kleine Eidechse von faustgroßen Mundwerkzeugen schmatzend zerschnitten. Das namenlose Etwas schert sich weder um Sie noch um mich, als es, mit ausdruckslosen Facettenaugen nirgendwohin blickend, mit archaischem Genuss sein Mittagessen verspeist. Puh, na dann: Willkommen im Karbon!

Wir befinden uns in der Periode der Erdgeschichte, in der die Wege der Sauropsiden und der Synapsiden sich voneinander trennen. Als leichte Beute für vor Chitin nur so strotzende Monster wie dem zwei Meter langen *Arthopleura*, dem wir soeben begegnet sind, suchten die ersten beschuppten Wesen Schutz im Laubstreu am Boden urtümlicher Wälder.[26] Noch hatten die Gliederfüßer das sagen. Tiere, die aussahen wie das Riesenbaby einer Kellerassel und eines Tausendfüßers, machten Jagd auf zarte Wirbeltiere. Dass aus solchen flinken, eidechsenartigen Vierbeinern, Wissenschaftler beschreiben zum Beispiel die gut 20 Zentimeter langen Arten *Palaeothyris* und *Hylonomus* – gerade wurde einer von diesen neben Ihnen zur Beute -, irgendwann sowohl Dinosaurier als auch Blauwale hervor gehen würden, klingt zu diesem Zeitpunkt noch unerhört. Aber die Forschungsergebnisse, die uns und den Dinosauriern gemeinsame Vorfahren im Karbon attestieren, sprechen für sich. Ein echter Leckerbissen für Freunde der Evolution in all ihren oft skurrilen Spielarten.

Angst und Flucht waren damals längst ständige Begleiter für unsere gemeinsamen Vorfahren, denen wir hier in Gestalt eher mickriger Vierbeiner begegnen. Nachdem sich eine Population dieser urtümlichen Echsenwesen in zwei Teilpopulationen aufgespaltet hatte, vielleicht nach einer gigantischen Überflutung der karbonischen Sumpfwälder, bei der einige Individuen auf Blatt- und Baumflößen in eine neue, trockenere Umwelt verfrachtet wurden, war ihr getrennter Fortgang besiegelt. Eben noch vereint in ihrer Angst vor gigantischen Gliederfüßern an Land und in der Luft, verbindet diese Populationen mit ihren jeweils Myriaden von Nachkommen bis heute eine einzigartige Hassliebe. Die Schlange gilt als Symbol von Hinterlist, Stärke und Klugheit; unter dem riesigen Skelett des *Diplodocus* spüren wir eine seltsame Art der Geborgenheit, und die Dinosaurier schaufeln wir heute als Hähnchenbrust und *Chicken McNuggets* gleich tonnenweise in uns hinein. Nicht so prickelnd.

Purer Zufall, dass ich diese Zeilen an Thanksgiving 2023 schreibe. Ausgerechnet heute brachte der mit mir befreundete Künstler Natee Himapaan[27] eine frische Karikatur heraus. Ein befiederter *Oviraptor* als Vertreter der Dinosaurier hält darauf ein kleines bepelztes Knäuel im Maul. Die Bildunterschrift sagt es: »Denkt daran, es gab Zeiten, da haben die Truthähne *uns* gefressen.«

## »Procy« und »Proto«

Wer die beiden Hartgummi-Tierfiguren der Firma *Bullyland* auf meinem Regal einträchtig nebeneinander stehen sieht, ahnt nicht, wie viel Herzblut hinter ihrem Erwerb steckt. Und vermutlich auch nicht, dass die beiden Tiere im Original jeweils eine frühe Version der Evolutionsmodelle »Synapside« und »Sauropside« darstellen.

*Procynosuchus* war ein flinkes, 60 Zentimeter langes Wesen aus der Wirbeltier-Baureihe, die man einst »Säugetierähnliche Reptilien« nannte. Man stellt ihn sich am besten als Kreuzung zwischen einem Dackel und einem Leguan vor. Ab dem Oberperm gab es zahlreiche Varianten solcher sogenannter Mosaikformen, die kurz vor dem Übergang zu einem eindeutigen Säugetier standen. Unser *Procynosuchus* wuselte vor gut 260 Millionen Jahren auf dem Urkontinent Pangäa herum, mal im Wasser, mal an Land, und weist sich durch sein Gebiss als Fleischfresser aus. Oft denkt man, die großen Funde der Paläontologie würden außerhalb Deutschlands in entfernten Weltregionen gemacht. Auch die Überreste des *Procynosuchus* fand man in Sambia, Südafrika – und dem nordhessischen Korbach! Mit Funden wie diesem schloss das irgendwo zwischen Winterberg und Kassel liegende Städtchen zu den weltweit bedeutendsten paläontologischen Fundstellen auf. Das hat sie einem Erdbeben zu verdanken, bei dem sich vor etwa 255 Millionen Jahren wortwörtlich die Erde auftat.

Dabei entstand die so genannte »Korbacher Spalte«, die in populärwissenschaftlichen Veröffentlichungen meiner Meinung nach immer zu kurz kommt, obwohl sie so viel zu bieten hat. Die Spalte kann man sich als Narbe in der Erdoberfläche vorstellen. Beim besagten Erdbeben rissen verlandete Meeresablagerungen auf, auf denen die Fauna dieser Region damals herumlief. Unter der brütend heißen Sonne des Oberperm klaffte schließlich eine kilometerlange, etwa vier Meter breite Spalte.

Diese wurde während enormer Regenfluten mit allem, was in den Trockenzeiten an Land verendet und nicht niet- und nagelfest war, gefüllt – durchaus vergleichbar mit den Einschwemmungen in einer Höhle am heutigen Rand des Steinbruchs bei Balve. Unter den »Mitbringseln« dieser Urfluten befanden sich aber noch keine Dinosaurier – deren Entstehung war im Perm noch nicht vorherzusehen – sondern zahlreiche Skelettteile ihrer ersten Vorgänger sowie der Synapsiden, auch die unseres *Procynosuchus*. Die Zeit heilt alle Wunden, auch die geologischen, und so legten sich jahrtausendelang Sedimente wie ein Pflaster über die gefüllte Spalte und die »Haut« drum herum. Bis die Erosion beides wieder freigab: 1964 wurde die Spalte an einem aufgelassenen Steinbruch entdeckt. Nach ersten Fossilienfunden hatte die amerikanische *National Geographic Society* systematische Grabungen finanziert. Dabei wurden, damals wie heute sensationell, der Unterkiefer und weitere Skelettbruchstücke unseres *Procynosuchus* entdeckt, den man bis dato nur aus Südafrika kannte. Die Stadt Korbach kaufte die Fundstelle, überdachte sie und errichtete eine Besucherplattform. Weitere identifizierbare Wirbeltierfossilien stammen von ganz unterschiedlichen, faszinierenden Tiergruppen. Einige dieser Funde sind im Naturkundemuseum Karlsruhe ausgestellt, einen weiteren Teil kann man im Wolfgang-Bonhage-Museum in Korbach bestaunen – dazu ein großartiges Diorama, das die Region mit ihren lebensgroßen Bewohnern vor 255 Millionen Jahren zeigt.

Museumsleiter Dr. Arnulf Scriba spricht vom *Procynosuchus*, liebevoll »Procy« oder »Korbacher Dackel« genannt, als inoffiziellem Maskottchen der Stadt, das man hier und da immer mal wieder entdecke und berichtet mir, dass das Diorama auch heute noch sehr gut angenommen werde und sehr gut rüberkomme. Das freut mich! Am

Fenster drücken sich also noch immer Kinder und Erwachsene, sicherlich sehr zum Leidwesen der Reinigungskräfte, ihre Nasen platt.

Okay, und genau dort stand auch ich an einem schönen Tag des Jahres 2009. Mein Mund stand weit offen, so baff war ich angesichts der Erkenntnis, dass knapp 85 Kilometer von meinem Wohnort entfernt so etwas Weltbewegendes entdeckt worden war. Schon damals hatte ich Figuren und Modelle gesammelt, dass es nur so krachte, und nahm mir von jeder paläontologisch motivierten Exkursion ein Souvenir mit. Als meine Augen nach meinem ausgiebigen Museumsbesuch und dem wiederholten Abspielen des Diorama-Hörspieles die Vitrine im Museumsshop scannten, rutschte mir das Herz in die Hose: Der hellbraune *Procynosuchus* war tatsächlich als hübsches, zehn Zentimeter langes Figürchen zu haben! Für solche Momente lebt man als Sammler!

Damals war ich frisch gebackenes Mitglied im »Dinosaur Toy Forum«, einer weltweiten Online-Community aus Paläo-Nerds, und machte meine Beute dort publik. Reaktionen wie »Wow, was ist das?«, »Sensationell!«, »Die Fauna des Paläozoikums ist ohnehin unterrepräsentiert!« und »Wo gibt es das Teil?« hallten von Kanada bis Feuerland. Es folgte ein enormer Ansturm auf die niedlichen Modelle. Freundlich, wie ich bin, stolz wie ich war, und bestrebt, in der Community »jemand zu werden«, betätigte ich mich fortan als Zwischenhändler. Die Dame am Schalter schaute doch sehr verwundert drein angesichts der nicht haushaltsüblichen Mengen, die ich ihr während weiterer Besuche in Korbach abnahm. Fairerweise (oder naiv, wie ich bin), verdiente ich nichts dabei. Auf den Kaufpreis des Figürchens legte ich meine Spritkosten um, schlug den internationalen Versand drauf und fertig. Gut und gerne 100 Tiere verschiffte ich so in alle Welt und war lange Zeit Quelle Nummer Eins. Zwischenzeitlich hatte sich in den USA eine Art Schwarzmarkt mit absurden Preisen von teils weit über 50 Dollar entwickelt, bis schließlich ein amerikanischer Großhändler die Tierchen zu einem realistischeren Preis vorrätig hielt. Der *Procynosuchus* von Bullyland gehört mittlerweile zum guten Ton in jeder gut sortierten Figurensammlung. Einer von ihnen begrüßt sogar

Spaziergänger in einem Miniaturdiorama im Saurierschaukasten Ostentrop. Dazu später mehr.

Damals ahnte ich nicht, dass sich eine solche Fund- und Vermarktungsgeschichte noch einmal wiederholen könnte, aber genau das ist geschehen. Diesmal mit der gut 20 Zentimeter langen Figur eines urtümlichen Vertreters der Sauropsiden. Fünf Jahre nach dem Hype um »Procy«, ich war wieder einmal in Korbach, starrte mich aus der Souvenir-Vitrine des Museums nicht nur das übliche Urtier-Sortiment der Firma *Bullyland* nebst museumsexklusivem *Procynosuchus* an, sondern ein ganz und gar fremd anmutendes Tier, das dazu noch, sehr ungewöhnlich für eine Spielfigur, auf einer Basis montiert war. Grünlich in der Farbe, mit drei spitz aus dem Oberkiefer hervorstechenden Reißzähnen und einem kräftigen Rückenkamm versehen, stolzierte der Vierbeiner zwischen den alten Hasen umher. Mein Unterkiefer fiel erneut der Schwerkraft anheim. Was war das denn nun schon wieder?

Umständlich kramte die Dame an der Kasse, wir kannten uns schon, ein Exemplar hinter dem Schalter hervor. Oh mein Gott! Wieder eine museumsexklusive Figur, wieder von *Bullyland*! Ich würde LKW-Ladungen voller Luftpolsterumschläge brauchen! Wie ein Kind am Kiosk nach Gummischlümpfen giert, bat ich die Frau an der Kasse: »Also dann noch einmal zehn Figuren des *Procynosuchus* und 20 Figuren des *Protochirotherium*.« Statt mit Gummifröschen im Gepäck verließ ich Korbach diesmal mit dem bekannten Procy und den Neuzugängen aus dem Reich der Scheinkrokodile.

Erneut war in der Community ein Hype entstanden, wieder verpackte ich stundenlang die Ware, um sie in aller Damen und Herren Länder zu versenden, wieder verdiente ich keinen Cent, dafür aber den Respekt der Szene, und der war mehr wert als finanzieller Profit. Heute beiße ich mir manchmal dafür in den Hintern. Bestimmt hätte ich den einen oder anderen Euro verdienen können, denn neue Figuren und museumsexklusive Modelle genießen eine große Nachfrage. Was mache ich stattdessen aus meinem Hobby? Idealist, der ich bin, teile ich meine Abenteuer lieber schriftstellerisch und sitze dazu winters in einer schneehellen Dachwohnung.

Als die Rauisuchier mit ihren starken Kiefern den halben Urkontinent Pangäa unterjochten, hatte es noch keine Winter gegeben. Raui- was? Okay, die Sauropsiden hatten damals einer sprunghaften Ausbreitung der Synapsiden, immerhin hatten diese den überaus berühmten *Dimetrodon*[28] ins Rennen geschickt, nicht tatenlos zugesehen. Stattdessen rüsteten sie ihrerseits mit großen Landräubern nach, die die triassischen Landschaften auch in Deutschland als dauerhungrige, krokodilähnliche Räuber durchstreiften. Ihre Schädel erinnerten äußerlich allerdings kaum an heutige Krokodile. Eher ähnelten sie den kräftigen Köpfen ihrer Cousins, den im Erdmittelalter sehr erfolgreichen Riesen wie *Tarbosaurus* oder *Tyrannosaurus*. Wen wundert es da, dass in meinen frühesten Jugendbüchern die Rauisuchier noch als direkte Vorfahren dieser mächtigen kreidezeitlichen Fleischfresser gehandelt wurden?

Bei ihren Streifzügen durch sumpfige Ebenen im ansonsten überwiegend trockenen Pangäa hinterließen die auch als Scheinkrokodile bezeichneten Rauisuchier Fußspuren im Schlamm. Ausgerechnet im späteren Wolfhagen hat man später zahlreiche von ihnen entdeckt. Da musste ich natürlich hin, um den Ursprung meiner Figur näher zu beleuchten.

Ich liebe kleine, regionale Museen, in denen die Urgeschichte und die Kulturgeschichte kleinerer Regionen gleichermaßen ihren Platz finden. Das *Regionalmuseum Wolfhager Land* ist so eines und wartet mit einer großartigen Ausstellung auf. In einem hübsch gestalteten Raum findet das sogenannte »Urhandtier« seinen Platz. Niemand weiß genau, wie es ausgesehen hat, aber seine an eine Menschenhand erinnernden Fußspuren lassen vermuten, dass es sich um einen etwa drei Meter langes Tier handelte, das einem Menschen etwa bis an die Hüfte gereicht hätte. Die lebensgroße Nachbildung schwingt sich selbstbewusst durchs Diorama, als sei es sich über seine spätere paläontologische Bedeutung schon damals im Klaren gewesen.

Als ich während meines ersten Besuches mit Museumsleiterin Beate Bickel auf meinen »Spleen« zu sprechen kam, war sie verwundert und erfreut zugleich. Später verzichtete ich darauf, die Exemplare als Zwischenhändler zu vertreiben, sondern gab direkt die Adresse des

Museums heraus. Als mir ein paar Monate später Beate Bickel einen Link mit einem Presseartikel über die Weltreisen des *Protochirotherium* schickte, war ich zutiefst erfreut.[29]

Und während ich dieses Kapitel schreibe, wächst mein Wunsch, Beate Bickel noch einmal zu kontaktieren. Sie erinnert sich noch gut an mich und antwortet mir Folgendes:

*»Lieber Herr Schröder,*
*was für eine schöne Idee! Ich wünsche Ihnen viel Erfolg und alles Gute für Ihr Projekt. Ihre Veröffentlichung für die Sammlerszene hat ja bei uns einen kleinen Run auf das Urhandtier ausgelöst, weltweit, und ich war sehr damit beschäftigt, Porto- und Zollkosten zu eruieren. Es ging in die USA genauso wie nach Österreich oder Slowenien.*

*Die Initiative (zur Figur, Anm. d. A.) ging damals von den beiden Forschern Dr. Reiner Kunz, Wolfhagen, und Dr. Jürgen Fichter, Kassel, aus. Die beiden hatten die Fährten ja auch gefunden. Unterstützt wurde das Unternehmen von Norbert Panek, dem damaligen Leiter des Geoparks Grenzwelten. Die Auflage war 2.000 Exemplare.*

*Wir haben ja vor drei Jahren unsere neugestaltete Abteilung zur Erdgeschichte eröffnet, mit einem neuen Modell, das dem kleinen Modell ähnelt. Angefertigt wurde es von Simon Panek aus Korbach, dem Sohn von Norbert Panek.*

*Die Reaktionen auf das große Modell – wie auch auf die kleinen – sind durchweg positiv, vor allem bei den Kindern. Unser Urhandtier heißt »Proto«. Die häufigsten Fragen sind: Wie groß waren die Saurier? Sind es echte Dinos (eben nicht, sondern Vorfahren)? Was haben sie gefressen und wie alt konnten sie werden?«*

Sie sehen, hinter jeder meiner Figuren steckt eine Geschichte, und das *Protochirotherium* und der *Procynosuchus* auf dem Regal erzählen gleich mehrere. Sie berichten von der Konkurrenz um die Vorherrschaft an Land, bevor die Dinosaurier ihren Siegeszug durch die Ökosysteme antraten, erzählen uns vom Sammeln als unbändige Leidenschaft und zeigen uns, dass die Hotspots der Urzeit oft nur einen Katzensprung entfernt sind. Darüber hinaus zeugt die Geschichte rund um »Procy«

und »Proto« von der sorgsamen Hingabe, mit der Regionalmuseen die Urgeschichte pflegen.

Die zwei Figuren erinnern uns auch daran, dass der Dino in uns beides ist: Ein vom Säugetiergehirn überlagertes Relikt aus einer Tiefenzeit, in der mal die Beschuppten die Behaarten, mal die Behaarten die Beschuppten verschluckten. Und sie sind Verbündete, die weit mehr sind, als die Summe ihrer Merkmale – biologisch und kulturell.

## Rammstein und die Riesenechsen

So gut wie nichts an Rammstein war wirklich neu. Als die sechsköpfige Band aus Ostdeutschland im Jahr 1994 ihr Debütalbum veröffentlichte, war so gut wie alles, was sie auf diese CD pressten, längst vorhanden. Der tiefe Sprechgesang mit rollendem R war schon seit langem ein Markenzeichen des slowenischen Künstlerkollektivs *Laibach*. Tanzbare elektronische Beats waren uns aus der *Neuen Deutschen Welle* geläufig, so gut wie alle Samples konnte man damals in einer Art Baukasten erwerben, und simple, harte Gitarrenriffs waren im Heavy Metal bereits seit dessen Anfängen gang und gäbe. Neu an Rammstein war zum einen die Schamlosigkeit, mit der die Musiker ihre plakativen Macht- und Gewaltfantasien ausdrückten. Das tragische Flugzeugunglück auf dem Luftwaffen-Stützpunkt der US-Army in Ramstein wusste die Band ebenfalls geschickt für sich zu nutzen. So gut, dass mir die Wortkorrektur das Ramstein mit einem M als Fehler anzeigt, das Rammstein mit zwei M hingegen nicht. Darüber hinaus staunte die überraschte und empörte Fachwelt über die ungewöhnliche Art und Weise, auf die einzelnen Komponenten miteinander arrangiert waren. Das Ganze war mehr als die Summe seiner Teile und erweckte dadurch den Eindruck von etwas nie Dagewesenem. Doch was hat das jetzt mit dem Dino in uns zu tun?

Als die ersten lebensgroßen, öffentlich zugänglichen Darstellungen urzeitlicher Echsen Mitte des 18. Jahrhunderts in England das Licht der Welt erblickten, hatte es alle Bestandteile des darauf folgenden ersten »Dino-Booms« der Menschheitsgeschichte längst gegeben.

Ein beginnendes gesellschaftliches Verständnis von den wahren Dimensionen des Alters der Erde, den bröckelnden Glauben an eine unveränderliche Schöpfung, die menschlichen Fantasien von Fabelwesen und Drachen in Mystik und Übersee, die Sehnsucht nach Exotik und nicht zuletzt das instinktive Erschauern vor großen, unberechenbaren Wesen. Neu war, wie plakativ, unbedarft und selbstverständlich diese Darstellungen plötzlich in der Landschaft standen. Noch heute kann man im Crystal Palace Park mitten in London bestaunen, wie die Menschen sich damals die Dinosaurier vorstellten. Der *Megalosaurus*, das *Iguanodon* und der *Hylaeosaurus* – die drei lebensgroß dargestellten Gründungsmitglieder des damals neuen zoologischen Taxons »Dinosauria«: Bei ihrem Anblick spüren die Besucherinnen und Besucher auch heute noch diese unnachahmliche Mischung aus Furcht und Lust, Fremdheit und Vertrautheit, die den Dino in uns und die zahlreichen Dinosaurier um uns herum so unwiderstehlich macht.

Weil wir Säugetiere sind, ist uns diese Wiederholungsschleife aus Angst und Erleichterung angeboren. Allerdings können wir dank unserer hoch entwickelten Großhirnrinde alle auf der Ebene von »Reptiliengehirn« und »Säugetiergehirn« ablaufenden Programme, zum Beispiel in Form von Kunst, Filmen, Theater und Museen, verhältnismäßig gefahrlos inszenieren. Die Dinosaurier haben wirklich existiert, aber sie können uns nichts mehr tun. Dass wir heute sie und nicht die Reptilien uns im Griff haben, wie beispielsweise die Anakonda im Frankfurter Naturmuseum Senckenberg[30] das Wasserschwein, bereitet uns, nun ja, tierisches Vergnügen.

Alles Leben kommt aus dem Meer. Neben dem »Meer« aus realem Körperwasser[31] existiert in uns ein in ewiger Auseinandersetzung mit den Anforderungen den Naturgewalten entstandenes »Meer« archaischer Instinkte und Programme. Wir bilden uns ein, mit unserer erdgeschichtlich noch recht jungen Großhirnrinde souverän auf dieser See des Unterbewusstseins zu navigieren. Doch das ist eine Illusion, erwachsen aus dem Wunsch nach Kontrolle. In Wahrheit geben wir uns recht oft unseren ursprünglichen Instinkten hin, wollen verschlingen und verschlungen werden. So majestätisch und gigantisch die Saurier auch waren: Sie sind und bleiben ausgestorben, und dasselbe Schicksal ereilt definitiv irgendwann unsere eigene Art. Schmerzlich und tröstlich zugleich erinnern uns die Dinos daran: Wir können uns noch so sehr aufspielen, als gehöre uns die Welt – sie tut es eben nicht.

Zu diesen Zwecken, so meine verwegene These, haben wir die Dinosaurier wiederbelebt. So kam der Dino in uns hinein. Nicht in einem bewussten Akt ingenieursmäßigen Erfindens, sondern aus den Tiefen unseres inneren Urmeeres haben wir ihn belebt und gezähmt. Nachdem wir die ersten fossilen Anhaltspunkte ihrer tatsächlichen Existenz geborgen hatten, lieferten sie und schließlich die darauf aufbauenden Nachbildungen uns eine optimale Projektionsfläche für unseren Kampf mit unserem reptilischen Instinkt. Der Reiz der Dinosaurier besteht darin, dass wir uns ihnen gegenüber völlig gefahrlos zugleich unter- und überlegen fühlen dürfen. Nach ihren bescheidenen Anfängen in der mittleren Triaszeit standen sie ein zweites Mal parat, die Welt zu erobern. Auf das Aussterben ihrer Nichtvogel-Varianten folgte eine beispiellose Wiederauferstehung im Bereich der Popkultur und der Kulturwissenschaften. Beides war nicht vorherzusagen. Und in beiden Fällen half der Zufall tüchtig mit.

Man kann die ersten echten Dinosaurier eher mit einem bei einem Ballgeplänkel im Strafraum angeschossenen Fußballern vergleichen, die in der Verlängerung mit Glück und rutschfesten Schuhen zu Siegtorschützen wurden. Sie standen nicht mit Mann und Maus am Start, schauten ungeduldig auf ihre Armbanduhren (Das wäre bei *T. rex* ohnehin schwierig geworden …) und sagten schließlich: »So, Zeit für die Weltherrschaft.« Sie entstanden und verbreiteten sich im Gegenteil anfangs eher zaghaft, inmitten einer rätselhaften Tierwelt, für die die Bezeichnung »bizarr« noch untertrieben gewesen wäre. Es wäre schwierig, aus einem Blick auf ein mitteltriassisches Wimmelbild zu entscheiden, welche der darauf zu sehenden Tiergruppen sich zu den vorläufigen »Herrschern der Erde« weiterentwickeln würde.

Und so wenig beispielsweise die ersten Federn von der Natur planvoll als Flughilfen entwickelt wurden, so wenig waren die kulturellen »Wiedergeburten« der Saurier anfangs als Publikumslieblinge am Reißbrett einer planvoll agierenden Kulturschmiede gedacht. Wie

Drachen einige Jahrhunderte zuvor gingen sie in der Mitte des 19. Jahrhunderts aus einem kollektiven Unbewussten hervor, dockten zunächst an das britische und US-amerikanische Überlegenheitsdenken an und wurden erst sukzessive zu den Generationen überdauernden und übergreifenden Sehnsuchtsfiguren, die sie bis heute sind.

Doch auch die Dinosaurier existierten nur in einer winzigen Abteilung eines viel weiter reichenden Unternehmens, das man Leben nennt. Das Leben wiederum spielte sich immer schon vor und zugleich in Reibung mit einer Kulisse wesentlich komplexerer Prozesse ab. Als da wären: Jahreszeiten, Klima, Meeresströmungen, Plattentektonik, Erosion, Vulkanausbrüche und einiges mehr.

Um uns von diesen komplexen Wechselwirkungen zu berichten, konnte ich einen echten Stargast gewinnen. Ihm lassen die anschließend vorgestellten Persönlichkeiten mit Sicherheit gerne den Vortritt. Zwar hat er sich anfangs noch etwas geziert, doch irgendwann hat mein Werben schließlich doch gefruchtet …

Oliver Klein: La Smerna (Mittelmeermuräne),
Ölkreide auf Karton 60 x 44 cm, 1994

Als ich dieses Bild erstmals sah, war ich wie geplättet. Es lässt so viele Wirkungen und Deutungen zu – und passt so gut in dieses Buch! Nun lasse ich Sie damit allein. Die Aussagen des Malers sind als Endnote beigefügt.[32]

# Kapitel 5
# Die alte Diva Erdgeschichte

*»Das Nachsinnen über die Tiefen der Zeit erfüllt die menschliche Seele mit Ehrfurcht und Betroffenheit.«*
Edward Fitzgerald, britischer Schriftsteller, 1809 – 1893 (Übers. d. A.)

80 Seiten! Eine Unverschämtheit! 80 Seiten stellt der Schröder voran, bevor er mir an dieser Stelle endlich das Wort überlässt. Mir, der großen, alten Erdgeschichte. Was hat er Ihnen denn bisher schon Großartiges erzählt, der neue Stern am Autorenhimmel? Na? Lassen Sie mich raten. Erst einmal wird er – wie immer überaus langatmig – über seinen persönlichen Weg zur Urzeit gesprochen haben. Sicher hat er Ihnen berichtet, dass er die Sauerländer Hügel damals, lange, bevor er die Begrifflichkeiten und das geologische Verständnis dafür besaß, für die gigantischen Rücken schlafender Langhals-Dinosaurier hielt? Dieses ganze mystifizierende Zeugs seines kindlichen Ichs? Hat er preisgegeben, wie er durch die Hügel des Sauerlandes gestreunt ist, in der grauen Vorzeit seines eigenen Verstandes, und vom Wegesrand Seelilien-Stängelglieder aufgelesen hat, um sie dann schüchtern als Paket ins Naturkundemuseum Münster zu schicken? Stolz wie Oskar war er damals gewesen; wochenlang hatte er auf Antwort gewartet, auf Anerkennung aus höchsten fachlichen Kreisen. Endlich war der ersehnte Brief gekommen! Er freue sich über das Fundstück, bedanke sich herzlich und werde es der Lehrsammlung hinzufügen. Mit freundlichen Grüßen, der Direktor.

Wahrscheinlich hat der Schröder auch gemeint, die Erdgeschichte hätte ihn auserwählt, von ihr zu erzählen und solche Sachen. Schon immer habe er gespürt, eine Art Medium zu sein. Die Vorzeit stecke ihm in den Knochen, die Kreide liege ihm im Urin und solche Sachen. Kalk und Urin? Das klingt für mich dann doch eher nach Nierenstein. Kommt immer ein bisschen pathetisch rüber und schlittert haarscharf am Kitsch vorbei, oder was denken Sie? Okay, ich gebe zu, ein bisschen ist da etwas dran, und der Schröder war wirklich immer eng an meiner Seite und auf meinen Spuren. Ganz sicher hat er schon die Dinosaurier erwähnt, seine Eintrittskarte in die Welt der Paläontologie. Und wenn ich mich nicht irre, wollte er Ihnen bereits verkaufen, dass ein kleines bisschen Dinosaurier auch in Ihnen steckt. Limbisches System und so. Jaja. So ist er halt. Starke Ambitionen, große Entwürfe, den Blick fürs große Ganze. Das rechne ich ihm hoch an. Aufrichtig war er immer. Interessiert. Ein Fan. Kein Stalker, eher ein Nerd von der Sorte, die ihren Lieblingsbands backstage beim »Meet and Greet« deren eigene Diskographie vorbeten. »Alter, wir haben die Platten doch selbst geschrieben«, denken die Musiker und signieren dennoch geduldig jedes einzelne Exemplar. Der Schröder ist ein Verrückter, der Zuflucht sucht in halb realen, halb fiktionalen Welten. Stets bemüht, mein Herz zu erobern, mein Wesen in Gänze zu durchschauen. Als habe er davon am Ende des Monats auch nur einen Euro mehr auf dem Konto.

Ich möchte ehrlich sein: Das mag ich an euch Menschen. Ihr haltet euch für die Krone der Schöpfung und seid doch lächerliche Wesen. »Macht euch die Erde untertan«, heißt es in einem dieser dicken Bücher, die manchen von euch so viel bedeuten. Ihr habt das bislang ziemlich falsch interpretiert. Ihr beutet aus und unterdrückt die Natur. Immerhin haben die besseren Exemplare von euch eine große Stärke: Ihr könnt über euch selbst lachen. Diese Fähigkeit gleicht den negativen Eindruck, den ihr aktuell bei mir hinterlasst, etwas aus. Mal sehen, ob ich gnädig mit euch bin. Versteht mich nicht falsch, ich bin nicht allmächtig. Wie oft musste ich schon zusehen, wie beinahe alles Leben von diesem Planeten verschwunden wäre? Wie häufig hatte ich das Aussterben wunderbarer Arten zu verschmerzen? Es ist nicht schön, eine Herde verkohlter *Lystrosaurus* in der Landschaft herumliegen zu sehen, die ein paar Monate vorher noch lebensfroh durch das Permzeitalter hüpfte. Okay, die sind eher gewatschelt, ihr müsst euch die vorstellen wie schweinegroße Nilpferde mit überdimensionalen Hauern im Oberkiefer und einem Papageienschnabel.

Irgendwie drollig! Und dann fielen die auch noch andauernd auf die Nase wie die Nestferkelchen.

Mein lieber Mann, hat das gekracht, als Indien nach seinem heißen Trennungsdrama mit Afrika in Südasien hinein krachte. Das wiederum hat sich nach Kräften gewehrt. Jahrtausendelang hörte ich es grollen und rumpeln, und dann stand da plötzlich der Himalaya in der Weltgeschichte herum. Durch Urgewalten geschaffen, Ehrfurcht gebietend, turnen heutzutage peinliche Millionäre in Übergangsjacken auf ihm herum. Ich sage ja, ihr habt Humor!

Wie habe ich gezittert, als am Ende der Kreidezeit der Meteorit auf die Erde zuraste! »Nein, bitte nicht«, schrie ich, »die Saurier sind doch noch so flott unterwegs da unten.« Frisch erst hatten die Tyrannosaurier es zu echter Blüte gebracht, nachdem sie viele Millionen Jahre lang als eher unscheinbare Bescheidenheiten zwischen viel mächtigeren Giganten umher gehopst waren. Dann wuchsen und kräftigten sich ihre Schädel, schrumpften ihre Vorderarme zu zweifingrigen Absurditäten, und die ökologische Nische für zweibeinige, Knochen brechende Kiefer war endlich gefunden. Und erst die majestätischen Horngesichter mit ihren Nackenschilden, groß wie die Kinderzimmerteppiche. Bunt, schrill und vielfältig durchpflügten sie stolz wie die Hirsche das Dickicht, mit Hörnern, Nackenschilden und anderen skurrilen Schädelauswüchsen ausgestattet. Ach ja, die Flugsaurier! Breit wie ein Segelflugzeug, im Stehen giraffengroß – elegante Wesen, eine ingenieurstechnische Meisterleistung. Dass sie von Insel zu Insel zogen und den Langhalsdinosauriern vielleicht direkt nach dem Schlüpfen ihre Babys aus den Nestern pickten – Schwamm drüber.

Das hätte gut und gerne noch ein paar hundert Millionen Jahre so weiter gehen können. Aber nein, alles musste raus! Zisch, wumm, peng! Das war mehr als nur ein Krachen, das kann ich euch sagen, und im geologischen Nullkommanichts war nichts mehr so, wie es vorher war. Ein Kommen und Gehen war das da unten, ständig neue Kontinente, neue Arten, neue Meeresströmungen, Eiszeiten.

Ich bin nicht allmächtig, aber ich weiß doch ziemlich viel. Ich war dabei, als euer Planet entstanden ist, habe beobachtet, wie das erste

Wasser Jahrmillionen lang auf die Erde niederprasselte. Was genau die Atmosphäre da taufen wollte, bleibt mir schleierhaft, denn Leben war ja an Land und wohl auch im Wasser selbst noch nicht wirklich vorhanden. Zugegeben, dieser Dauerregen sauerländischer Art war schon etwas langweilig, da hätte ich mich über etwas Unterhaltung gefreut, aber ihr wart nun mal noch nicht entstanden. Dann erhoben sich die ersten Landmassen aus dem Urmeer. Allererste Kontinente, klein wie Mallorca, brachen durch die Wasseroberfläche. Einige von euch haben diesem Vorgang in ihrer Schöpfungsmythologie später symbolisch die ersten Pyramiden gewidmet.

Zu den Formen, die euch schon sehr lange heilig sind, zählt der Berg. Weil ihr wunderbare Nachahmer seid – nicht nur, was eure Mimik und Gestik untereinander angeht – habt ihr mit euren zahlreichen Pyramiden eure kulturelle Entsprechung des Urberges erschaffen. Dessen Auftauchen aus dem Urwasser gilt als einer der ältesten Mythen zur Geburt der Erde, und da ist durchaus etwas dran. Mir scheint, als steckte euch die Urzeit irgendwie in den Knochen. Ha! Das Calcium darin, na, was glaubt ihr, woher das kommt? Der Regen musste es erst aus den frühen Gebirgen lösen und ins Meer spülen, damit es irgendwann gallertartige, durchsichtige Tierchen serienmäßig in ihren zentralen Nervenstrang im Rücken einbauen konnten. Ach, diese *Pikaia*, was für ein wunderbares Geschöpf sie doch war, filigran, flexibel, flott – und schnell verschwunden, wenn mal wieder einer dieser verfressenen *Anomalocaris* das Wasser unsicher machte! Ich komme nochmal auf sie zurück, versprochen. Denn durch den aufwändigen Wirbel, den manche Tiere irgendwann im mittleren Kambrium plötzlich um ihre zentralen Nervenstränge machten – deshalb nennt ihr sie wahrscheinlich Wirbeltiere – wurde euer Aufstieg ja erst möglich.

Ihr glaubt, ihr stündet für technologischen Fortschritt? Da lache ich doch drüber! Mutter Natur selbst ist, was das angeht, sehr viel weiser als ihr, und ihr solltet euch eigentlich hüten, *gegen* sie zu arbeiten. Merkt ihr übrigens, dass ich euch seit einiger Zeit duze? Ich nehme mir das mal heraus, immerhin bin ich die Älteste unter uns. Seht ihr, wenn man den direkten Vergleich hat, dann macht ihr schon ein ziemlich großes Aufheben um euren vermeintlichen Einfluss auf alles. Und jetzt baut ihr auch noch Raketen, um irgendwann auf anderen Planeten zu siedeln. Au weia! Wollt ihr dort etwa denselben selbstgerechten Firlefanz veranstalten, mit dem ihr schon heute knapp zwei Erden pro Jahr verbratet?

Ich habe mir das mit euer Art nun schon einige Jahrhunderttausende angeschaut. So schlimm wie es um euch im Augenblick auch steht: Irgendwie mag ich euch. Ihr seid grandiose Geschichtenerzähler, das wird euch wohl irgendwann einmal wie schon in eurer Frühgeschichte sehr nützen, aber eure Arroganz und die Selbstverständlichkeit, mit der ihr gerade euren Heimatplaneten vernichtet, finde ich echt bedenklich. Ihr tretet euer Erbe mit Füßen. Seufz, ich werde immer emotional, wenn man mir und der Erde nicht mit Ehrfurcht und Respekt begegnet.

Wenn der Schröder eines *nicht* ist, dann arrogant. Mir gegenüber hat er sich immer anständig, geradezu demütig verhalten. Das schmeichelt mir. Er ist mir sein Leben lang genauso enthusiastisch gefolgt wie manche Kinder heute ihm, wenn sie hören, dass er ein Dino-Experte ist. Daher komme ich am Ende doch gerne seiner Bitte nach und erzähle euch in seinem Buch ein bisschen darüber, was ich über den bisherigen Werdegang eures Heimatplaneten weiß. Vielleicht ergibt sich daraus die eine oder andere Empfehlung, aber versteht das bitte nicht als Belehrung. So etwas mögt ihr ohnehin nicht. Eure Spezies muss scheinbar immer erst einmal selbst an die Bank fassen, um das »Frisch gestrichen!«–Schild persönlich zu überprüfen. Das war einmal eure große Stärke, ein Überlebensvorteil sogar, damals, als ihr sicher gehen musstet, ob das erlegte Mammut auch wirklich nicht noch einmal aufsteht, um vielleicht auf den gesamten jagenden Teil der Sippe zu krachen. Aber für das Verständnis komplexerer Zusammenhänge reicht es bei euch eben nicht: Ihr macht sowieso, was ihr wollt. Das tun auch die enormen physikalischen Kräfte im Erdinneren und in der Atmosphäre. Es läuft also darauf hinaus, dass ich irgendwann wieder ohne euch dastehe und zusehen werde, wie die überlebenden Ratten sich zu ganz neuen Arten entwickeln. Vielleicht machen auch die Kakerlaken das Rennen und breiten sich über euren Trümmern aus wie einst eure Vorfahren über den Resten der Dinosaurier. Ihr wisst schon, diese einprägsamen Bilder, die ihr euch halb schadenfroh, halb erleichtert anschaut. Das klassische Motiv: Ein kleines bepelztes Etwas kriecht durch die Augenhöhle eines halb verwesten *T.rex*.

Aber erst einmal seid ihr ja noch da, wie schön, also hallo noch einmal, ich bin die Erdgeschichte, und ich begann vor etwa fünf Milliarden Jahren in einem ohrenbetäubenden, den Rahmen alles Vorstellbaren sprengenden Bombardement.

Ach, stopp, Moment noch, vielleicht sollte ich doch kurz klären, was ich bin und was nicht. Ihr würfelt in eurer Fantasie oft verschiedene Begriffe durcheinander und gebraucht sie auch gerne synonym, da kommt euch mein Angebot wahrscheinlich gelegen. Verzeiht mir bitte, das soll nicht eitel sein und ist wahrscheinlich auch ein bisschen nerdig – aber hey, wenn das Buch hier schon mal so heißt …

Ein schlauer Angehöriger eurer Art, Yves Coppens heißt er und war unter anderem an der Entdeckung der berühmten Urmenschendame Lucy beteiligt, hat das sehr einprägsam formuliert, daher möchte ich ihn gerne zitieren:

*»Die Geschichte des Menschen ist also zum Teil die Geschichte des Lebens, die zum Teil die Geschichte der Erde ist, die ihrerseits ein Teil der Geschichte des Universums ist.«*[33]

Stellt euch das vor wie die russischen Matrjoschkas, diese berühmten Stehpüppchen aus Holz, die man ineinander verstecken kann. Oder nehmt einfach eure vorbildlich platzsparend gelagerten Tupperdosen. Um die nach dieser Logik äußerste Schicht kümmern sich Kosmologen und Astronomen. Sodann sind die Paläontologen und Geologen an der Reihe, und zwar in etwa bis zur ersten von Menschen geschaffenen Werkzeugen und Bauten. Ab da übernehmen grob gesagt die Archäologen.

Habe ich mich bis hierher unklar genug ausgedrückt? Dann seid ihr jetzt sicher bereit für eine weitere Verwirrung: Der Begriff

»Urzeit«, mit dem der Autor hier waghalsig jongliert, ist in Wahrheit sehr unspezifisch und wissenschaftlich gar nicht definiert.

Er wird oft synonym zum Begriff »Vorzeit« verwendet und bezeichnet eine nicht klar umrissene Zeitspanne in der Entwicklungsgeschichte von Materie, Erde und Lebewesen. »Bitte was?!«, fragt ihr euch, und das zu Recht. Also vielleicht formuliere ich es besser wie folgt: Die Vorsilbe »Ur« bedeutet »raus, heraus« und bezieht sich auf die jeweils zeitgenössischen Annahmen vom vermuteten Erstzustand der Erde und/oder des Lebens, quasi die Werkseinstellung, der alles Weitere entsprungen ist. Wahrscheinlich nicht ganz zufällig betritt der Begriff »Urzeit« erst im 17. Jahrhundert die Bühne eures Sprachgebrauchs. Damals kam die seriöse Wissenschaft auf. Zuvor habt ihr euch alles durch Gottes Hand geschaffen und vorherbestimmt erklärt. Ziemlich romantische Vorstellungen habt ihr euch von allem gemacht, die Dinge entweder verklärt und nostalgisch von glorreichen vergangenen Erdzeitaltern erzählt oder die Variante des ewigen Hauens und Stechens gewählt; einer steakfleischrohen und –roten Welt vor dem bitter benötigten Erscheinen des Menschen als eine von Gott gesandte, ordnende Kraft.

Die Urzeit habt ihr euch immer entweder als Mordor erzählt oder als Auenland. Bei allem Respekt: Ich halte beides für Quatsch. Ich war ja live dabei, aber was könnt ihr schon wissen? Ihr wart als Gattung jung und naiv und habt seit jeher Dinge so in mich hinein interpretiert, wie es euch passte. Ist es denn zu fassen? Die Glieder der Seelilienstängel, von denen der Schröder als Jugendlicher einige so bang nach Münster schickte, hieltet ihr für vom heiligen Bonifatius verfluchte Geldstücke. Diese soll er aus Rache für seine gescheiterten Bekehrungsversuche der Menschen zum Christentum in eben jene Steine verwandelt haben, mit dem die störrischen Heiden ihn im Anschluss (logischerweise) bewarfen. Es kommt noch besser: Das untere Ende des Oberschenkels eines *Megalosaurus* hat ein damals als klug geltender englischer Wissenschaftler mit *»Scrotum humanum«* (was so viel heißt wie »Menschlicher Hodensack«) beschriftet. Knochenharte Genitalien, und das lange vor Viagra – wieder einmal mein Kompliment: Ihr habt echt Humor!

Ich verzeihe euch das. Euer Naturell ist nun mal das des Geschichtenerzählers, der zum Vorteil des Redeflusses und der Einprägsamkeit zwangsläufig erfindungsreich Lücken füllen muss. Darin soll der Schröder übrigens ziemlich gut sein.

Ich verrate euch etwas: Das macht eure Art von Anfang an so, und ich glaube, ich kenne einen Grund dafür: Abendliche Erzählungen über das am Tag Erlebte und das Planen des nächsten Tages waren besonders vor der Erfindung der Schrift essenziell für das Auffüllen eures Erfahrungsschatzes und euer Überleben am jeweiligen Siedlungsort und darüber hinaus. Unaufmerksame Zuhörer am steinzeitlichen Lagerfeuer streunten womöglich hinterher weiß der Geier wo herum und wurden so zur leichten Beute oder verirrten sich in der Landschaft. Damit fielen sie als wertvoller Beitrag für die Sippe aus, zum Beispiel für die Jagd. Weniger Jäger bedeuteten weniger Essen auf dem Teller, so einfach ist das. Aus der Wechselwirkung von fesselnden Erzählungen auf der einen und durch erfolgreiche Jagden auf der anderen Seite entstanden schließlich wahre Epen.

Wieso habt ihr euch selbst eigentlich nicht *»Homo narrans«* getauft, der erzählende Mensch? Wirklich weise finde ich euch nämlich offen gestanden nicht. Aber unterhaltsam, wie gesagt, das seid ihr. Und eure Fähigkeit zum Konjunktiv, zum ebenso bangen wie wachsamen »Was-wäre-(gewesen)-, wenn?« hebt euch von Beginn an von den anderen Arten ab, mit denen ihr die Welt geteilt habt. Noch einmal möchte ich Yves Coppens zitieren:

> *»Seit der Mensch ein Bewusstsein hat […], treibt ihn die angstvolle Frage um, woher er kommt, wer er ist und wohin er geht. Alle Ursprungsmythen aller menschlichen Kulturen versuchen seitdem, ihre Angst durch Antworten hierauf zu besänftigen.«*[34]

Und durch Überkompensation, möchte ich mal forsch ergänzen. Daher seid ihr wahrscheinlich so empfänglich für verquere Interpretationen dieser Sprüche, die in einem dieser dicken, alten Bücher vorkommen, die ich eben schon mal angesprochen hatte. Wenn ihr mich fragt, habt ihr diese jahrhundertelang ziemlich eigenwillig und lebensschädigend interpretiert.

»Seid fruchtbar und vermehret Euch« – Ich interpretiere das so: Vermehrt euch auch mittels guter Geschichten, großartiger Kunst und Forschung, drückt euch aus und wachst nicht in die Breite, sondern in die Tiefe.

»Macht euch die Erde untertan«, aber nicht, indem ihr millionenfach Fleischtiere züchtet und dann zynisch wieder abschlachtet. Was ist mit den Tausenden von Kindern, die ihr in afrikanischen Kobaltminen umkommen lasst, nur damit ihr mit eurem neuesten Smartphone noch mehr nutzlosen Kram drittklassiger Influencer in euch hinein schaufeln könnt? Baut besser respektvoll die Dynamiken der Erde und ihrer Regionen sowie Völker in zukunftsfähige Geschichten über das Überleben sowohl eurer Art als auch das eures Planeten ein! Entwickelt gescheite Handlungsoptionen, die euch wirklich etwas nützen. Aber das nur am Rande, entschuldigt bitte.

Ach herrje, ich komme ins Predigen und Politisieren. Ich klinge ja wie die Adoptivtochter von Vatikan und Umweltministerium.

Eins noch: Je müheloser eure Art satt wurde, desto mehr entkoppelten sich die Geschichten vom Zweck des nackten Überlebens und wurden zum Freizeitspaß. Es geht mich zwar nichts an, aber so entwertet ihr die Wirkung guter Geschichten. Dass euch diese heutzutage oft nur noch wenig bedeuten (und dass ihr heutzutage eindeutig zu viel Tagesfreizeit habt), sieht man zum Beispiel daran, dass ihr Personen wie Mario Barth zuhört oder ohne Schamgefühl dabei zusehen könnt, wie Helene Fischer mit einem Tänzer im Dinosaurierkostüm flirtet.

Doch zurück zur Geschichte der Urzeit: Fast schon beleidigt hat mich dieser Bischof namens James Ussher, der im Jahr 1650 errechnet haben wollte, dass die Erde am 23.10. des Jahres 4004 vor Christus entstanden sein müsse.[35]

Da staunt ihr, was? Eine Lady, die beleidigt ist, wenn man sie *jünger* macht. Aber in diesem Fall weiß ich echt nicht, was diesen Kerl geritten hat. Seine ach so feingeistige Berechnung zum Alter der Erde war Quatsch, aber vermutlich dem damaligen Zeitgeist geschuldet.

Die Erde existiert auch ohne eure Vorstellungen über die Jahrmilliarden ihres Bestehens, ohne dass ihr sie in schlaue Begriffe fasst. Für derartige Spitzfindigkeiten beschäftigt ihr heutzutage hunderte von Philosophen, irgendwie niedlich.

Der Schröder würde spätestens jetzt sagen: »Schwall nicht rum, alte Lady. Sag uns, was du gesehen hast und wie du es gemacht hast, und wir entscheiden, ob wir uns davon etwas annehmen oder nicht.«

So redet er schon mal, wenn er mutig ist und im Flow, dieser Rotzlöffel mit schütterem Haar. Kann es sein, dass er mit seinem komischen Buch auch gegen seine eigene Vergänglichkeit anschreibt, derer er sich beim Anblick seines Körpers neuerdings immer wieder schlagartig bewusst wird? Ich finde das süß. Denn wie ihr sicher bereits gemerkt habt, kommt ohnehin niemand lebend hier raus. Das Leben geht weiter, und nach eurem Tod wird es wieder einen Tag geben, an dem der Müll vor die Tür muss, einen Tag, an dem ein Meteorit auf eurer Erde einschlägt und einen Tag, an dem vom großen Himalaya nichts mehr übrig ist außer Sand an Küsten weit in der Zukunft. Entspannt euch!

Klar, nerven kann der Schröder auch, und wie! Er hört sich selbst gern reden und lässt sich wortgewaltig über das Elend der Welt aus. Dann jongliert er mit Abstraktionen, erfindet dazu und unterliegt einigen Irrtümern.

Doch er und ich haben sogar etwas gemeinsam: Bei ihm wie auf der Erde entstand der Weg des Lebens im Gehen, es fand seinen Weg und eines ergab sich aus dem anderen. Es konnte doch niemand ahnen, dass es nicht beim sterilen Planeten blieb, dass ihr heute mit Knorpelnasen herumlauft wie die ersten Fische oder dass das Verschwinden der Dinosaurier euer Erscheinen überhaupt erst möglich gemacht hat. Außer mir war ja auch die meiste Zeit niemand zum Ahnen da.

Okay, durchatmen. Der Weg entsteht im Gehen, eines ergibt sich aus dem anderen. Nochmal sammeln, nochmal überlegen. Jetzt habe ich euch eher meine Meinung gegeigt als euch sanft und weise wie Michael Endes uralte Morla einige Empfehlungen anzubieten. Sorry, es trug mich davon. Ihr müsst wissen, lange hat mich auch keiner gefragt, weil eben niemand da war. Zwar haben Verwandte der Bakterien, die oft so hartnäckig Schröders Nebenhöhlen (auch so ein eigenartiges Nebenprodukt der Evolution, also die Nebenhöhlen, nicht der Schröder) besetzen, lange vor eurer Zeit in lasagneartigen Gebilden aus Kalk und Schleim fleißig an seltsamen grüngelben Matten gebaut. Stromatolithen nennt ihr die heute, ein echter Spezialfall. Die Meere wimmelten schon relativ früh vor Leben. Aber glaubt bloß nicht, irgendjemand hätte mich mal darum gebeten, ihnen etwas von mir zu erzählen. Es hat den Wesen dort unten eben genügt, tagein tagaus erst ihren chemischen Stoffwechsel, später dann die Photosynthese zu betreiben, sich fröhlich zu teilen, um unterseeische Quellen herum zu wuseln und keine weiteren Fragen zu stellen.

## Terra, Theia und Luna

Also nochmal von vorn: Im Anfang schuf Gott, ähem, sorry … Ich bin die Erdgeschichte, und ich begann vor gut viereinhalb Milliarden Jahren mit einem gewaltigen Bombardement. Komet um Komet schlug auf der Erdoberfläche ein, eine Hölle aus Lava und Glut war das, die ganze Erdzeitalter lang nicht zur Ruhe kam. »Leben, hier? Nicht möglich. Nicht in Tagen, nicht in Jahren«, hätten intergalaktisch Reisende bei ihrer Passage der Urerde wohl prognostiziert, »das Ding ist ja noch nicht einmal rund, und einen die Rotation stabilisierenden Begleiter hat es auch nicht.« Und doch: Irgendwann war aus der buckeligen, schier wahllosen Akkumulation von Gesteinsbrocken jeder Größe und Form in einer langwierigen Geburt, heiß wie frische Magma, eine wahrhaft runde Sache geworden. Dank der Rotationskraft war es irgendwann so weit: pling – ein Planet! Unbedarft drehte er sich um seine eigene Achse und um eine junge, über ihre Planetenkinder staunende Sonne, und wer weiß, was geschehen wäre, hätte nicht ein zweiter runder, ziemlich kolossaler Himmelskörper namens Theia die Umlaufbahn der Urerde gekreuzt. »Scheißtag«, dachten die zwei wohl, als sie alternativlos aufeinander zurasten. Ich sehe noch, wie die Erde versuchte, schützend ihre Arme vor ihr feuriges Gesicht zu halten, doch das klappte nicht, denn sie hatte ja keine.

Dann der Crash! Kein frontales »Bang« wie bei einem Billardspieler, der aufs Ganze gehen will. Eher ein Touchieren war das, aber das genügte schon, um aus Terra den Mond, also Luna, auszufällen. Das war vielleicht ein Spektakel! Stellt euch das mal vor: Abermilliarden Tonnen glutheißen Gesteins, einfach so ins All geschleudert, sehen aus wie, tja, wie Abermilliarden Tonnen glutheißen Gesteins eben, einfach so ins All geschleudert. Wo sollte es jetzt hin? Also rauften sich die Mondlinge wie schon die Erdkometen zuvor in einem Akkumulationsprozess zusammen und bildeten nach denselben Naturgesetzen, aus denen die Vor-Theia-Erde entstanden war, den Mond. Dessen Beitrag zur Stabilisierung der Erde kann man nicht hoch genug einschätzen. Jetzt hatten die Tage Struktur. Wie eine gute Therapie von Borderline betroffene Menschen unterstützt, die schärfsten emotionalen Ausschläge zu glätten und bei sich zu bleiben, wirkte die Schwerkraft des frisch geformten Mondes beruhigend auf die mächtigen Geburtswehen der immer noch sehr jungen Erde. Das war der Beginn einer lebenslangen Freundschaft, die sich später auch auf der Erde jüngste Kinder, ja, euch, übertragen hat. Jaja, der Mond. Ein Thema für sich. Bald wollt ihr wieder dorthin. Aus Neugier, in der das Wort Gier allzu offensichtlich zu entdecken ist. Aber das steht auf einem anderen Blatt.

Blicken wir lieber auf den jungfräulichen Erdball, auf den es nun herab regnet. Ganze Ozeane prasselten auf eure Heimat nieder; von irgendwoher musste der Name »blauer Planet« schließlich kommen. Fragt mich bitte nicht, woher all dieses Wasser kam. Einige der als Dauerfeuer auf die Erde niederprasselnden Kometen hatten wohl welches dabei, doch von der Erdoberfläche war auch immer mal wieder etwas nach oben kondensiert. Das wird dann wohl in der Erdkruste entstanden sein. Eines aber weiß ich genau: Das Wasser hat eurem Planeten so richtig gut getan. Erstens kühlte er davon mächtig ab, zweitens wäret ihr ohne es schlicht nicht hier, um Schröders Buch zu lesen. Das Buch selbstredend auch nicht.

## Ein Fußbad in der Ursuppe oder: LUCA

So ganz hat eure Heimat ihren Hitzkopf trotz ihrer Bedeckung mit den kühlenden Ozeanen aber nie abgestellt. Am Meeresboden qualmte es auch damals schon gewaltig. Da unten sah und sieht es gebietsweise echt schlimmer aus als im Raucherzimmer einer Reha-Klinik für Lungenkranke. Ihr kennt diese Bilder sicher aus dem Fernsehen: Knallheißes Wasser schießt aus sogenannten »Hot Smokern«, das sind teils turmhohe, kegelförmige Schlote, ins ewige Schwarz des Meeres ragend; um sie herum filtern filigrane Garnelen mit ihren unendlich komplizierten Mundwerkzeugen vor sich hin. Dazwischen staksen gemächlich riesenhafte Seespinnen durch die Szenerie, und dann setzt üblicherweise ein Sprecher mit einer sonoren Stimme ein: »Die Wiege des irdischen Lebens ist am ehesten an Orten wie diesem zu vermuten.

Der Temperaturunterschied von ausströmendem und umgebendem Wasser war ein hervorragender Energielieferant, die Bruchteile von Millimetern großen Hohlräume und Poren des schwammartigen, lehmigen Materials wiederum wirkten wie Muffinformen für die Ursuppe. Ein Fußbad in dieser hätte vermutlich Brandblasen verursacht.« Zugegeben, so etwas sagt ein Sprecher selten, er wird es seriöser formulieren (und komplizierter war es selbstredend auch), aber im Kern stimmt, was ich ihm da ungefragt in den Mund gelegt habe: An den Rändern solcher Miniaturhöhlen konnten erste hauchdünne Zellmembranen ihre dauerhafte Existenz erproben, ohne Angst, im offenen Meer gleich wieder wie Seifenbasen zu zerplatzen. Kippt ihr Milch in euren Morgenkaffee, wird alles irgendwann zu einer hellbraunen Flüssigkeit. Die ersten echten Zellen taten es eher den Bläschen in diesen unsäglichen zuckrigen »Bubble Teas« gleich. Milchkaffee ist eine Mischung, Bubble Tea ist eine Separation. Zellen entstanden durch Letzteres. Stellt euch einfach Seifenblasen vor.

Leben bedeutet immer ein Innen, das sich von einem Außen abgrenzt und anschließend verselbstständigt. Anfangs noch im Schutze besagter mikroskopisch kleiner Grotten mit schleimig-lehmigen Wänden; wesentlich später dann mit unendlich komplexerer Struktur und – endlich – frei schwimmend um unterseeische heiße Quellen herum, wurde eine der ersten dieser länger überdauernden Seifenblasenstrukturen zu »LUCA«. Wenn ihr in einem dieser dicken schlauen Bücher schreibt, ein Gott habe den ersten Menschen aus Lehm geformt, dann meint ihr damit möglicherweise diesen »Übergang« von unbelebter zu belebter Materie.

Irgendeinen Luca kennt jeder von euch. Seit der Jahrtausendwende gehört er zu euren beliebtesten Vornamen. Er wirkt freundlich und sanft. Wenn ihr mich fragt, wollen Eltern, die ihrem Kind diesen Namen geben, dem »Lucas« die finale Schärfe nehmen und codieren im Namen die Erwartung eines zwar sanften (Endung mit A), aber zugleich starken (dominantes, langes »U«, hartes »C«) Charakters.

Sanft und stark zugleich, das ist eine gute Kombination, wenn man am Leben bleiben will. Opportun (»Was genau macht eigentlich dieses Stückchen Ribonucleinsäure? Das kann man doch bestimmt noch gebrauchen!«), doch mit gewissen Grundsätzen ausgestattet (»Ich bin wählerisch bei den Stoffen, die ich in mich eintreten lasse«), war auch der LUCA, der jetzt eine wichtige Rolle für Eure Abenteuerreise spielen soll. LUCA, so habt ihr den »Last Universal Common Ancestor« genannt, den Knotenpunkt der Lebensgeschichte, aus dem sämtliche darauffolgende Lebewesen hervor gegangen sind. Soweit ich weiß, ist das Leben da unten nur einmal entstanden, und das wird so vor etwa vier Milliarden Jahren gewesen sein. Man konnte ja lange nichts sehen da unten. Mal war der Erdball glutheiß, dann wieder eine gigantische Kugel aus Eis, und schließlich ein Wasserplanet voller karg aufragender Landmassen, die sich Quadratmeter um Quadratmeter grün färbten, nachdem der Himmel nach und nach blau geworden war. Die Erde musste erst grün hinter den Ohren werden, bevor sie jung wurde.

Wie gesagt, Chemie ist nicht mein Fachgebiet, aber einige dieser LUCA waren irgendwann zu diesen faszinierenden Blaugrünalgen mutiert, die in Wahrheit Bakterien waren und jahrmillionenlang Sauerstoff in die Atmosphäre pumpten. Einst ein Abfallprodukt und für viele andere Nachkommen des LUCA sogar ein tödliches Gift, lernten andere aus ihm hervorgegangenen Lebewesen, den Sauerstoff selbst zur Energiequelle zu machen. Dazu ist echt gutes Stoffwechselmanagement nötig. Oder einfach genug Zeit für Versuch und Irrtum – und wenn die Erde eines hatte, dann Zeit. In genau dem richtigen Abstand zu der Sonne zog sie vor sich hin und vergaß in fröhlichem Tänzchen mit dem Mond alles um sich herum. Ob sie überhaupt mitbekam, welche Sensationen sich auf ihrem Meeresgrund abspielten?

## Zeitsprung

Freunde, wir müssen vorspulen! Erstens hat der Schröder vor mir schon ziemlich viel geschrieben, zweitens möchten andere auch noch an die Reihe kommen. Wie ich hörte, hat der Autor zahlreiche andere »Stargäste« eingeladen, die sich auf die eine oder andere Weise mit mir und meiner großartigen Ausstrahlung beschäftigen. Keine Ahnung, ob sie wirklich so interessant sind wie ich, aber ich möchte auch nicht unhöflich sein. Es macht wohl ohnehin nicht wirklich Sinn, jedes Detail, das sich in den vergangenen viereinhalb Milliarden Jahren auf der Erde zugetragen hat, hier aufzulisten. Denn dann hättet ihr gar nichts mehr zu erforschen und euch würde langweilig. Was dann geschieht, wisst ihr selbst nur zu gut: Ihr schaut Katzenvideos, erfindet die organisierte Religion, werdet Broker oder fallt in friedfertige Nachbarstaaten ein.

Aber zurück zum Thema: Irgendwann hatten ein paar Einzeller entdeckt, dass es sich im Verband mit anderen Einzellern doch energiesparender und sicherer leben lässt. Diese Erkenntnis ist mindestens zwei Milliarden Jahre alt. Seitdem gab es immer wieder Zusammenschlüsse von Einzelgängern zu mehrzelligen Organismen und schließlich, entschuldigt bitte, das ist jetzt etwas schnell, trennten sich auch die Wege von Bakterien, Pilzen, Pflanzen, Tieren und einigen anderen Reichen, von denen ihr wahrscheinlich noch nie gehört habt. Eine ganze Zeit lang lebte und evolvierte alles fröhlich weiter vor sich hin. Zwischendurch war die Erde sogar mal ein riesiger Schneeball, gegen den eure sogenannten »Eiszeiten« ziemlich dürftig ausgesehen haben. Es war wirklich knapp für das Leben, aber es fand seinen Weg.

Und siehe da! Erstmals in der Geschichte eures Heimatplaneten hatte sich ein komplexes Ökosystem ausgebildet. Okay, vermutlich nicht erstmals. Aber erstmals eines, das versteinert auf seine Entdeckung warten konnte, weil so ziemlich alles da unten plötzlich Schalen, Panzer oder Stacheln hatte oder die Sedimente so feinkörnig waren, dass sich sogar Weichteile erhalten konnten: der Burgess-Shale!

## Ruckzuck liegt der Schiefer tiefer

Einige der spannendsten Tiere existierten in dem, was ihr später Burgess-Schiefer genannt habt. An allen Ecken und Enden der Welt öffnen sich euch Fenster zur Evolution, immer wieder hebe ich meinen Rock für euch auch mal ein bisschen über die Fußgelenke. An dieser Stelle sprechen wir nun von einem Fundort in den kanadischen Rocky Mountains. Meeresablagerungen haben sich hier wie so oft zu Hochgebirgen aufgestapelt, und diese stammen aus dem mittleren Kambrium. Das ist etwa 508 Millionen Jahre her. Zu diesem Zeitpunkt war auf der Erdoberfläche nicht wirklich viel los, in etwa 200 Metern Meerestiefe aber sah es schon so aus, als sei die Schöpfung mit gut sortierten, aber schlecht verschlossenen Teilekisten und Klebstofftuben im Kofferraum über eine ziemlich buckelige Strecke gerast.

Schaue ich mir eure Darstellungen der Lebewelt des Burgess-Shale einmal genauer an, fällt mir auf, dass ihr teils Lichtjahre entfernt, teils verdammt nahe dran seid an dem echten Aussehen einzelner Tierarten. Ihr liegt zwar nicht ganz so weit daneben wie bei eurer Rekonstruktion der mysteriösen Ediacara-Fauna aus Australien, die noch älter ist als der Burgess-Schieder und euch noch rätselhafter erscheint. Doch es ist einfach zum Schreien, euch beim Raten zuzuschauen. Allein, wie ihr *Hallucigenia* interpretiert habt! Erst als eine Polonäse Narrenkappen tragender Stelzengeher, dann als uneheliche Tochter eines wehrhaften Stachelschweins und eines drolligen Bärtierchens! Wenn ihr wüsstet! Aber gut. Von mir werdet ihr nichts hören. Ihr müsst ja was zum Spekulieren haben.

Wo war ich? Hat mal jemand eine Zigarette? Danke! Diese *Hallucigenia* war Teil einer sogenannten Biozönose, einer lokal begrenzten Lebensgemeinschaft verschiedener Organismen. Im Meeresboden beispielsweise versteckten sich skurrile Würmer, die Entwickler fantasieanregender Vibratoren vor Neid erblassen lassen. *Ottoia* habt ihr das hübsche Tierchen genannt, und es sah aus wie ein Wattwurm, dem der Föhn explodiert ist. Dann wieder gab es bizarre Schwimmer wie *Opabinia*, die aussahen wie eine fünfäugige Kellerassel mit Greifrüssel oder kriechende Artischocken namens *Wiwaxia*, bei denen sich ein Oben und ein Unten nur schwer voneinander unterscheiden lassen. In darüberliegenden Wasserschichten schließlich versetzte *Anomalocaris* die Welt in Angst und Schrecken. Fossilfunde, die Forschende anfangs für einzelne, ungewöhnlich große Krabbentiere hielten, erwiesen sich später als die enormen Mundwerkzeuge eines 60 Zentimeter langen Beutegreifers, der sich mit nichts heute Lebendem wirklich vergleichen lässt. Wie ein gleichgültiger Nussknacker ließ *Anomalocaris* die kalkigen Schutzpanzer der ersten Trilobiten aufplatzen, schnappte sich unschuldige Filtrierer wie *Marella,* bei der nur der Name an einen niedlichen Marienkäfer erinnert, und riss gewiss auch mal die Gänge der urzeitlichen Vibratoren auf. Für die Beute gab es nur zwei Auswege: Werde härter – oder schneller!

In all diesem Hauen und Stechen hatten ausgerechnet die frei schwimmenden Larven einiger bis dato üblicherweise sesshafter Hemichordaten entschieden, zwar nicht erwachsen, aber früher geschlechtsreif zu werden. Ich erspare euch hier das Fachchinesisch; es genügt zu wissen, dass es einige Exemplare dieses Stammes noch heute gibt und ihr sie »Kiemenlochtiere« nennt. Manche von ihnen sehen aus wie, naja, wie drücke ich es aus, gigantische Spermien, und ähneln vermutlich stark den ersten Vorläufern der echten Wirbeltiere. Es muss am Meeresgrund ein starker Druck auf die optisch an Seescheiden erinnernden Hemichordaten gewirkt haben, sodass sich einige ihrer mobilen Babys dachten: »Guck doch mal, wer meine Eltern da alles mir nichts, dir nichts, wegputzt. Nö! An diesen Meeresgrund hefte ich mich nicht mehr an!«

In den Meeren des oberen Kambrium erkennt man die unscheinbare *Pikaia* nicht auf Anhieb. Meist schlängelt sich das transparente, zarte Tierchen unauffällig wie ein Spion durchs Wasser und denkt sich: »Bloß nicht auffallen, nichts wie weg hier!«

Niemand hätte einen Pfifferling darauf gewettet, dass ausgerechnet aus einigen *Pikaia* sehr ähnlichen Tieren die ersten echten Wirbeltiere hervorgehen würden. Zwar habt ihr mittlerweile herausbekommen, dass *Pikaia*, optisch dem heutigen Lanzettfischchen sehr ähnlich, nicht euer direkter Vorfahre war. Schon vorher hatten nur wenige Zentimeter lange Tiere mit einem biegsamen Stab im Rücken die Meere durchpflügt. Doch ist es nicht bemerkenswert, dass einige Tiere sich dem damals gängigen Trend, immer dickere Panzer und Schalen zu tragen, radikal widersetzten und zunächst splitternackt agierten, um späterhin ein erstes Ur-Skelett in ihren Körper hinein zu verlegen? So konnten sie gierigen Gliederfüßer-Mäulern flinker entkommen und so wird halt Geschichte geschrieben. Haltet mich für verrückt, aber es ist doch durchaus möglich, dass ihr eure Angst, gefressen zu werden, und euren Fluchtinstinkt schon in Gestalt dieser filigranen platten Gebilde eingeübt habt, mit schwimmenden Panzern als Erzfeinden?

Man sagt ja auch, dass ein Embryo im Mutterleib schon so einiges mitbekommt. Was immer die Mutter isst, was immer sie spürt, hört, fühlt und konsumiert auch das Kind. Ist euch analog dazu als Art vielleicht die Erdgeschichte selbst in Fleisch und Blut übergegangen? Und was hat die Tatsache, dass die Salzkonzentration unseres Körpers in etwa der der Urmeere entspricht, damit zu tun? Habt ihr vielleicht das Meer in euch hinein geholt? Sitzt der Schröder womöglich deshalb so gerne am Ostseestrand?

Herrschaften, ich wollte doch längst schon auf euch Menschen zu sprechen kommen. Im Grunde hätten wir es auch schon. Erste Zellen, erste Mehrzeller, Wirbeltiere, Menschen. Ach ja, der berühmte Landgang, die Mondlandung der Evolution! Herrje, soll ich wirklich? Habt ihr denn noch Lust?

# Landgang

Den Landgang der Wirbeltiere vergleicht ihr gerne mit dem Schritt des ersten Menschen auf dem Mond. Heroisch, denkt ihr, entschloss sich einst ein bis dato uneingeschränkt aquatisches Lebewesen dazu, das Land zu erkunden. In hunderten von Iterationen produziert ihr bis heute Bilder dieses Landganges: »Adieu, du tiefes Nass, ich bin dann mal weg! Du findest mich fortan an Land, dort warten größere Abenteuer auf mich!« An Land angekommen, steckte ein mutiger, jetzt atmender und kriechender Flachfisch stolz die Flagge der neuen Eroberer in den Untergrund, bedruckt mit dem Emblem der Vierbeiner.

Die Wahrheit war ernüchternd. Die ersten Vierfüßer sind wohl eher an Land *gestolpert.* Zunächst hörte ich es ganz plötzlich glucksen und platschen. Auf einmal war da mehr zu hören als ein umstürzender Riesenpilz, die Brandung der Meere, das Schwirren der Insekten, das Rasseln der Skorpione und die üblichen Hitzegewitter. Jahrtausendelang hörte ich fortan in gelegentlich vom Meer überfluteten Uferrändern der Landmassen schlammige Rülpser. Eure Wattwanderungen klingen so ähnlich, was Besseres fällt mir jetzt nicht ein. Ich zoomte meinen Blick heran und erblickte eigenartige Mischwesen aus Fisch und Vierbeiner. Nicht wirklich elegant, aber scheinbar effektiv, krochen sie von Teich zu Teich, in jedem davon wartete die Aussicht auf frische Beute und besseren Schutz vor Fressfeinden aus dem Meer.

Diese Teichwechsler wussten sich zu helfen. Wenn gleich mal das gesamte Inland austrocknete, inklusive der Kleinen, nun ja, Inseln aus Wasser, gruben sich diese Mosaikformen während ihrer Schnupperpraktika an Land einfach ins Erdreich ein und warteten, bis es wieder feuchter wurde. Die Lungenfische machen das heute noch so.

Schließlich aber verzichteten die ersten Exemplare auf das Eingraben. Es wuchsen ihnen Beine und so konnten sie längere Perioden komplett an Land verbringen. Hier ernährten sie sich unter anderem von zahlreich vorhandenen frühen Insekten und kehrten schließlich nur noch zur Vermehrung ins Wasser zurück.

All das vollzog sich in einem selbst für mein Alter außergewöhnlichen Tempo. Konnte im Devon, dem Zeitalter der Fische, noch niemand ahnen, dass es einigen Flossentieren im Meer irgendwann zu eng werden würde, blickte ich schon gut 40 Millionen Jahre später hinunter auf eine vielfältige Tierwelt an Land. Dazu gehörten auch all die vierbeinigen Gesellen und Saurier, die der Schröder euch unbedingt schon im vorherigen Kapitel näher bringen musste.

## Die Menschheit

Naja, und dann kamt irgendwann ihr, als Antwort einer Gruppe von Menschenaffen auf eine Periode, in der das Weltklima deutlich trockener und kühler wurde. Wie das alles ablief im großen Graben Afrikas und rundherum, mit eurem eher einem Busch als einem Baum gleichenden Stammbaum, dass ihr euch, kaum im heutigen Europa angekommen, schnell auch mit Neandertalern gepaart habt und so weiter, könnt ihr in vielen guten Büchern nachlesen. Mir, liebe Leserin, lieber Leser, kommt es jetzt eher darauf an, euch auf das ungeheure Potenzial eurer Gehirnstruktur hinzuweisen.

Mit dieser steht ihr nun am Scheideweg: Entweder nutzt ihr euren Gehirnschmalz weiterhin, um, real und bildlich betrachtet, alles zu fressen, was euch in den Weg kommt. Oder ihr bekommt endlich den Dreh und seht von kurzfristigen Interessen ab. Kennt ihr diese Werbung, in der ein Kind ein Überraschungsei geschenkt bekommt? Die Versuchsleiterin sagt: »Und es gibt ein zweites, wenn du noch ein wenig wartest.« Dann teilen sich die Kinder, die essen wollen, von denen, die warten können. Eure Art besteht leider hauptsächlich aus Esskindern, ihr seid manipulierbar und bequem.

Nur noch vier Prozent aller Säugetiere lebten 2015 in der Wildnis, 34 Prozent des von Säugetieren verursachten Gewichtes stellt ihr Menschen; die restlichen sage und schreibe 62 Prozent der von Säugern beanspruchten Biomasse stellen Vieh und Haustiere, Lebewesen also, die ihr für euren persönlichen Komfort regelrecht produziert. Von diesen 62 Prozent wiederum sind 35 Prozent Rinder und zwölf

Prozent Schweine[36] – sagt mal, geht es noch? Muss ich doch noch schimpfen?

Wahrscheinlich seid ihr einfach beides: gierige, verfressene Invasoren und unterhaltsame Geschichtenerzähler. An diesem Punkt der Weltgeschichte habt ihr die Möglichkeit, eurer Lebensgrundlage entweder endgültig den Hahn zuzudrehen oder euch endlich als Teil einer umfassenden Geschichte zu begreifen, die ihr von nun an aktiv gestalten und schreiben müsst. Es klingt wie ein Kalenderblatt, aber Fakt ist: Nur, wer weiß, woher er kommt, kann wissen, wohin er geht. Im kommenden Kapitel möchte der Schröder euch einige Menschen vorstellen, die ihre Lebensgeschichte selbst in die Hand genommen haben und nun mithelfen, der Geschichte des Lebens spannende Kapitel hinzuzufügen. Das Leben findet einen Weg, sowohl in einzelnen Lebensläufen als auch in einem für euch unbegreiflichen Maßstab, wachsam beobachtet durch meine Augen – die Augen der alten Diva Erdgeschichte.

# Intermezzo Nr. 3: Gruppen und Communities, die es in puncto »Besessenheit« mit den Paläo-Nerds aufnehmen können

- **Heavy Metal-Fans.** Wie Paläo-Nerds sind sie stark interessiert an größeren Zusammenhängen der Weltgeschichte und ebenfalls überdurchschnittlich intelligent. Sie verfügen über einen ähnlichen Nerdfaktor, wenn es beispielsweise um das Wissen zur Lieblingsband geht. Oft sind diese Fans jedoch wesentlich unordentlicher als der durchschnittliche Paläo-Nerd. Vergleichen Sie zum Beweis das Gelände des Wacken-Festivals, nachdem die Bands abgezogen sind, mit dem Zustand einer gut organisierten Fossiliensammlung oder einer handelsüblichen paläontologischen Grabungsstelle am Ende der Saison.
- **Freunde des Mittelalters** und der dazugehörigen Fantasy. Sie kennen sich ebenfalls in ihren verlorenen Welten ausgezeichnet aus, sind auch praktisch orientiert und handwerklich begabt, zeigen sich jedoch tendenziell abgedrehter und weltfremder als Paläo-Nerds. Fantasy- und Mittelalterfans, die sich zu so genannten LARPS (»Live Action Role Plays«) organisieren, wirken bisweilen befremdlich und etwas skurril. Ich stelle mir gerade ein LARP zum Erdmittelalter und seine Dialoge vor (»Roaaaar!« – »Roaaaaarrr!« – »Uuaargh!«). Wobei es durchaus auch Menschen gibt, die sich als Dinosaurier verkleiden. Denken Sie nur an diese hohen, kopflastigen T.rex-Kostüme, die mittlerweile sogar schon bei Marathonläufen gesichtet werden.
- **Vogelkundler.** Das sind sonderbare, aber liebenswürdige Menschen. Besonders in England haben sie sich zu einem regelrechten Stamm verschworen. Im Gegensatz zu manchen Paläontologen konzentrieren sich die Vogelkundler mit großer Hingabe auf die lebenden Dinosaurier. Während Paläontologen die Umwelt des

Fundes zunächst mühevoll ausgraben und im Anschluss rekonstruieren müssen, macht der Vogelkundler es sich einfach und beobachtet den Dino direkt in seiner natürlichen Umgebung.[37]

- **Biker.** Sie haben ähnlich wie viele Paläo-Nerds ein abnormes Verständnis von Geschwindigkeit. Während Paläo-Nerds allerdings den Tempowechsel eher in Tausendjahrschritten messen, kann es dem Biker meistens nicht schnell genug gehen. Dabei setzt er allerdings häufiger seine eigene Existenz und das Leben seiner Mitmenschen aufs Spiel als ein Paläo-Nerd.
- **Jäger.** Wie viele Paläo-Nerds sind sie sehr naturverbunden und bodenständig, gleichzeitig beseelt und besessen vom archaischen Reiz des Jagens. Während die Trophäen der Paläo-Nerds schon tot sind, muss der Jäger jedoch zunächst aktiv für ihr Ableben sorgen.
- **Ü-Eier-Sammler** pflegen in ihren Hobbykellern stolz die Bestände der Überraschungen aus den kultigen gelben Kapseln. Sie kennen Auflagen, Fehlfarben und Marktwert ihrer Schätzchen ganz genau und haben wie die Urzeitfreunde ihre magische Phase niemals so ganz überwunden. Wieso sollten sie auch?

**Aufgabe**

- Finden Sie weitere »nerdige« Gruppierungen. Wie denken Sie über ihren gesellschaftlichen Beitrag? Gehören Sie womöglich selbst einer an? Wenn ja, was zieht Sie daran an? Wie anziehend macht es Sie, dass Sie dazugehören?

## Kapitel 6
# Erdgeschichte(n): Wie und warum Menschen in die Urzeit reis(t)en

*»Finde und nähre deine Leidenschaft!«*
Elaine Howard, US-amerikanische Hobbypaläontologin und Coach (Übers. d. A.)

Welch fulminanter Gastauftritt! Als ich die Erdgeschichte seinerzeit bat, einige Zeilen für dieses Buch zu schreiben, wäre ich für *jede* Zeile dankbar gewesen. Sie wissen ja, manchmal ziert sie sich ein bisschen, Gesellschaft ist sie noch nicht so gewohnt. Hätte sie also bloß geschrieben: »Ordovizium: Das Land war bemoost, Prost!« oder: »Hadaikum: Meistens ist es dunkel, Planet kriegt auf die Runkel.« und sich dann wieder ihrem Geschäft zugewandt, hätte mich allein das schon sehr stolz gemacht. Was sie dann allerdings tatsächlich rausgehauen hat, lese ich tausendmal lieber.

Die Geschichte der Erde und des Lebens entfaltet eine große Poesie und liefert Stoff für fantastische Unterhaltung. Im Wort Unterhaltung steckt das Wort »Halt«, und diesen können wir in der Erdgeschichte durchaus finden. Die unermesslichen Zeiträume, in denen ganze Tierstämme kamen, dominierten und wieder gingen, mahnen zur Ehrfurcht.

Die Erdgeschichte hat schon mehr wieder vergessen, als wir jemals herausfinden werden. Sie lässt uns staunen und demütig werden, zugleich erhebt und tröstet sie uns. Zumindest mir hilft es oft, mich daran zu erinnern, dass mein Schicksal im erdgeschichtlichen Maßstab wenig bis gar nichts bedeutet. Gleichzeitig bin ich entgegen aller Wahrscheinlichkeit aus ihr hervorgegangen. »Kosmische Bedeutungslosigkeitstherapie« nennt das der Autor Oliver Burkeman.[38] Stellen Sie sich vor: Unser Sonnensystem benötigt 230 Millionen Jahre, um als eines von vielen in einem entfernten Seitenarm der Milchstraße um das schwarze Loch im galaktischen Zentrum zu kreisen. Das bedeutet: Als sich abzeichnete, dass die Dinosaurier das Rennen um die Dominanz des Planeten vorläufig und übrigens nur ziemlich knapp gewinnen würden, hatte unsere größere kosmische Heimat einen Zyklus angetreten, den sie erst heute wieder vollendet hat! Ist es angesichts solcher Erkenntnisse nicht lächerlich, sich über einen platten Reifen, die unverfrorene Dauergängelung durch das Finanzamt oder auch etwas Schlimmeres aufzuregen?

Doch führen uns ausschließlich der Unterhaltungs- und der Trost-Faktor zur Erdgeschichte? Welche anderen Gründe könnte es geben, sein Leben mit der Urzeit im Bunde zu gestalten? Wieso gehen manche Menschen den Dingen scheinbar nicht nur auf den Grund, sondern folgen ihnen sogar bis tief in diesen hinein, als Fossilienjäger, Sammler, Kuratoren, Paläontologen?

Mein Antwortversuch: Als neugierige Wesen holen wir die Spuren der Erdgeschichte aus dem Gestein in unsere Leben. Dort stellen wir etwas mit ihnen an und sie mit uns. Dieses Spannungsfeld aus Finden und Gefunden werden animiert uns, Geschichten, Kunst oder Bücher wie dieses zu erschaffen. Wir widmen unserem urzeitlichen Vermächtnis Museen und Forschungsreisen, organisieren uns in ihrem Namen in Sammlerforen und Fossilienbörsen oder pilgern zu Großveranstaltungen wie der »Munich Show«, einem Event, das seit nunmehr 60 Jahren alljährlich tausende von Mineralien- sowie Fossilienliebhabern und Paläo-Nerds nach München zieht.

Ich bin einer von Tausenden, die die Urzeit immer noch und immer wieder inspiriert. Ich erfrische mich an der unerhörten Erkenntnis, dass die Erde sich seit Jahrmilliarden gleichmütig um die Sonne dreht, während sich auf ihrer Oberfläche Dramen epischen Ausmaßes abgespielt haben. Na toll. Und jetzt?

Schalten wir kurz nach Oxford, wo der kluge Zoologe Colin Tudge ein Zitat für uns bereit hält, das uns sicher weiter bringt:

*»Hinter allem, was sich bewegt und atmet, liegen mehrere tausende Millionen von Jahren evolutionären Dramas.«*[39]

Das Leben und die menschliche Zivilisation sind hauchdünne Schichten auf dem Milchtopf einer Hexenküche. Manchmal kocht er über, manchmal wirft ein hinein plumpsender Kloß alle scheinbare Ordnung mit einem Handstreich über den Haufen. An manchen Stellen kam diese Haut nach einiger Zeit auf den Trichter, dass auf der Erde längst teils über Äonen hinweg eingespielte Programme und Prozesse ablaufen – und niemand wirklich auf die Ankunft des Menschen gewartet hatte. Na gut, wie wir jetzt wissen, hat sich immerhin die bis dahin eher einsame Erdgeschichte über den Menschen als unterhaltsamen Neuankömmling gefreut. In aberhunderten von Schüben verließ er erst die Bäume und später sippenweise seine mutmaßliche Wiege, den großen afrikanischen Graben. Viel später erst konnten sich halsbrecherische Großprojekte wie die Pyramiden oder aberwitzige Abenteuer wie die Mondlandung ins Gästebuch der Weltgeschichte eintragen.

Es brauchte Jahrhunderte, bis die Tatsache, dass die Erde sich um die Sonne dreht, ins Allgemeinwissen gesackt war. Jahrzehnte vergingen, bis die Evolutionstheorie, von Alfred Russel Wallace und Charles Darwin voneinander unabhängig aufgestellt, allgemein anerkannt und im kollektiven Unterbewussten angekommen war – wenngleich sture Kreationisten weltweit immer noch den Kopf in den Sand stecken[40] und den Menschen weiterhin als gottgewollte Krone der Schöpfung behalten wollen. Das Konzept einer unendlich langen Vorzeit war lange Zeit unbekannt, bis Geologinnen und Geologen begannen, die Strukturen der Erdoberfläche – so ewig und unveränderlich sie auch gewirkt haben mag – als Zwischenstadien wesentlich komplexerer Prozesse zu verstehen. Auch das höchste Gebirge und der breiteste Ozean sind nur Momentaufnahmen, Teil des oft zitierten Kommens und Gehens ganzer geologischer Strukturen und Ökosysteme. Das muss man erst einmal verdauen.

Schließlich bekamen die ersten Menschen Einblick in das Wechselspiel der Mechanismen, das sie selbst hervorgebracht hat – Mutation und Selektion. Fortan schauten erstmals mit der geeigneten Intelligenz ausgestattete Kinder der Sterne, der Steine und der Evolution ihren Eltern bei der Arbeit zu. Mutter Erde und Vater Leben hatten ein klug gedachtes und intelligent denkendes Baby gezeugt, das sich mittels Wissenschaft und Fantasie seiner komplexen Familienverhältnisse bewusst wurde.

Manche dieser Babys wissen ihre Zeit gut und sinnvoll zu nutzen, manche suchen noch ihren Platz in alledem, und andere wiederum haben die Suche scheinbar aufgegeben. Sie lassen sich verzweifelt und hemmungslos gehen. Hand aufs Herz: Zu welcher Gruppe gehören Sie? Sollten Sie zur ersten Gruppe gehören, werden die folgenden Geschichten Ihnen zeigen, wie andere Menschen sich durch ihre Leidenschaft inspirieren lassen. Gruppe zwei findet hoffentlich spannende Anregungen durch großartige Vorbilder, während Gruppe drei sich hoffentlich zumindest wieder ein bisschen ermutigt fühlt, mit etwas zu beginnen, das sie und andere bereichert.

Alle in diesem Buch Portraitierten haben sinnstiftende Leidenschaften gefunden, die sie tragen und die trotz aller widrigen Umstände ihre Seelen tief erfassen. Sie machen Erfahrungen, die einem Investmentbanker vermutlich auf ewig verwehrt bleiben. Es kann schmerzen, aus dem Hamsterrad heraus denen zuzuschauen, die befriedigende Antworten auf die Frage: »Was mache ich hier eigentlich?« gefunden haben. Es kann aber auch dazu inspirieren, noch einmal aufzustehen, um ein eigenes Abenteuer zu wagen. Den in diesem Kapitel vorgestellten Persönlichkeiten ist auch nichts in den Schoß gefallen – besonders Mary Anning nicht, die uns nun mitnehmen wird an die Südküste des viktorianischen Englands.

## Mary Anning Rocks!

Ich wollte dieses Kapitel eigentlich mit einer erotischen Filmszene beginnen. Denn es knistert gewaltig beim ersten Kuss der Paläontologin Mary Anning, dargestellt von Kate Winslet, mit ihrem zunächst eher ungewünschten Kurgast Charlotte Murchinson, verkörpert von Saoirse Ronan. Ich bin sicher: Der Ichtyosaurier, ein zwei Meter langer Schwimmsaurier aus dem Zeitalter des Jura, der in seiner Körperform stark einem Delfin ähnelte, wäre knallrot geworden, hätte er noch gelebt. Doch er lag nur glotzäugig und platt auf seinem Präparationstisch, ein knochentrockener Kontrast zu seiner einst geschmeidigen Eleganz. Währenddessen erreichte die Spannung zwischen Mary und Charlotte ihren Höhepunkt, und alles, was zwischen ihnen gesagt worden und unausgesprochen geblieben war, sowie alle Blicke von anfänglicher Verachtung bis hin zu zunehmendem Interesse und schließlich unverblümter Offenheit, explodierte in der eindrucksvollen Szenerie. Schäumend, feucht und wild ging es zu, wie im Urmeer. Die Gischt ihrer Gefühle hatte zwei Frauen übermannt und eskalierte vollends, als Charlotte, auf dem sensationellen Fossil sitzend, gierig zitterte und schließlich, besiegt und erobert, ihren ausladenden Reifrock anhob, damit …

Doch ich sehe mich der Kunst der erotischen Erzählung längst nicht so gewachsen wie dem Thema Urgeschichte. Und wegen dieser sind wir ja schließlich hier. Also mäßigen wir uns und beginnen lieber in aller Ruhe von vorn:

Mary Anning wurde ins vorviktorianische England des Jahres 1799 hinein im südenglischen Küstenort Lyme Regis geboren. Schon früh begleitete sie ihren Vater Richard auf seinen Beutezügen an der schroffen Küste, wo er nach versteinerten Überresten längst ausgestorbener Lebewesen suchte. Diese verkaufte er an die Urlaubsgäste, die aus dem nahen London in Massen heran strömten, um sich mit etwas Abstand vom ungesunden Großstadtalltag die kräftige Meeresbrise um die Nase wehen zu lassen. Als Ausgleich zu den Erfordernissen der Industrialisierung mochten sie auch der Faszination für die Kuriositäten der Natur gefrönt haben. Spiralförmig gerollte Steine, lange, spitze »Donnerkeile« – die Chance für Richard! Von seinem Einkommen als Tischler allein konnte Vater Anning seine Familie – Frau Molly Tochter Mary, Sohn Joseph und Hund Tray – nicht ernähren. Die Annings hatten viele Schicksalsschläge mehr oder weniger stoisch ertragen. Von zehn Kindern hatte bislang nur Joseph überlebt, und auch für Mary war es eng geworden: 1800 schlug ein Blitz mitten im Dorf ein – vier Frauen kamen ums Leben, die kleine Mary, in direkter Nähe, überlebte. Manchmal denke ich, dass die Natur selbst auf diese Weise ein Zeichen setzen wollte: Seht, mit dieser

Frau kommt etwas ganz Besonderes in eure Welt! Doch das ist nur meine romantisierende Interpretation eines Zufalls, der vermutlich nichts weiter bedeutet. Als Vater Richard 1810 an Tuberkulose starb, verschlechterte sich die wirtschaftliche Lage der Familie rapide. Das alte Haus, das die Familie noch besaß, warf keinerlei Gewinn ab – im Gegenteil. Molly war mit seinem Unterhalt mehr als beschäftigt und hatte, wie viele Frauen ihrer Zeit und ihres Standes, ohnehin kaum eine Möglichkeit, irgendwo eine Anstellung zu finden. So musste Joseph schließlich bei einer Möbelfabrik anheuern, während Mary sich entschloss, das Erbe ihres Fossilien sammelnden und in einem kleinen Lädchen verkaufenden Vaters fortzusetzen. Mit zwölf Jahren machte Mary ihren ersten bedeutenden Fund. Es handelte sich um das platte Skelett eines Fischsauriers, dessen Kopfspitze schon Joseph ein Jahr früher aufgefallen war. In mühsamer Kleinarbeit klaubte Mary die Überreste über Monate aus dem umgebenden Gestein. Man muss sich das einmal vor Augen führen: Ein zwölf Jahre altes Mädchen schuftete sich bei Wind und Wetter an gefährlichen Abhängen ab und war für das wirtschaftliche Überleben einer ganzen Familie mit verantwortlich. In der aktuellen Zeit stünden in einem solchen Fall ziemlich schnell das Jugendamt und der Arbeitsschutz vor der Tür. Schauen Sie sich heute einmal ein durchschnittliches zwölfjähriges Kind im verwöhnten Westen an. Es ist unselbstständig, aufsässig, mit nichts weiter beschäftigt als mit schulischem Stress, einem neuen Fingernageldesign und dem nächsten Level in »Minecraft«. Das bedeutet nicht, dass ich Kinderarbeit gutheiße. Doch ich habe meine Zweifel, ob alle Zwölfjährigen, die ich so kenne, die Körperlichkeit, Beharrlichkeit und Konzentration aufbrächten, um über Wochen bei Wind und Wetter eine fragile Versteinerung aus dem Felsen zu hämmern. Sehr imposant, liebe Mary!

Mary verkaufte das Exemplar für 23 Pfund an einen Adeligen. Von diesem Betrag konnte die Familie ein halbes Jahr ganz gut leben. Der delfinartige Fischsaurier überraschte seinerseits die urbane Öffentlichkeit Londons, triggerte die Fantasie der nach Legenden, Mythen und Kolonien gierenden Bewohner und warf zugleich viele Fragen auf. Das Konzept einer »Urzeit« war gerade erst im Entstehen;

die Dinosaurier selbst waren zu dieser Zeit noch gar nicht als solche definiert. Mary wurde von der 20 Jahre älteren Fossiliensammlerin Elizabeth Philpot unterstützt, aber nicht verwöhnt. Philpot gehörte dem begüterten Mittelstand an und ermutigte Mary schon früh, Zeichnungen ihrer Entdeckungen anzufertigen und sich genauer mit den geologischen und anatomischen Grundlagen ihres Broterwerbs zu befassen. So wurde Mary zur Expertin, während sich die Kunde vom Fundort und ihrer Fähigkeiten rasch verbreitete. Forscher aus ganz England kamen sie besuchen, begleiteten sie bei ihren Exkursionen und nutzten ihre Expertise. Die werten Herren reklamierten so manchen auf diese Weise von Mary gemachten Fund für sich, erwähnten sie mit keinem Wort und beanspruchten den Entdeckerruhm für sich.

Im Alter von 24 Jahren gelang Mary ein weiterer sensationeller Fund: Der *Plesiosaurier* mit seinem enorm langen Hals und seinen paddelförmigen Flossen war derart ungewöhnlich, dass die Wissenschaft Marys Zeichnung zunächst für eine Fälschung hielt. Mary wurde unterstellt, für Geld und Aufmerksamkeit Dinge zu erfinden. Schließlich hielt der Fund kritischer Betrachtung stand, aber Mary wirkte zusehends gekränkter. Dennoch ließ sie sich nicht entmutigen, suchte unverzagt weiter. Im Jahr 1825 begleitete Charlotte Hugonin, später Murchinson, sie bei ihren Sammeltouren, die Gattin des berühmten schottischen Geologen und Paläontologen Roderick Murchinson. Er gehörte übrigens zu den ersten Personen, die das aktuelle Gesicht der Erde nur als Zwischenstadium betrachteten. Dazu initiierte er unter anderem eine erste geologische Kartierung Englands.

Über Charlottes Beziehung zu Mary, Hauptthema des Films *Ammonite*, aus dem die Eingangsszene dieses Kapitels stammt, ist im Grunde wenig bekannt. Das aber hielt den britischen Regisseur Francis Lee nicht davon ab, eine gleichgeschlechtliche Liebesaffäre hinein zu geheimnissen. *Ammonite* ist ein dichtes, spannendes Drama, lässt aber manche Chance liegen.

Mary Anning starb mit gerade einmal 47 Jahren am damals noch unheilbaren Brustkrebs und geriet für lange Zeit in Vergessenheit, wie ein unscheinbares Fossil in irgendeiner abgelegenen Schublade.

Daraufhin leistete die Dominanz der Männer in Forschung und Wissenschaft über Jahrzehnte »ganze Arbeit«. Erst 2010 wurde Mary Anning in die Liste der zehn bedeutendsten englischen Wissenschaftlerinnen gewählt. Doch dies ist nicht der Gipfel der verdienten Anerkennung, die Mary posthum doch noch zukommt.

## Anya und Evie

Nicht weniger als ein Denkmal für diese bedeutende Frau hatten sich Anya Pearson und ihre damals elfjährige Tochter Evie Swire 2018 in den Kopf gesetzt. Mittels der groß angelegten Crowdfunding-Aktion »Mary Anning Rocks!«, so der Plan, sollte Mary am Beginn des von ihr beackerten Küstenabschnittes endlich eine ihrer Bedeutung für die Wissenschaft entsprechende Würdigung bekommen, ihren »Ort für immer«. Und tatsächlich: Es ist 2024, und seit nunmehr zwei Jahren strebt die bronzene, lebensgroße Mary Anning am Strand von Lyme Regis forsch und fleißig ihrem angestammten Sammelgebiet entgegen. Aufrecht und stolz, einen Ammoniten in ihrer rechten, einen Hammer in ihrer linken Hand haltend, den Sammelkorb straff im Armgelenk, geht die zeitgemäß Haube tragende Mary diszipliniert und fröhlich ihrer Bestimmung nach, so zügig und konzentriert, dass der Spaniel-Mischling Tray kaum hinterher kommt.

Was ist in der Zeit zwischen 2018 und 2022 geschehen? Mit einem Fragebogen nahm ich Kontakt zu Anya auf. Hauptsächlich ihr und ihrer Tochter Evie ist es zu verdanken, dass Mary Anning endlich ihr Denkmal bekommen hat. Eines aus Bronze, über 150.000 Euro wert. Nur eine Woche später schickte mir Anya Pearson persönlich ihre Antworten per Sprachdatei. »Hi Stefan!«, eröffnete sie freundlich. Ich hörte eine Frau, die sich selbst und anderen offenbar niemals etwas geschenkt hat. Sie erzählte mir von Aufbruchsstimmung, herben Rückschlägen und neu gewonnener Zuversicht.

**Wie du weißt, möchte ich sowohl über Mary Anning selbst als auch über euer Projekt schreiben. Was haben ihr Leben und euer Projekt, vielleicht sogar eure Persönlichkeiten, gemeinsam?**
*Mit* Ammonite, *dem Buch* Remarkable Creatures *(Deutsch:* Zwei bemerkenswerte Frauen*) von Tracy Chevalier*[#1]*, das für mich den Stein ins Rollen gebracht hat, und Tom Sharpes Buch (*The Fossil Woman: Ein Leben der Mary Anning, *Anm. d. A.) wurden Mary in den vergangenen Jahren keine guten Dienste erwiesen. Alle drei beschreiben Mary hauptsächlich als einsilbige, miesepetrige und uninteressierte Persönlichkeit, die ich in ihr überhaupt nicht sehe. Ich sehe sie als engagierte junge Frau, die tat, was sie tat – in einer Zeit, in der Frauen, insbesondere aus der Arbeiterklasse, als geringer als gering angesehen wurden. Ich sehe sie als strahlkräftige, artikulierte Frau. Damit passt sie hervorragend in moderne Kontexte. Mary duldete nicht, dass sich ihr irgendetwas in den Weg stellte. Wenn ich mich durch deine Fragen arbeite und dabei den Weg reflektiere, den Evie und ich gegangen sind, sehe ich einige Parallelen zum viktorianischen England und zum Patriarchat. Diese frauenfeindliche Haltung gegenüber dem, was Evie und ich da zu tun versuchten, hat mich echt schockiert.*

**Stromerst du manchmal an der Jurassic Coast entlang? Wie fühlt es sich an, in Mary Annings »Fußstapfen zu treten«?**
*Seit ich ein Kind war, wollte ich immer am Meer leben. Das ist einer der Hauptgründe, aus denen wir vor fast 20 Jahren an die Südküste Englands gezogen sind. Ich liebe es, allein zur Fossilienjagd aufzubrechen. Es liegt etwas sehr Entspannendes darin und befreit den Geist, wenn der Sand unter deinen Füßen knirscht und deine Augen sich auf die Tonschichten fixieren. Wenn sie nach erkennbaren Strukturen suchen, die auf Ammoniten, Belemniten und alle möglichen Arten von Fossilien hinweisen, die man dort finden kann.*

*Manchmal beschleicht mich allerdings das Gefühl, dass wir eine Menge von dem, was Mary da tat, romantisieren. Wir dürfen nicht vergessen, dass sie mit dem Sammeln und Präparieren von Fossilien schlicht deshalb begann, weil sie Essen auf den Tisch bringen musste. Erst, als sie sich zunehmend ihres Talentes bewusst wurde, wurde eine Leidenschaft daraus. Mir ist vollkommen klar, dass Mary bei Wind und Wetter und in ungeeigneter Kleidung da draußen war. Aber es gab wohl auch Zeiten, da schien die Sonne. Ich stelle mir vor, wie sie ihre Arbeit dann genossen hat. Besonders, wenn sie etwas fand. Ich habe herausgefunden, dass ich das Beste oft nicht finde, wenn ich herumstromere, sondern, wenn ich einfach dasitze, mein Sandwich esse und auf die See schaue. Meinen faszinierendsten Fund hätte ich nicht gemacht, wenn ich nicht einfach ruhig dagesessen und nach unten geschaut hätte. Es war der Zahn eines* Ichtyosaurus. *Er lag einfach auf dem Schlamm und wartete darauf, dass ich ihn fand.*

**Was, glaubst du, können die Menschen aus Marys Lebenswerk lernen? Wieso war sie so wichtig?**
*Besonders für mich als Feministin ist sie in Zeiten wie diesen ein sehr wichtiges Rollenmodell für junge Mädchen und Frauen. Selbst heutzutage sehen Mädchen naturwissenschaftliche Fächer nicht als Karrieremöglichkeit, obwohl sie insbesondere im Vereinigten Königreich oft überdurchschnittliche schulische Leistungen erbringen. Es mangelt an jungen Frauen, die in die Geowissenschaften gehen. Das schockiert mich, wir haben 2023. Für mich ist also das Wichtigste, was wir von Mary mitnehmen sollten, Folgendes: Sie handelte aus der Armut heraus. Eines wolltest du im viktorianischen England nicht sein: Eine arme Frau aus der Arbeiterklasse ohne sozialen Status. Trotzdem wurde sie berühmt. Menschen aus der ganzen Welt, sogar einige europäische Könige, kamen, um sie zu sehen und ihre Meinung zu den Dingen zu hören. Sie hat sich niemals von Grenzen bestimmen lassen. Was könnte großartiger sein, als ein solches Rollenvorbild aus einer Zeit vor über 200 Jahren zu haben?*

**Hast du eigentlich jemals geweint aufgrund deiner Leidenschaft und all der Arbeit, die du ins Projekt gesteckt hast? Hast du jemals daran gezweifelt, dass das, was du machst, richtig ist? Was hat dich motiviert, dann wieder in den Ring zu steigen?**
*Eine wirklich gute Frage, sehr emotional. Du kannst nicht einfach in eine Bibliothek gehen und den Bibliothekar nach einem Buch fragen, das »Wie man Denkmäler errichtet für Dummies« heißt. So etwas gibt es einfach nicht. Und ich habe auch nie zuvor eine Statue errichtet. 85 Prozent der Denkmäler in Großbritannien wurden für Männer errichtet, nur vier Prozent für Frauen. Dagegen wollte ich etwas unternehmen. Ich habe mich an einige Organisationen gewandt, nur um mal zu sehen, ob das mit der Statue eine gute Idee ist. Doch es war furchtbar. Bei jeder Gelegenheit hat ein gewisser Typ mich niedergemacht. Er hat Frauen herablassend behandelt sowie bevormundet und andere dazu angewiesen,*

*sich nicht mit dieser Frau, ihrer Tochter und dem, was sie da planten, einzulassen. Viele Male hätte ich fast eingepackt und aufgegeben. Während der Pandemie verloren wir unser Crowdfunding, das war ein Alptraum. Eine furchtbare Zeit, denn niemand wusste genau, was passieren würde. Andererseits war es eine geniale Zeit, den Stein ins Rollen zu bringen, denn niemand war auf der Arbeit. Jeder konnte auch über andere Dinge nachdenken, zum Beispiel die Wohltätigkeit. Manche Menschen haben sich widerlich benommen und meine Tochter zum Weinen gebracht. Das wiederum brachte mich zum Weinen. Furchtbare Zeiten, aber alles wurde aufgewogen durch das viele Wunderbare, das passiert ist und die vielen wundervollen Menschen, die zusammenfanden. Was mich immer wieder antrieb, war dieses Bild. Wenn ich mir einmal etwas in den Kopf gesetzt habe, stellt sich mir nichts in den Weg. Ich hatte mir vorgestellt, wie Mary aussehen wird, auch im Zusammenspiel mit dem Ort, an dem sie stehen würde. Wenn du dir einmal was in den Kopf gesetzt hast und das Universum darum bittest, dann geschieht es auch. Außerdem komme ich aus Nordengland, und da lautet die Losung stets: »Niemals aufgeben«. Das war mein Antrieb.*

**Ich möchte mein Buch mit Hingabe anreichern – mit Blut, Schweiß und Tränen. Was kannst du aus dieser Perspektive beisteuern? Worin bestanden die größten Hindernisse? Woher kam Hilfe, vielleicht sogar von unerwarteter Seite?**

*Ich bin eine sehr klare, direkte Person ohne versteckte Absichten, und das erwarte ich auch von anderen. Da war es wirklich schockierend, wie viele Menschen aus ihrer Deckung kamen, um ihre eigenen Karrieren voranzutreiben und ihr eigenes Nest zu polstern. Ich möchte nicht behaupten, dass wir berühmt waren, aber wir waren in Presse, Fernsehen sowie den Sozialen Medien vertreten. Diese bringen in manchen Menschen das Schlimmste zum Vorschein. Im Umkehrschluss brachten die Sozialen Medien aber auch all diese wunderbaren Menschen zusammen. Ying und Yang. Fünf Jahre meines Lebens! Wenn mir damals jemand gesagt hätte, wie viele Stunden das alles kosten würde, keine Ahnung. Ich habe bis auf einige Ausnahmen so gut wie alles allein gemacht, jede einzelne Email, die Pressearbeit, die Designs für die T-Shirts. Ja, es war eine Menge Blut, Schweiß und Tränen. Es ist eine Menge der echten, körperlichen Anya Pearson in diesem Denkmal, und ich bin so zufrieden damit, denn genau so soll es sein.*

**Wie hat es sich angefühlt, als du bemerkt hast, welche Eigendynamik das Projekt aufnimmt?**
*Coole Frage! Ich habe vorhin bereits erwähnt: Ich wusste, es wird passieren, daran hatte ich keinen Zweifel. Ich habe es mir bildlich vorgestellt. Ich weiß nicht, wie es bei euch in Deutschland ist, aber bei uns hört man immer wieder: »Jaja, Frauen in diesem bestimmten Alter …« Jetzt gehört man angeblich einer bestimmten Altersgruppe an, die nicht mehr in der Lage ist, neue Horizonte zu erschließen. Es gilt das Motto: »Herzchen, du hast deinen Beitrag geleistet, jetzt ist es an der Zeit, die Klappe zu halten und unsichtbar zu werden.« Viele Menschen meinten im Nachhinein: »Wow, du bist niemals hochgekocht, hast dich niemals einwickeln lassen, hast einfach dein Ding gemacht.«*

**Und wie fühlt es sich an, die Statue anzusehen?**
*Meinen eigenen kleinen Moment hatte ich gut eine Woche vor der offiziellen Enthüllung an Marys 223. Geburtstag. Sie war mit einem riesigen LKW aus der Gießerei in Wales angereist und wurde mit einem Kran an Ort und Stelle abgesetzt. Und da war sie! Genau an dem Ort, an dem ich sie mir so lange vorgestellt hatte.*
*Da habe ich geweint. In die Rührung mischte sich ein Gefühl der Dankbarkeit, dass nun endlich alles vorbei ist. Fünf Jahre meines Lebens! Und gleichzeitig: Willkommen zu Hause, Mary! Hier hättest du eigentlich schon immer sein sollen. Es hätte nicht so ein Kampf sein müssen, nicht so eine Schlacht. Ich habe mich tatsächlich entschuldigt: »Es tut mir leid, dass es so lange gedauert hat. Aber jetzt bist du da, wo du hingehörst, für die nächsten paar hundert Jahre.«*

**Was hältst Du vom Film Ammonite? Wieso war Marys Leben wohl so attraktiv für einen Filmmacher, um daraus eine derart erotische Geschichte zu machen? Wir haben keine Beweise dafür, dass Mary jemals eine Liebesbeziehung hatte, oder?**
*Ich war tatsächlich bei der Premiere dabei – und maßlos enttäuscht. Offensichtlich ein sehr schöner Film, tolle Kostüme, Kate Winslet und Saoirse Ronan sind großartige Schauspielerinnen. Der größte Star aber war die Küste. Alles hübsch gemacht. Toll inszeniert, toll gefilmt. Aber Francis (Lee, Regisseur, Anm. d. A.) hat eine wirklich große Gelegenheit verpasst, beides zu tun. Ich verstehe auch das Bedürfnis Hollywoods nach Romantik und Liebesszenen, das ist in Ordnung.*

*Problematisch fand ich, dass er all die unglaublichen Dinge, die Mary geschafft hat, gar nicht erst angefasst hat. Er hat Mary als diese erbarmungswürdige und niedergeschlagene Persönlichkeit geschrieben, und Kate Winslet hat sie so unterdrückt und unglücklich dargestellt. Doch ich kann mir einfach nicht vorstellen, dass sie in die Kreise der Gewinner eingeladen worden wäre, wäre sie wirklich diese monotone, elende Person gewesen. Die Viktorianer waren sehr eigentümlich, wenn es um Herkunft, Manieren und Etikette ging. Mary muss also einfach einnehmend gewesen sein. Ich finde es seltsam, wie sie im Film portraitiert wird. Aber mein Glas ist immer halb voll. Sehr viele Suchen über* Google, *die unserer Seite viel Verkehr einbrachten, drehten sich um die Frage: »Wer war die ECHTE Mary Anning?« Jede Öffentlichkeit ist gute Öffentlichkeit.*

**Ehrlich gesagt kommen mir beim Gedanken an diese große Frau und dem Anblick ihres Denkmals manchmal die Tränen. Ich fühle mich aus irgendeinem Grund tief mit ihr verbunden. Wir wissen nicht einmal, wie sie wirklich aussah, denn es gibt nicht eine einzige Fotografie von ihr, oder? Ich hoffe zum Beispiel, dass sich Mädchen und Jungen von ihr inspiriert fühlen, selbst in die Medizin zu gehen, um beispielsweise zu Krebs zu forschen, der ja letztlich zu ihrem frühen Tod führte.**
*Ja, auch ich denke sehr oft: Was hätte sie noch alles erreichen können, wenn sie länger gelebt hätte?*

Eins steht fest: Irgendwann werde ich selbst nach Lyme Regis reisen, um mich auf die Fußstapfen der großen Mary Anning zu begeben, selbst dort nach Versteinerungen zu graben und ihr am Denkmal meinen höchsten Respekt aussprechen. Wie einst Mary trotzt es Wind und Wetter, und was glauben Sie: Werde ich ihr wohl Blumen in den Korb legen oder Fossilien?

## »Steine klopfen«: Warum Adam Stuart Smiths Berufsberater Recht behalten sollte

Bleiben wir in England. Dort leben nicht nur Anya Pearson und ihre Tochter Evie, sondern auch der Kurator und Paläontologe Adam Stuart Smith, und zwar in Nottingham. Adam ist ein bemerkenswerter Mensch und aus mindestens drei Gründen für mich besonders: Erstens ist er direkt dafür verantwortlich, dass meine Leidenschaft für die Urzeit noch einmal einen regelrechten Boom erlebte. Im von ihm ins Leben gerufenen »Dino Toy Forum« auf andere erwachsene, wohlwollende Paläo-Nerds zu treffen und mich hier nicht für meine Sehnsucht nach der Urzeit genieren zu müssen, kam für mich einem Erweckungserlebnis gleich.

Zweitens hat Adam als Kurator des Naturkundemuseums in Nottingham ziemlich viel Interessantes zu sagen, unter anderem über die Aufgabe einer solchen Institution für die Gesellschaft.

Und drittens hat er auch noch zwei besondere Kinderbücher auf den Markt gebracht: *The Plesiosaur´s Neck* geht in lustigen Versen und kunterbunten Zeichnungen der Frage nach, wozu die Plesiosaurier ihre verdammt langen Hälse wohl benutzt haben. *The Tyrannosaur´s Feathers* hingegen bringt jungen Leserinnen und Lesern näher, weshalb ein *T.rex* im Flaumkleid gar nicht mal so unwahrscheinlich war.

Die Videoschaltung ins britische Nottingham stand, und über 15 Jahre nach unserem ersten Kontakt im Forum sprachen wir erstmals persönlich miteinander, anstatt uns zu schreiben. Hatten wir uns bis zu diesem Zeitpunkt ausschließlich im »Personalraum« des Forums getroffen, um zu diskutieren, wie wir hitzköpfige Streithähne beruhigen, eitle Selbstdarsteller mäßigen und verfahrene Diskussionen deeskalieren, schauten wir uns nun erstmals in die Augen. Das anfänglich seltsame Gefühl wich rasch einer großen Vertrautheit, die es zum Glück geschafft hat, sich auf das Live-Gespräch zu übertragen. Ein Außenstehender hätte wohl vermutet, dass wir uns schon ewig kennen.

Deutschland und ich waren im Vorweihnachtsstress, draußen regnete es die üblichen sauerländischen Bindfäden. Adam dagegen war die Ruhe selbst. In den darauffolgenden Stunden habe ich nicht nur eine Tüte Schaumzuckererdbeeren und zahlreiche Tassen Kaffee geleert, sondern auch den kompletten Akku meines Smartphones.

Die Liaison von Akademikern wie ihm und Enthusiasten wie mir existiere historisch betrachtet noch nicht allzu lange, eröffnete Adam das Gespräch. Im Gegensatz zu manch anderem, der die Wissenschaft der Dinosaurier lieber weiterhin im Elfenbeinturm betreiben möchte, begrüßte er diese. Nach Ansicht mancher Paläontologen, die er absolut nicht teile, würfen schräge Vögel wie ich ein schlechtes Licht auf den vermeintlichen Ernst der Angelegenheit. Zudem mangele es manchen Wissenschaftlern offenbar an Kreativität und Fantasie. Das wiederum wunderte mich, halte ich doch beide Eigenschaften für unabdingbar in der Forschung. Doch so selbstverständlich sei das nicht, meinte Adam: *»Viele Kollegen und Kolleginnen wählen eher einen beinharten analytischen Ansatz. Sie können wenig mit den Vorstellungswelten anfangen, die unsereins zu kreieren ja gewohnt ist.«*

Von mir wollte er wissen, warum das kindliche Interesse an Dinosauriern irgendwann meistens nachlässt. *»Anfangs existiert womöglich auch eine Art popkultureller Druck, Dinosaurier zu mögen«*, antwortete ich, später lehre die Schule dann die Kreativität aus den Kindern heraus, die es brauche, um die Dinos und die Urgeschichte zu verinnerlichen. *»Wenn einige Jahre später auch noch der Gruppendruck der Gleichaltrigen steigt«*, ergänzte Adam, seien Dinosaurier meistens einfach nicht mehr cool genug. Doch für manche bleibe die Erdgeschichte ein Leben lang grandios. Er führte diese Aussage noch weiter aus.

*»Während die Dinosaurier immer schon konstant hohe wissenschaftliche und populäre Aufmerksamkeit genossen, hat das Interesse an anderen Forschungsgegenständen der Paläontologie immer geschwankt. Mit meinem eigenen Spezialbereich, den Plesiosauriern, langhalsigen, torpedoförmigen Meereslebewesen des Erdmittelalters, beschäftigen sich weltweit vielleicht ein Dutzend Menschen. Angesichts ihrer Rolle in der Erdgeschichte genießen die Dinos wirklich überproportional große Beachtung. So manchem Korallenforscher könnte das zum Beispiel ein Dorn im Auge sein.«*

Nach diesem für sich schon interessanten Einstieg nahm mich Adam, der zu den Plesiosauriern promoviert hat und unter anderem die Gattung *Meyerasaurus* beschrieb, mit in sein Tätigkeitsfeld als Kurator. Nottingham, im Herzen Englands gelegen, blickt mit Stolz auf das 1588 fertig gestellte Gebäude *Wollaton Hall*. Es beherbergt unter anderem ein naturhistorisches Museum, in dem einige der gut 750.000 Objekte einer opulenten Sammlung ausgestellt sind. Und genau für diese ist Adam verantwortlich. Seine Aufgabe besteht darin, aus der gigantischen Zahl der möglichen Dinge diejenigen auszuwählen, aufzubereiten und der Öffentlichkeit zu präsentieren, die er dafür als geeignet betrachtet. Nur 0,2 Prozent der Sammlung sind in den Ausstellungen zu sehen; Adams Ziel ist es, diesen Anteil auf 2,0 Prozent zu erhöhen. Dabei muss er behutsam vorgehen, unter anderem, weil der Anspruch des Publikums sich mit den Jahrzehnten verändert hat. *»Der Fokus dessen, was ein Naturkundemuseum heute leisten muss, hat sich verschoben von der reinen Information und Bildung hin zum Ereignis. Familien nehmen sich einen Tag frei, um etwas zu erleben.«*

Für Adam ist das ein Spagat, denn er will wissenschaftlichen Anspruch nicht zu Gunsten der allgegenwärtigen Erlebnismentalität opfern. Manche Museen, so Adam, liefen längst Gefahr, zu reinen Erlebnisparks zu mutieren. *»Doch wieso mit diesen konkurrieren, wenn es sie doch längst gibt? Unsere Chance liegt viel mehr in den Objekten selbst, die sind unser Alleinstellungsmerkmal. Durch sie fördern wir das staunende Betrachten und vermitteln gleichzeitig das relevante Wissen dazu. Es ist einfach, ein Etikett an etwas zu heften und es in einer Vitrine zu drapieren. Die Herausforderung beginnt, wenn man einen Ansatzpunkt wählen muss, um den herum man seine Gegenstände einordnet und präsentiert. Wir müssen den Besucherinnen und Besuchern das Wissen heute eher durch die Hintertür vermitteln.«*

Bildung im Vorbeigehen, so geht der Trick: Eine Katze mag von Natur aus keinen Senf, doch wenn man ihr welchen ans Fell schmiert, *muss* sie ihn ja ablecken. Ähnlich geht es Adam bei der Vermittlung von Wissen an. Dabei kommt auch er nicht wirklich an den Dinosauriern vorbei. Hatte er bis vor Kurzem für eine neu zu konzipierende Dauerausstellung noch einen Ansatz gewählt, der vom jurassischen Sandstein ausgeht, aus dem *Wollaton Hall* selbst errichtet wurde, sah sich das Museum unversehens mit der großzügigen Schenkung eines Tyrannosaurier-Skeletts konfrontiert. Auch positive Überraschungen sind Überraschungen. Daher war Adam jetzt damit beschäftigt, um diesen als Zentralstück herum eine neue Dauerausstellung zu planen. Das gute Tier heißt »Titus« und schaut gelassen dem Gewusel zu, das um seine Gestalt herum abläuft.

Die neue Ausstellung wird die überaus erfolgreiche Präsentation »Dinosaurs Of China« beerben, die Adam 2017 ins Leben rief. Nottingham kennen wir besonders aus der Geschichte von Robin Hood. Besonders faszinierend finde ich daher, dass Adam die Feder aus Robins Hut zum Erkennungszeichen einer Ausstellung zu den sehr oft befiederten Exponaten aus dem Reich der Mitte erwählt hat – als Bindeglied zwischen der Kulturgeschichte eines Ortes und der Geschichte der Erde.

Adam besetzt gemeinsam mit einer weiteren Kuratorin in Teilzeit eine volle Kuratoren-Stelle. Waren von diesen am Museum bis vor einigen Jahren noch fünf in Vollzeit beschäftigt, eigens verantwortlich zum Beispiel für Bereiche wie Insekten, Pflanzen oder die Geologie, hat sich die Finanzsituation der Museen in England wesentlich verschlechtert.

Unverdrossen von permanenten Budgetkürzungen und dem mangelnden Verständnis der Politik für die Rolle der Naturkundemuseen macht sich Adam jeden Morgen an die Arbeit, um sein Feld zu beackern. Geologie, Botanik und Weichkörperpräparate sind sein tägliches Brot.

*»Ein Kurator muss Generalist sein, ohne den roten Faden zu verlieren. Man kann von etwas auch zu viel wissen und sich dann darin verlieren«*, warnte er mich indirekt davor, mich in meinem eigenen Werk zu verzetteln.

*»Die gesellschaftliche Bedeutung des Kurators liegt in der Aufbereitung und dem Zugänglichmachen von Objekten und Informationen. Dabei achte ich immer auch auf ein ausgewogenes Verhältnis interaktiver, digitaler und analoger Präsentationsformen. Worin liegt der Sinn eines an die Wand geworfenen Filmes, wenn man sich diesen auch bequem auf YouTube anschauen kann?«*, fragte Adam rhetorisch und betonte im Anschluss nochmals den Wert, den es hat, dem Publikum das konkrete Objekt nebst Beobachtungs- und Interpretationsangeboten zu präsentieren. Naturkundemuseen können es, so Adam, längst nicht mehr beim Zeigen belassen. Sie müssen

Besucher auch darin schulen, ein breiteres Bild zu zeichnen, größere Bögen zu denken und über die Rolle des Menschen in der Natur zu reflektieren.

Adam war sich immer bewusst gewesen, dass er Paläontologe werden wollte. Während seine Eltern ihn dabei unterstützten, ohne ihn zu belächeln, entfuhr seinem Berufsberater die Prophezeiung: *»Du wirst niemals davon leben, alte Steine zu spalten.«*

Gewissermaßen sollte er damit Recht behalten, denn Adam ist zwar von Haus aus Paläontologe, hat aber nicht viel Zeit im Feld verbracht. *»Zwei Wochen Montana, einige Zeit in Portugal, soweit zu meinen größeren Felderfahrungen. Ob du es glaubst oder nicht, ein Großteil der Neuentdeckungen wird heutzutage nicht da draußen gemacht, sondern durch das neuerliche Beforschen alter Objekte in Archiven und Schubladen mit frischen wissenschaftlichen Methoden.«*

Magazine und Archive als Steinbrüche neuer Entdeckungen und Erkenntnisse: Das überraschte mich dann doch ein bisschen und beweist einmal mehr, dass Paläontologie alles ist, nur nicht knochentrocken.

*»Ruf mich jederzeit an, wenn du Fragen hast. Oder auch einfach so«*, beendete Adam das Gespräch, nachdem wir noch einige Interna zur Zukunft des »Dinosaur Toy Forum« austauschten und ich mit seiner deutschstämmigen Frau Marlies noch ein paar überschwängliche Worte wechselte. Abschließend schwenkte er seine Kamera durch das Wohnzimmer, in dem der Weihnachtsbaum und einige Deko-Schneemänner freudig auf das Fest warteten. Das Haus war noch im Umzugsstress, und zunächst hatte Adam die Fossiliensammlung seiner Kindheit und Jugend vor dem Kamin abgestellt. Kleine und große Magazinschränke sowie –schubladen, aus denen gelegentlich ein Ammonit heraus lugte:

*»Wahrscheinlich war ich schon immer ein Kurator«*, schmunzelt er zum Abschied.

Während Adam selbst also selten im Feld unterwegs ist und die Erfahrung gemacht hat, dass die besten Entdeckungen im Archiv gemacht werden, haben wir es mit dem nächsten Paläo-Nerd mit einem echten »Draußenkind« zu tun. Er wusste schon recht früh, dass es sein Leben der Erdgeschichte widmen möchte und ist dieser Bestimmung mit bemerkenswerter Zähigkeit gefolgt.

## Simon Felix Zoppe hat ernst gemacht

Als ich Simon zum ersten Mal bat, Teil meines Buches zu werden, steckte er mitten in seiner Doktorarbeit. Unser gemeinsamer Weg war bisher von wenigen, aber dafür recht erfreulichen Begegnungen geprägt. Wir haben uns in einem eher ungewöhnlichen Rahmen kennengelernt. Dazu muss ich kurz ein wenig ausholen:

Als Lehrer für Biologie ist mein bester Freund Basti dafür verantwortlich, im Rahmen eines alljährlich stattfindenden »Tag der offenen Tür« für mögliche neue Schülerinnen und Schüler am Gymnasium der Stadt Lennestadt die Biologie-Station zu organisieren und zu betreuen. Bei einer Rallye durchs Gebäude, bei der es gilt, durch das Lösen kleiner Rätsel Buchstaben für ein Lösungswort zu sammeln, lernen die Grundschülerinnen und Grundschüler Menschen und Möglichkeiten dieser Schule kennen. Es ist Basti ein wichtiges Anliegen, dass die Biologie dabei eine gute Figur macht. Also wird das Tafelsilber aus den Vitrinen geholt und ausgestellt. Lanzettfischchen in Epoxidharz, getrocknete Rocheneier, spannend geformte Schildkrötenpanzer und Kästen voller Schmetterlinge: So wird die Biologie für die potenziellen neuen Schüler und ihre Eltern begreifbar.

In dieser Disziplin kann man nichts verstehen ohne den Grundsatz der Evolution; mithin ist die Biologie-Station ganz im Sinne derselben aufgebaut. Weil auch Basti dabei nicht auf die Dinosaurier als Lockvögel verzichten möchte, lädt er mich seit über zehn Jahren ein, mein kleines »Figuren-Kladogramm« anzubieten.

Figuren- was? Nun, alle Lebewesen auf diesem Planeten lassen sich als Nachfahren einer einzigen Art verstehen. Der Evolutionsbiologe Richard Dawkins spricht von einem Treck, der in der Zeit rückwärts dem gemeinsamen Ursprung entgegenwandert. Zunächst brechen ausschließlich wir Menschen auf, treffen auf die Menschenaffen, begegnen sogleich den übrigen Säugern, schütteln den Reptilien die Hände und so weiter. Am Ende trifft die heitere Reisegruppe auf LUCA, den Sie schon aus Kapitel 5 kennen. Ein sogenanntes Kladogramm stellt diesen Treck auf den Kopf und ähnelt damit eher einem Strauch als einem Flussdelta.

Jedes Jahr im Januar caste ich eine kleine Auswahl meiner Figurensammlung auf ihre Tauglichkeit als Bestandteil dieses Strauches, packe die Auserwählten in einen Wäschekorb und fahre mit den auserkorenen Assistenten auf dem Beifahrersitz zum Gymnasium der Stadt Lennestadt. In mir kribbelt und tost es.

Dann male ich den Strauch zunächst mit dickem Filzstift auf ein zwei Schultische umfassendes Blatt Papier und drapiere darauf allerlei Figuren, die sowohl meinem chaotischen Sammelsurium als auch der straff systematischen Sammlung der Biologieabteilung des Gymnasiums entspringen. Dabei spielt es keine Rolle, ob die Tierart bereits ausgestorben oder ein Goldhähnchen ist. Unter dem jeweiligen Modell notiere ich auf dem Papier grundsätzliche, äußerlich gut erkennbare Merkmale. Bei *Maiasaura*, repräsentiert durch die äußerst gelungene Figur von *Safari inc.* aus den USA, steht da zum Beispiel: »Ich sorgte schon gut für meine Jungen und lief auf vier Beinen.« Unter die Figur des *Australopithecus*, die ein Baby auf dem Arm trägt, vermerke ich fast dasselbe, spreche hier allerdings vom »aufrechten Gang«. Der gelb-schwarze Feuersalamander wurde so auch mal schnell zum BVB-Fan erklärt. Auf diese Weise können die Kids schon einmal den für alle Lebenslagen sehr wichtigen differenzierenden Blick schulen. Der *Andrewsarchus* wiederum, der einer Schwesterngruppe der Walvorfahren angehört und somit als ihr Cousin betrachtet werden kann, wird mit der Notiz: »Ich bin ein Wal auf vier Beinen« versehen. Das erntet später das größte Erstaunen. Vielen ist die Idee, dass Wale ins Wasser »ausgewanderte« Säuger sind, vollkommen fremd.

Durch diese Notiz auf dem Tisch merke ich mir angeblich selbst, welche Figur wo stehen muss, um die Abstammungsgeschichte der Lebewesen korrekt darzustellen. Während die Kleingruppen wechseln, wische ich jedoch sämtliche Figuren in einen Wäschekorb und empfange die Neuen dann mit den Worten: »Oh Schreck, jetzt wollte ich euch hier so schön zeigen, wie ein Stammbaum funktioniert, und jetzt hat die Reinigungskraft doch tatsächlich alles hier runter gepackt. Naja, vielleicht könnt ihr mir kurz helfen. Schaut mal, ich habe mir zum Glück kleine Spickzettel gemacht.« Dann beginnt das große Rennen, und sobald alle Figuren richtig stehen, gibt es den Lösungsbuchstaben der Biologiestation. Ein herrliches Gewusel ist das. Und ein großes »Ooooh«, wenn sich herausstellt, dass eine der Verbindungen auf eine Stelle *außerhalb* der Tischfläche weist, an der meist ein verdutzter Viertklässler komisch aus der Wäsche schaut: »Das bist du.«

Manchmal bleibt zwischen den Kleingruppen nur wenig Zeit. Unter anderem, damit ich beim Zurückräumen der Figuren in den Wäschekorb nicht »erwischt« werde, ist eine Assistenz an meiner Station Gold wert.

Jetzt kommt endlich Simon Felix Zoppe ins Spiel. Jedes Jahr gibt es einen oder zwei Schüler, die Basti mir zur Seite stellt. Sie sind meistens Nerds wie ich, die den Mund in Anwesenheit eines »Dino-Experten« – so steht es augenzwinkernd auf meinem Namensschild – nicht mehr zukriegen. Dabei denke ich selbst noch oft genug, ich sei dieser Bezeichnung nicht würdig und fühle mich halb geschmeichelt, halb verunsichert. Einige meiner Begleiter äußern manchmal den Wunsch, später selbst Paläontologe zu werden.

Einer von ihnen war Simon. Bei ihm allerdings war schon mehr Absicht und Plan als Wunsch zu erkennen. Simon kam als Quereinsteiger aufs Gymnasium, um sein Abitur zu erwerben und ließ schon früh sein großes Interesse an der Paläontologie durchblicken. Außerdem besaß er ein enormes zeichnerisches Talent.[42] Sein *Stegosaurus* zum Beispiel war makellos, bewegte sich elegant und erinnerte mich stilistisch ungelogen an die Zeichnungen des großen Robert T. Bakker. Ein so enormes, unverblümt vorgetragenes Fachwissen war mir noch nie zuvor begegnet. Hier war ein Mitstreiter der Sorte, wie ich sie mir damals durch die Teilnahme an einer Leseraktion des *Stadt Anzeiger* eigentlich erhofft hatte.[43]

Simon und ich verstanden uns auf Anhieb und blind. Uns verband eine tiefe Sehnsucht nach der Urzeit und eine recht eigentümliche Art, anderen unser Wissen zu präsentieren. Als zitierten zwei

Kinofans ununterbrochen Szenen aus *Herr der Ringe* oder *Star Wars* und brächten dabei munter die Sätze des anderen zu Ende. Die Details sprudelten nur so aus ihm heraus und zwischenzeitlich hatte ich mich gefragt, wieso ich da jetzt überhaupt noch stehe.

Fünf Jahre lang war Simon mein Begleiter am Kladogramm für Grundschüler. Er kam auch dann noch vorbei, als er tatsächlich für die Geowissenschaften mit Schwerpunkt Geologie und Paläontologie an der Frankfurter *Goethe-Universität* eingeschrieben war. Basti meldete mir nach den Tagen der offenen Tür stets eine große Zahl von Schüler-Neuanmeldungen zurück und meinte, dies läge nicht zuletzt an dem einwandfreien Duo, das die Biologiestation mitgestaltet habe.

Simons Bestimmtheit und Eindeutigkeit in der Berufswahl sowie die Art, wie er sein Ziel hat, haben mich schwer beeindruckt; sein Weg nötigt mir großen Respekt ab. Ich wollte unbedingt wissen, wo er heute steht. Grund genug also für ein Abendessen! Nach über zehn Jahren sahen wir uns endlich einmal wieder. Die Begrüßung war herzlich und vertraut. Ebenfalls mit von der Partie: Basti!

Drei Herren zwischen 30 und Mitte 40 nahmen also an einem trüben, feuchtkühlen Januarabend Platz im gemütlich-gedämpften hinteren Teil einer schnuckeligen Pizzeria in Lennestadt, um sich in Ruhe dem gepflegten Paläo-Talk zu widmen. Während im Rest der Republik nörgelnde Landwirte Politiker nötigten und sich auch sonst diverse gesellschaftliche Gruppierungen munter von gierig feixenden Großkonzernen und Rechtsnationalen gegeneinander ausspielen ließen, um munter in Wort und Tat aufeinander einzudreschen, verschwanden zwei waschechte Naturwissenschaftler und ein selbsternannter Paläo-Nerd in einer Zeitkapsel, tranken Bier und vertilgten italienische Spezialitäten. Über dreieinhalb Stunden riss ihr Gesprächsfaden nicht ab.

Wer das jetzt angesichts der »drängenden« Probleme da draußen für ein weltfremd zelebriertes Ereignis hält, irrt. Man kann mir gerne unterstellen, mein Eintauchen in vergangene Erdzeitalter sei auch ein Stück weit Weltflucht. Das bedeutet allerdings noch lange nicht, dass die Paläontologie allgemein keinen Bezug zum heutigen Weltgeschehen aufweist.

Im Gegenteil: Man muss sich die Paläontologen heute nicht als verschrobene Gesellen vorstellen, die sonderbare Gesteine und Lebewesen aus dem Berg klopfen, um im Anschluss nervös an ihrem Kinn kratzend in ihren dunklen Kabinetten zu verschwinden. Die Geowissenschaften, zu denen die Disziplinen Geologie und Paläontologie gehören, sind vielmehr eine moderne Wissenschaft, die sich spannender Technologien bedient. Darüber hinaus macht es absolut Sinn, die Entwicklung des Klimas in den Jahrmilliarden unserer Erdgeschichte zu erforschen und die Auswirkungen früherer Klimawandel auf längst untergegangene Ökosysteme zu studieren. Nur wer weiß, wie es einmal war, kann ahnen, wie es einmal werden wird. Eskapismus schön und gut, doch war schon damals längst nicht alles paradiesisch. Das weiß kaum jemand besser als Simon selbst. Als Absolvent der *Goethe-Universität* in Frankfurt am Main befasste er sich in seiner Doktorarbeit mit einem hochaktuellen Thema. Als Simon für uns sein Forschungsgebiet genauer umriss, ist mir, als stünden wir wieder gemeinsam an unserer Biologie-Station. Lediglich das Thema hatte sich verändert, vom einfachen »welcher Dino ist cooler«-Talk hin zu differenzierter Wissenschaft. Während Simon unübersehbar seine Tortellini genoss, referierte er:

*»Meine Promotion geht tatsächlich gar nicht weit in der Zeit zurück. Ich beschäftige mich im Schwerpunkt mit der Skelett-Wachstumsgeschichte von modernen Steinkorallen aus dem Barriere- und Atollriff-System in Belize, Mittelamerika. Hierbei untersuchen wir analytisch, unter anderem mit einer Methodik aus der Nuklearphysik, Bohrkerne aus massiven Korallenskeletten. Diese weisen – ähnlich wie Bäume – eine jährliche Bänderung auf, sodass man anhand dieser eine biologische Wachstums-Chronologie aufsetzen kann. Die Erforschung dieser Zeitzeugen ist zum Beispiel von Bedeutung für die Verwendbarkeit dieser Lebewesen als biologische Paläoumweltarchive. Besonders von der aktuellen Klimaerwärmung sind Korallenriffe weltweit stark betroffen. Viele der Korallen stehen leider auch schon auf der Roten Liste der ›International Union for Conservation of Nature‹. Unsere Daten zur Wachstumsgeschichte können somit auch dabei helfen, ihren Schutz zukünftig besser zu bewerkstelligen.«*

Auch ich fühlte mich der See in diesem Moment sehr verbunden, denn ich hatte Spaghetti mit Meeresfrüchten bestellt. Während ich mir diese genüsslich zuführte, warfen Basti und ich uns immer wieder baff erstaunte Blicke zu.

*»Erst Ende Oktober 2023 konnte ich meine zweite Promotionsarbeit veröffentlichen, die sich genau mit der Analyse der Wachstums-Chronologie einer wichtigen Korallenart im westlichen Atlantik, dem Golf von Mexiko und der Karibik – der Bergigen Sternkoralle, lateinisch Orbicella faveolata – beschäftigte. Die Arbeit ist in der Fachzeitschrift Journal of Quaternary Science erschienen. Neben diesen sehr aktualistischen Arbeiten, die man auch als Aktuopaläontologie oder Quartär-Paläontologie bezeichnen kann, bleibe ich der tiefen Erdgeschichte aber weiterhin treu und beschäftigte mich in weiteren Forschungsarbeiten auch insbesondere mit der fossilen Lebewelt des Devon-Erdzeitalters. Dabei ist unsere Heimat, das Sauerland, für mich besonders interessant. Auch hier hat es damals gigantische Riff-Ökosysteme gegeben. Besonders das Hönnetal in direkter Nachbarschaft zum ›Saurierfriedhof‹ Balve ist für mich von besonderem Interesse. Die riffbildenden und riffbewohnenden Lebewesen sind tolle Studienobjekte.«*

Simon ist mit der Bezeichnung »Paläo-Nerd« durchaus einverstanden. Seien Sie mir bitte nicht böse, wenn ich Ihnen nicht exakter darstelle, welche physikalische Methodik genau Simon bei der angesprochenen Analyse der Korallenskelette anwendet. Wenn ich ehrlich bin, habe ich das selbst nicht ganz verstanden. Doch nur, weil man Fan eines Fußballers und des Fußballs ist, muss man ja nicht gleich selbst sämtliche Dribbling-Techniken und taktische Aufstellungen kennen und beherrschen. Eines aber steht fest: Simon hatte im Vorbeigehen erörtert, wie relevant die Paläontologie auch für zeitgenössische Probleme sein kann. Die Offenheit, mit der wir miteinander redeten, brachte ihn auch dazu, einige Schattenseiten des Berufes anzusprechen:

*»Ich bin diese Leiter mühevoll hochgeklettert, so wie man manchmal im Gelände nach Fossilien suchend ziemlich kraxeln muss. Was sich demnächst mit meinem Doktortitel nun genau für mich ergibt, ist noch ungewiss. Es gibt da einerseits den Stellenmangel in Forschung und Lehre, meist sind es auch befristete Anstellungen, andererseits ist es für viele schwierig, dahingehend einen derartigen Beruf mit einem geregelten Familienleben in Einklang zu bringen. Von den 200*

*Erstsemestern, die mit mir begonnen haben, sind heute maximal noch zehn konkret in den Geowissenschaften tätig.«*[44]

Dabei verabschiedeten sich überproportional viele Frauen aus der paläontologischen Arbeitswelt. Wenn das Mary Anning wüsste!

Neben seiner Doktorarbeit ist Simon ehrenamtlich für zwei Institutionen im Dienst. Er unterstützt die Bodendenkmalpflege des Landschaftsverbandes Westfalen-Lippe. Hier wird er beispielsweise konsultiert, wenn irgendwo im Zuständigkeitsgebiet neue Orte mit Fossilien entdeckt werden. In der Paläontologischen Gesellschaft tritt er beispielsweise auf den Plan, wenn ein junger, wissensdurstiger Schulabsolvent, wie er damals einer war, sich Gedanken über ein mögliches Studium der Geologie oder Paläontologie macht. Simon hilft, die Vorstellungen zu konkretisieren, stellt das Berufsfeld sowie die möglichen Forschungsfelder vor und zeichnet ein realistisches Bild des Fachgebietes.

Mit jeder Pore lebt und atmet er die Paläontologie. Vor 30 Jahren hat ihn die *Jurassic Park*-Welle mitgerissen, seitdem schwimmt er erfolgreich im paläontologischen Mahlstrom und hat sein Hobby zur Berufung gemacht.

Plötzlich nestelte er in seiner Tasche und legte ein mysteriöses, in Küchenkrepp eingewickeltes Stück neben den mittlerweile leeren Teller. Er hatte seinen allerersten Fund mitgebracht, einen Stein aus einem Bachbett im tiefsten Sauerland, in dem sowohl einige »Scheiben« Seelilie als auch eine kleine Turmschnecke fossilisiert ist. Das Handstück war vom Bach und dem vielen Hin- und Herwiegen in Simons Forscherhänden abgeschliffen und mittlerweile ganz klar zu einem Talisman geworden[45]. Das Pärchen am Nebentisch staunte nicht schlecht, als wir drei uns wie enthusiastische Professoren mit einer Taschenlupe über das Handstück hermachten und uns Sätze zuwarfen wie: *»Wo genau ist denn jetzt die Schnecke?«* und *»Ah ja, hier ist der Trochit besonders gut erhalten.«*

Seine Leidenschaft für die Paläo-Kunst möchte Simon sich nicht von seinen Pflicht- und Ehrenamtsaufgaben verschütten lassen. Sein letztes Werk, die Darstellung eines Höhlenbären für das Museum der Stadt Menden, sei zwar schon länger her. Aber sein Blick veränderte sich, während er Basti und mir erzählte, was ihm vorschwebte: Eine Art Wandbild einer ganzen Herde von Iguanodonten, basierend auf den Ausgrabungen in Brilon-Nehden oder Balve-Beckum. Zahlreiche weitere Entwürfe und Skizzen warteten nur noch darauf, realisiert zu werden. So beispielsweise die im Meer lebenden »Seedrachen« des Erdmittelalters, wie die von Mary Anning entdeckte »Paddelechse« *Plesiosaurus dolichodeirus*. Klar ist: Simon wollte seine Darstellungen vorzeitlichen Lebens wieder aufgreifen und dabei das hohe Maß an Genauigkeit und Ansprechbarkeit erreichen, das bereits seine ersten Arbeiten auszeichnete. Als hätte er eine Marke zurücklassen wollen, ziert die Biologiesammlung des Gymnasiums der Stadt Lennestadt noch heute sein Bild eines *Spinosaurus*. Bei jedem neuen Tag der offenen Tür wird es der an einer Wäscheleine quer durch den Raum angeklammerten Zeitleiste der Erdgeschichte hinzugefügt, um neue Nachwuchspaläontologen zu inspirieren. Künftige Schülergenerationen werden darauf blicken und vielleicht wird der eine oder die andere sich entschließen, in Simons Fußstapfen zu treten. Ich bin jedenfalls schon heute gespannt, welchen Nachwuchs-Nerd mir Basti beim nächsten Tag der offenen Tür an die Seite stellt.

Der Abend neigte sich dem Ende zu. Obwohl die Welt Kopf stand, war Simon der Fokus in Person, ein echter Glücksfall für die Forschung. Als wollte er eine Kirsche auf die Sahnetorte dieses Abends setzen, kam er zum Ende noch auf seine Exkursionen zu bedeutenden Wirbeltier-Fundstellen in der kanadischen Provinz Nova Scotia[46] und im Norden Chinas zu sprechen. In Liaoning, wo vor mittlerweile 28 Jahren der *Sinosauropteryx*, der nach *Archaeopteryx* zweite nachweislich befiederte Dinosaurier, gefunden wurde, wurden im Rahmen eines Sommerschulprogramms 2018 die Zelte aufgeschlagen. Während wir uns seine Fotos von sehr detailreich versteinerten Reptilien anschauten, träumten wir uns noch einmal davon in die fernen Zeitalter, in denen die Welt noch ihnen allein gehörte.

Doch wie wir jetzt wissen, hat die Paläontologie dieser Tage wesentlich mehr zu bieten als ungehemmt flottierende Fantasien von Flucht und Abenteuer. Sie hat sich zu einem hochmodernen Forschungsfeld entwickelt, das zu unseren Ursprüngen ebenso viel beizutragen hat wie zu unserer Zukunft. Eine Erkenntnis, die so auch unser nächster Paläo-Nerd unterschreiben würde – wenngleich er die Bezeichnung für sich so nicht mag und einen besseren Vorschlag in petto hat.

## »Es ist kein einfacher Brotjob« – wie Dr. Achim Schwermann über die Paläontologie denkt

Achim Schwermann ist Paläontologe am LWL-Naturkundemuseum in Münster. In seiner Funktion ist er verantwortlich für Teile der Bodendenkmalpflege in einem Sektor Nordrhein-Westfalens, plant aber auch Sonderausstellungen und erfasst sowie kuratiert Teile der enormen Fossiliensammlung des Museums. Dazu leitet Achim die Grabungen nach Fossilien aus der Unterkreidezeit bei Balve.

Von Anfang an hat er sich auf meine Schwärmerei hin nicht in den Elfenbeinturm zurückgezogen, sondern bezog mich immer auf Augenhöhe in die Prozesse mit ein – so wie natürlich den Rest seines Grabungsteams auch, allen voran den technischen Grabungsleiter Jerome Gores, der mit einer fast übernatürlichen Energie in Balve Schmutz, Wind und Wetter trotzt. Ich erinnere mich noch gut an einen späten Nachmittag in der in Kapitel 3 beschriebenen Felswand. Während es die meisten längst nach einem Feierabendbier dürstete, wühlte Jerome noch eine gute Stunde mit allen erdenklichen Grob- und Feinwerkzeugen im Ton und schuf dabei fast in Eigenregie eine gefühlte Tonne Umgebungsgestein weg. Wir Umstehenden konnten uns bloß erstaunte Blicke zuwerfen, hin und wieder zur Seite treten und allenfalls dadurch unterstützen, dass wir Jerome, Assistenten bei einer chirurgischen Operation ähnlich, diverse Werkzeuge anreichten. Statt »Skalpell, Tupfer, Feinsäge« fragte Jerome allerdings nach »Spitzhacke, Spaten« oder »Ziegenfuß« und gab nicht eher Ruhe, bis er dem Steinbruch die angepeilte Menge Ton und Gestein abgetrotzt hatte.

Achim Schwermann dagegen ist nicht die gesamte Grabungsdauer über vor Ort. Er pendelt als Bindeglied und Logistikspezialist zwischen Münster und Balve hin und her, koordiniert das Ganze, erschließt und verwaltet die finanziellen Mittel und hält am Ende als Verantwortlicher für fast alles den Kopf hin.

In der eigenartigen Zeit, die man gemeinhin »zwischen den Jahren« nennt, fanden wir nach einem für uns beide fesselnden Jahr endlich die Muße, uns eingehender zu unterhalten. Obwohl wir uns da schon einige Jahre kannten, gab das springende, kindliche Äffchen in meinem Kopf, nennen wir es »Mr. Monkey«, keine Ruhe. Doch ich hatte es zum Glück ganz gut im Griff, sodass Achim nichts mitbekam … In der nachfolgenden Transkription des Gesprächs kommt es jedoch auch zu Wort. Ich bitte Sie, Mr. Monkey nicht immer allzu ernst zu nehmen.

Mr. Monkey: *»Ein echter Paläontologe! Aus Münster! Aus dem Museum! Mit den Dreihörnern davor! Hallo?! Ich mache mir gleich in die Hose. Los, Stefan, zeig ihm, was du drauf hast! Verbock es nicht! Fall aber bitte nicht mit der Tür ins Haus, hörst du? Und bloß nicht zu viele Fragen auf einmal! Nein, warte! Frag ihn alles! Direkt! Jetzt!«*

Stefan: **»Hi Achim, vielen Dank, dass du mitmachst! Wie hat dich die Urzeit für sich gewonnen? Wann bist du erstmals darauf gekommen, dass die Erde älter ist als du selbst und was hat das mit dir gemacht? Welche Dynamik führte zu deiner Studienentscheidung? Stieß sie auf unmittelbares Verständnis oder gab es Widerstände?«**

Achim: »Für mich waren es sicherlich die Dinos, die schon früh eine große Anziehungskraft auf mich hatten. Zu der Zeit diskutierte man noch, ob Vögel wohl von Dinos abstammen oder nicht. Ich erinnere mich immer noch ein eine entsprechende Stelle in einer Doku, die ich in Kinderjahren mehrfach gesehen habe. Da wurde mit zwei Sätzen dieses Thema in den Raum gestellt und war damals für mich eine faszinierende Vorstellung: Dinos sind nicht ausgestorben – nicht alle.«

Mr. Monkey: *»Das mit den Vögeln weiß doch heute jedes Kind. Oder wollen wir einfach nicht wahrhaben, dass die Dinos endgültig tot sind und klammern uns* *nun wie Ertrinkende an den Strohhalm, dass sich die kleinen Fleischfresser zu Vögeln entwickelt haben? Frag ihn das! Fordere ihn ein bisschen heraus! Vielleicht denkt er ja längst, du hast keine Ahnung von Dinosauriern. Ach, was bin ich aufgeregt! Was sagt er wohl als nächstes?!«*

Achim: »Dinos waren also faszinierend für mich. Dass sie in der ›Urzeit‹ gelebt haben, war dabei auch spannend, aber eher Beiwerk. Erst im Laufe des Studiums der Geologie …«

Mr. Monkey: *»… das du, Stefan, nicht antreten wolltest …«*

Achim: »… habe ich mich vermehrt auch für andere ausgestorbene Organismen interessiert. Das Thema der Urzeit ist daher für mich erst im Laufe der Jahre immer interessanter geworden. Eine Entwicklung, die sicherlich immer noch anhält. Was man zunächst als Hindernis sehen könnte – die Urzeit ist vorbei und schlecht greifbar – sehe ich mittlerweile als zusätzliche Dimension. Das Thema Zeit ist für die Geologie ja sehr wichtig. Und als Geologie gewöhnt man sich daran, dass man in vier Dimensionen denkt, da geographische Punkte sich über den Verlauf der Erdgeschichte verändern. Sie verschieben sich auf dem Globus und erfahren unterschiedlichste Einwirkungen. Als Geologe muss man also nicht nur die Lage sein, auf dem Globus die Höhe oder Tiefe über dem Meeresspiegel zu bedenken, sondern auch, wo dieser Punkt zu welcher Zeit gewesen ist. Das ist etwas, was die Forschung an ›urzeitlichen‹ Organismen deutlich von der Biologie an heutigen Lebewesen unterscheidet. Während die sogenannte Rezentbiologie genug mit dem Ist-Zustand zu tun hat, versucht der Paläontologe, die spärlichen Reste, die von organischem Leben überliefert worden sind, auf der Zeitschiene zu betrachten. So ergeben sich nicht selten sehr unterschiedliche und sich ergänzende Betrachtungsweisen.«

Mr. Monkey: *»Also Längengrad, Breitengrad und Höhe bzw. Tiefe über NN. Wie bei einem Koordinatensystem mit einer dritten Achse? Plus Plattentektonik, Auffaltung, Erosion und solche Sachen. Dazu noch der Zeitstrahl, der aber* *nicht zu diesem Koordinatensystem passt, sondern für sich steht. Verstehe ich das richtig? Mir wird ganz schwindelig. Stur nicken und grinsen! Stur nicken und grinsen!«*

Achim: »An eine konkrete Erkenntnis über das Alter der Erde kann ich mich nicht erinnern. Ich erfreue mich heute vielmehr an der Vielfalt der Erdgeschichte und wie man in ihr vor und zurück denken kann und muss.«

Mr. Monkey: *»Ja, Vielfalt, genau! Wow, was da so alles kreuchte und fleuchte! Los, frag ihn mal nach Dilong paradoxus und lass ihn direkt wissen, dass du weißt, dass die ersten Tyrannosaurier noch drei Finger hatten.«*

Achim: »Mich haben die Dinosaurier fasziniert, seitdem ich meine erste Dinoausstellung in einem Museum in Denekamp besucht habe. Das muss Anfang der 90er gewesen sein, noch vor dem großen *Jurassic Park*-Boom, glaube ich.

Mr. Monkey: *»Wenn der wüsste, dass du mal als Jurassic Park – Experte in der Zeitung warst!«*

Achim: »Wir haben einen Familienausflug gemacht und besuchten das Museum, gingen durch einen Ausgang und standen auf einmal in einem großen Zelt! Vor uns ragten diese riesigen Skelette in die Höhe. Vielleicht war vorher schon Interesse an diesen Tieren da, aber spätestens ab dem Punkt war es um mich geschehen. In Denekamp durfte man auch einen Dinoknochen anfassen. Als ›Beweis‹ gab es damals einen Aufkleber, den ich seither hüte wie einen Schatz.«

Mr. Monkey: *»Ach süß, er steht auf Andenken. Sonst wirkt er immer so sachlich. Jetzt sagt er am besten noch, er wollte schon seit der Grundschule mit Dinos arbeiten, oder was?«*

Achim: »Ich wollte also eigentlich seit Grundschulzeiten mit Dinos arbeiten. Ein Praktikum im Naturkundemuseum in Münster zeigte mir, dass ich zwar gerne praktisch mit Fossilien arbeite, aber die Präparation hatte mich nicht gefesselt. Ich wollte mehr wissen und habe mich daher für das Studium der Geologie in Münster eingeschrieben. Dort wurde dann allerdings deutlich, dass ich nicht mit fossilen Wirbeltieren arbeiten könnte, weil keine entsprechenden Forschungen in Münster stattgefunden haben. Also entschloss ich mich für einen Wechsel an die Uni Bonn – eine der Hochburgen für paläontologische Studien und Forschung in Deutschland. Rückblickend war das absolut die richtige Wahl. Dabei hatte ich übrigens immer die vollste Unterstützung meiner Eltern. Das betrifft nicht nur das Studium, sondern auch viele Familienausflüge und –urlaube, die mitunter doch recht fossilienlastig waren …«

Mr. Monkey: *»Ha, wer kennt es nicht, das Kind, das seine Eltern durchs Museum zieht? Frag ihn mal, ob es einen gewissen Punkt gibt, an dem sich der ›Paläo-Nerd-und-späterer-Forscher-Weizen‹ von der ›Läppischen Dinophasen-Spreu‹ trennt. Warte, drück es zurückhaltender aus! «*

Stefan: »**An welcher Stelle entscheidet sich deiner Ansicht nach, ob jemand sein Leben mit der Erdgeschichte verbringt oder ob er das Interesse an ihr wieder verliert?**«

Achim: »Das sind sicherlich zwei Punkte. Bei dem ersten handelt es sich um die groß gewordenen ›Dinokinder‹. Ich kenne etliche Kollegen, die von sich behaupten, dass es immer ihr Herzenswunsch war, mit Dinosauriern und oder Fossilien zu arbeiten. Die ›Dinophase‹ kann man regelmäßig auch in Kindergärten beobachten. Ich kenne es von unseren Kindern und auch von den Zuschriften der verschiedenen Kindergärten, die mich immer mal wieder erreichen. Bei den meisten ›verwächst‹ sich das wieder, sodass nur in Ausnahmefällen Kinder ihre Faszination für Dinos, Urzeit und Erdgeschichte kontinuierlich verfolgen. Mit dem Beginn des Studiums relativiert sich ihr Anteil dann wieder: Auf einmal trifft man auf Gleichgesinnte, die vorher auch ziemlich frei im Raum standen.«

Mr. Monkey: *»Na los, erzähl ihm schon, dass du zur Kindheit des Paläo-Nerds längst ein eigenes Kapitel im Kasten hast! Berichte ihm von Birk und Gabi! Was er über den Beginn des Studiums sagt, ist allerdings wirklich erstaunlich. Sitzen die Erstsemester dann in einem Stuhlkreis, wo jeder sagt: ›Hallo, ich bin der Gustl, ich mag Dinosaurier und studiere Geologie‹? Halt, stopp, unterbreche ihn jetzt lieber nicht! Der denkt ja noch, du bist bekloppt!«*

Achim: »Die zweite Requirierungsphase für die Erdgeschichte ist sicherlich die postpubertäre Phase. Etwa durch Fossiliensammeln oder durch ein Studium der Geologie oder Biologie. Als studierter Geologie kann ich feststellen, dass dieser Weg auch eine Faszination für Fossilien und Erdgeschichte zur Folge haben kann.«

Mr. Monkey: *»Das finde ich wirklich spannend. Dir ging es doch genauso. Frag ihn nach seinen Idolen. Ein Idol auf seine Idole abklopfen, das machen Musikjournalisten doch auch immer.«*

Stefan: »**Welche persönlichen Vorbilder hast du in Bezug auf deinen Beruf? Welchen Paläontologen bewunderst du?**«

Achim: »Meine Kindheit war auf jeden Fall durch einen Vierteiler für Dinosaurier geprägt.«

Mr. Monkey: *»Ich flippe aus! Das war bei dir genauso! Du sprichst zwar immer von Zallingers Ausklappbild im Buch Die Welt, in der wir leben in Opas Wohnzimmer, aber ja, da war dieser Vierteiler! Wow, Flashback.«*

Achim: »Darin spielte David Norman eine große Rolle. Ich habe mich damals sehr gefreut, als ich das passende Buch zur Doku entdeckt habe. Auch an Jack Horner und Bob Bakker kann ich mich gut erinnern. Es war faszinierend, diesen Leuten dann einige Jahre später auf Tagungen zu begegnen oder sich heute fachlich-freundliche Mails hin- und herzuschreiben. Es ist heute wohl eher ein Gemenge an Forschern, die ich sehr schätze und die ich auch teilweise als Vorbild sehe. Jeder hat seine Spezialgebiete und seine Fähigkeiten. Ich kann mich sehr daran freuen, wenn ich die Erzählungen der heroischen Fossiliensammler des 19. Jahrhunderts lese. Genauso blicke ich zu Forschern auf, die heute immer wieder neue Ideen, Ansätze und Methoden erarbeiten.«

Mr. Monkey: *»Schröder, lass Namen fallen! Oliver Wings, Armin Schmitt, Rainer Schoch, Ulrich Joger, Nils Knötschke: Lass ihn wissen, dass du zumindest schon mal die Namen kennst und teilweise sogar weißt, woran sie arbeiten!«*

Stefan: »**Wie bewertest du die ungebrochene Popularität der Dinosaurier? Welche Wechselwirkungen zwischen Popkultur und Wissenschaft erkennst du? Haben andere prähistorischen Tiergruppen an Popularität gewonnen? Ich zum Beispiel schaue ja in letzter Zeit immer wieder erstaunt auch ins Perm- und Triaszeitalter.**«

Mr. Monkey: *»Ja toll, jetzt lässt du hier auf einmal den Soziologen raushängen. Merkst du selbst, oder?«*

Achim: »Ich würde nicht von ungebrochener Popularität sprechen. Gerade die Dinosaurier hatten eine jahrzehntelange Durststrecke. Erst mit dem Ende der 70er, Anfang der 80er Jahre, der sogenannten Renaissance der Dinos, sind sie wieder sehr in das allgemeine Blickfeld gerückt. Und da ist sicherlich auch die größte Wechselwirkung zu suchen. Man hat zu der Zeit begonnen, Dinosaurier nicht nur nach Art und Gattung zu betrachten, sondern mehr und mehr als organische Wesen, die ein Teil ihrer Zeit waren, eine Evolution erlebt haben, die wirklich gelebt haben und gestorben sind. Sehr reduziert gesagt ist aus dem Briefmarkensammeln eine Faszination an einem Tier entstanden. Und das war sicherlich grundlegend für die Entstehung von *Jurassic Park*, dem großen Katalysator.«

Mr. Monkey: *»Katalysator! Was für ein treffender Begriff! Bist du selbst nicht drauf gekommen. Lass dir nichts anmerken. Bleib seriös!«*

Achim: »Buch und Film kann ich übrigens immer wieder lesen und sehen. Die Idee ist faszinierend, auch wenn wir wissen, dass es so nicht funktioniert. Das breite Interesse an diesem Buch/Film hat uns dann die tollen Filme beschert.«

Mr. Monkey: *»Zeig mal Kante jetzt! Sag ihm, dass du wirklich nur auf den ersten Film aus dem* Jurassic Park*–Franchise stehst und findest, der Rest sind laue Aufgüsse, na los!«*

Achim: »Auch wenn die Story nach dem ›Original‹ immer fraglicher wird, so können doch allein die Bilder von bewegten Dinosauriern total begeistern. Als Forscher schaue ich auf Knochen und Zähne und versuche konservativ über diese Funde zu denken. Als Forscher muss man das auch tun. Ich kann mich aber auch an der Interpretation der Paläo-Künstler und Filmemacher freuen. Denn dann sehe ich auf einmal diese Tiere, die ich sonst nur als kleine braune oder schwarze Knochenbrösel kenne.

Hinter den Dinos tut sich dann aber ein großes Loch auf. Klar, der ›Beifang‹ der marinen Reptilien ist immer noch schnell dabei, genauso wie die Flugsaurier. Aber der Sprung über die Grenzen des Mesozoikums, ja allein über die Grenzen der Dinosaurier, ist dann scheinbar doch schwierig. Über alle Organismen kann man spannende Geschichten erzählen. Hinter vielen Fossilien verbergen sich absolut faszinierende Einblicke in die Erdgeschichte. Sie zeigen uns ein Bild von Katastrophen, von Leben und Sterben und von gaaaaanz langen Zeiträumen. Warum gibt es keinen Trilobiten-Hype? Ich weiß es nicht. Vielleicht kommt er noch …?«

Mr. Monkey: *»Sag ihm, dass du glaubst, Trilobiten erinnern uns zu sehr an Kellerasseln und Silberfischchen, aber Dinosaurier liefen zweibeinig und hatten Pupillen – wie wir! Oder bleib so seriös!«*

Stefan: »**Woran liegt es, dass die paläontologischen Sammlungen und lokale Museen deutschlandweit unter Geld- und**

**Personalmangel leiden, wo doch die Verrücktheit nach der Erdgeschichte nach wie vor ungebrochen scheint?«**

Achim: »Die Arbeit in Sammlungen und Museen steht häufig in krassem Gegensatz zum populären Bild der Paläontologie. Wir haben viele Fossilien in den Sammlungen, wir haben viele Fundstellen, die eigentlich Aufmerksamkeit und Ausgrabungen bräuchten, aber das sind ganz viele Fleißarbeiten. Du hast ja selbst erfahren, wie langatmig die Ausgrabung in Balve ist. Da braucht man Sitzfleisch, bis man mal gute Funde entdeckt. Und das ist ja nur der Beginn einer Reihe von Arbeiten, die für eine solche Forschung und Ausgrabung erledigt werden müssen. Ich arbeite schon seit Anfang Januar zum Beispiel an der organisatorischen Vorbereitung der nächsten Grabungssaison. Wir sind noch Monate davon entfernt. Genauso muss nach der Grabung viel Arbeit in die Präparation fließen. Und dann fängt die eigentliche Forschung erst an! Genauso arbeitsintensiv ist die Sammlungsarbeit. Das alleinige Vorhandensein von zigtausend Fossilien ist nicht genug. Es ist die große Herausforderung dieser Zeit, dass wir diese Fossilien auch erschließen müssen. Unsere Sammlung ist beispielsweise so groß, dass man darin nicht nach bestimmten Fossilien suchen kann. Dafür müssen sie erfasst und verstandortet werden. Das ist also sozusagen ein Service für die eigentliche Forschungsarbeit. Ohne geht es nicht. Aber mit dieser Arbeit kann man keine Lorbeeren ernten. Den Gewinn sieht man erst Jahre später. Da muss man also gut argumentieren, um Mittel für solche Fleißarbeiten zu beschaffen.«

Mr. Monkey: »*Sehr spannend! Ich sehe ein, es lohnt sich, die Leute auch mal ausreden zu lassen. Aber jetzt geh aufs Ganze! Benutze den Nerd-Begriff. Tu es!*«

Stefan: »**Findest du, du bist selbst ein ›Nerd‹«? Welche andere Bezeichnung für deine Art von Leidenschaft würdest du gegebenenfalls wählen? Trifft es ›Geek‹, ›Freak‹ oder etwas anderes womöglich besser?«**

Achim: »Wenn ich nicht eines davon aussuchen muss, dann würde ich es vielleicht eher als ›Genießer‹ beschreiben. Ich habe das große Glück, dass ich in dem Fach arbeiten kann, das mir viel Freude bereitet. Die Grenze zwischen Arbeit und Interesse ist absolut fließend. Ein Blick auf den Bücherstapel auf meinem Nachttisch würde das vermutlich deutlich machen.«

Stefan: »**Befeuern sich populäres Interesse und wissenschaftliche paläontologische Forschung immer wieder gegenseitig?**«

Achim: »Paläokünstler nehmen gerne ganz aktuelle Forschungsergebnisse auf, um ihre Bilder mit Leben zu füllen. Das kann gut dazu führen, dass einzelne Themen auf einmal einen Hype erfahren. Man redet viel über ein Thema, man forscht viel daran, vielleicht, weil man gerade mit einem aktuellen Thema auch gut Forschungsgelder einwerben kann, und produziert so wieder neues ›Futter‹ für breit verständliche Ergebnisse und Bilder.«

Mr. Monkey: »*Ja, an dem Thema Geld kommt man nicht vorbei. Nirgends. Der Romantiker in dir ist tief gekränkt, oder? Wetten, du haust jetzt aus purem Trotz die Romantikfrage raus?*«

Stefan: »**Wie romantisch ist der Alltag eines Paläontologen wirklich?**«

Achim: »Häufig ist das viel weniger romantisch als gedacht. Wenn ich für mich spreche, dann geht es mir sicherlich wie vielen anderen Leuten auch: Man hat ein übervolles Postfach und jede Menge Fleißarbeiten, die einfach gemacht werden müssen, damit das Geschäft läuft. Die Highlights sind für mich die Geländearbeiten. Ich bin in der Sonderposition, dass ich als Paläontologe nicht mehr an einer speziellen Organismengruppe arbeite, sondern als paläontologischer Bodendenkmalpfleger für ein Gebiet zuständig bin. Da kommen immer wieder Fossilien vor, mit denen ich vorher nichts zu tun hatte. Es gibt also immer wieder neue Herausforderungen.«

Stefan: »**Wem würdest du eine berufliche Karriere in diesem Bereich empfehlen, wem eher nicht?**«

Achim: »Die Karriere in der Paläontologie kann man guten Gewissens kaum jemandem empfehlen. Dafür sind die Stellen einfach zu selten. Ich habe schon viele Fachkollegen, wirklich gute Leute, gesehen, die sich heute mit irgendwelchen Jobs über Wasser halten müssen und nicht mehr in der Forschung tätig sind, weil sie einfach keine feste Position erhalten konnten. Diesen Weg kann ich also nur denjenigen empfehlen, die dieses Fach leben. Es ist kein einfacher Brotjob.«

Mr. Monkey: »*Da haben es die ehrenamtlichen und die Hobby-Jäger und –sammler häufig einfacher, weil sie ihre Leidenschaft nicht mit der Kohle verbinden müssen, außer, sie befassen sich mit dem Karbon, haha!*«

Stefan: »**Welche Frage zu deinem Beruf hast du noch nie bekommen, würdest du aber sehr gerne einmal beantworten?**«

Achim: »Ich habe schon häufig darüber nachgedacht, ob es nicht so wirken könnte, als müsste Paläontologie sehr frustrierend sein. Man arbeitet ja häufig wirklich mit den letzten Resten von sehr komplexen Lebewesen. Wie viele Dinosaurier kennen wir beispielsweise allein aus jeweils nur einem Fund, womöglich sogar nur durch einen Knochen? Es scheint fast so, als hätte man ein 10.000 Teile Puzzle, von dem weniger als zehn Teile übrig sind. Und die sind dann auch noch kaputt! Aber das macht für mich eigentlich den Reiz des Faches aus. Wir arbeiten mit allen möglichen Methoden und mit ganz viel Denkleistung daran, aus diesen wirklich spärlichen Resten noch etwas zu machen. Und das Erstaunliche ist, dass es gelingt! Wenn wir hier wieder zu den Dinos schauen: Jedes Dinosaurierbuch oder Ähnliches beruht (hoffentlich!) zu einem Großteil auf der Leistung der Paläontologie. Sie stellt uns immer wieder vor Herausforderungen, denen man mit Improvisation, Technik, Networking und reinster Wissenschaft begegnet. Und zum Glück gibt es immer noch Kollegen, die im Gelände immer wieder neue Fossilien entdecken. Jeder Tag kann die nächste Sensation bringen.«

Gibt es Zufälle? Ausgerechnet am Tag, an dem ich das Kapitel zu Achim fertigstelle, stapft der Postbote durch den knirschenden Schnee und liefert mein T-Shirt der Grabung in Balve 2023. Auf dem Shirt ist vergrößert ein winzig kleiner Backenzahn zu sehen, der einst im Kiefer eines Miniatursäugetieres der Gattung *Spelaeomolitor* seine Arbeit verrichtete. Das Tier muss zu Füßen der Iguanodonten umher gewuselt sein. Der sensationelle Fund wurde während der mikroskopischen Nachbearbeitung des Schlämmmaterials gemacht, ist in etwa so groß wie der Buchstabe »C« auf der deutschen 1-Cent-Münze und mit bloßem Auge nur sehr schwer zu sehen. Können Sie sich jetzt vorstellen, wieso bereits die kleinste, etwas neben den Kunststoffsack gerieselte Prise des feinst gekörnten Tones fast zu einer Panikattacke führt?

Was den Zahnfund so sensationell macht, ist seine unmittelbare Verwandtschaft zu den heute lebenden modernen Säugetieren. Alle möglichen altmodischen und längst schon wieder ausgestorbenen Großgruppen der Säugetiere wurden schon in Balve nachgewiesen. Von den so genannten *Tribosphenida*, zu denen auch wir Menschen gehören, fehlte allerdings bislang jede Spur – bis zu dem Tag im Jahr 2022, an dem überraschte Forscheraugen vom Mikroskop aufblickten und angesichts des dreihöckerigen Zahns in freudiger Erregung mit der Sonne um die Wette funkelten.

Sollte jemals eine Figur dieses putzigen, nur spitzmausgroßen Tierchens hergestellt werden, wird sie gewiss auch ihren Weg in die Schweiz finden, wo eine überaus engagierte Sammlerin seit Jahren dabei ist, ihr eigenes kleines »Bernsteinzimmer« zu füllen.

# Im »Dinoversum« von Kathrin Manz

Neulich abends ließ der Schlaf mal wieder auf sich warten. Anstatt mich von links nach rechts im Bett zu räkeln, stand ich auf und streunte durch die Wohnung. Nachts scheint sie ein Eigenleben zu entwickeln, und gelegentlich geht ein Raunen durch die unter Büchern, Fossilien und Sauriern stöhnenden Regalbretter. Während ich diesem vor der Vitrine mit meinen wertvollsten Stücken nachspürte, fragte ich mich, welche Bedeutung das Sammeln eigentlich für uns Menschen hat.

Klar, schon unsere Vorfahren waren Jäger und Sammler. Man könnte verkürzt konstatieren, dass das Sammeln urmenschliche Instinkte in sich vereint: Die lange Jagd nach einer längst vergriffenen Figur, die Fossilienjagd in größter Sommerhitze und das systematische Aufreihen der »Beute« rennen bei uns evolutionsbedingt entstandene, offene Türen ein. Früher war das Mammut lebendig, heute ist es ein Modell.

Doch das genügte mir nicht. Unruhig stöberte ich im Bücherregal. Dabei fiel mir ein Büchlein des Psychoanalytikers Werner Muensterberger in die Hände. Sein knapp 370 Seiten langer Essay enthält allerlei Langweiliges, Abseitiges und Unverständliches, liefert aber auch folgenden Erklärungsansatz. Damit schlägt er sogar die Brücke zur »Magischen Phase«, auf die wir in Kapitel 8 noch ausführlicher zu sprechen kommen:

*»Fantasie und Illusion gestatten dem Kind, sich einen privaten Kosmos voller magischer Geheimnisse und Mächte herbei zu zaubern. Auf sein selbstgeschaffenes Universum kann es sich verlassen, ein Sachverhalt, den die Außenwelt jedenfalls nicht bietet. Den Spielzeugen gelingt, was nichts anderes zu erreichen vermag. Sie fungieren als eine Droge oder als Palliativ. Sie verwandeln die kindlichen Verlust- und Angstgefühle in Quellen der Aktivität und Imagination und verleihen ein Gefühl der Kontrolle und Dominanz […]. Hier besteht eine gefühlsmäßige Affinität zu der Wirkung, die viele schriftlose Völker mit unbelebten Objekten wie Knochen, Steinen, Amuletten, Schnitzereien oder etwas anderem verbinden. Derartige Objekte sind Träger einer ihnen innewohnenden Macht. In unserem*

*Zusammenhang heißt das, sie bewirken aufgrund ihres Vermögens, Frustration und Zweifel abzuhalten eine Veränderung der Stimmung des Kindes (oder des primitiven Menschen).«*[47]

Vollteffer, Herr Muensterberger! Wenngleich ich mich mit Ihrer Bezeichnung »primitive Menschen« wirklich schwer tue, haben Sie gerade meisterhaft mein Empfinden umschrieben, nachdem ich auf einem Trödelmarkt in Münster ein lebensgroßes Baby der Dinosauriergattung *Corythosaurus*[48] erworben hatte. Nach halbstündigem Feilschen in der Bereitschaft, den Geldbeutel über die Schmerzgrenze hinaus zu strapazieren und entsprechenden Diskussionen mit der Gattin, wechselte das Tier schließlich seinen Besitzer.

Ich kann mir vorstellen, dass auch die vor sieben Jahren in die Schweiz ausgewanderte Deutsche Kathrin Manz solche Augenblicke kennt.

In ihrem Keller in einer Schweizerischen Kleinstadt hat sie ab 2017 ihr 34 Quadratmeter großes Reich aufgebaut, das sie liebevoll das »Dinoversum« nennt. Die »Mancave«, übersetzt »Männerhöhle«, befriedigt als selbstgestalteter Ort, an den sich das vermeintlich starke Geschlecht von der Unbill der Welt zurück ziehen kann, ein archaisches Bedürfnis. Kathrin dagegen hat sich eine »Womancave« gebaut und sie mit Unmengen von »Dinosauriana« ausstaffiert. So nennt man alles Sammelbare, das die Welt der Dinosaurier betrifft.

Kathrin baute und füllte Regalmeter um Regalmeter; die *YouTube*-Videos ihrer Sammlung sind ein echter Augenschmaus.[49] Zwischen 2016 und 2019 entwickelte sie darauf aufbauend einen eigenen *YouTube*-Kanal, auf dem sie Figuren rezensiert und virtuelle Führungen durch ihr kleines Mini-Museum gibt. In dieser Zeit lernten wir uns besser kennen – unter anderem bemalte sie mir in dieser Zeit ganz wunderbar eine kolossale Skulptur des *Pachyrhinosaurus*, nachdem mein erster und damit letzter Versuch auf dem Gebiet der Modellmalerei gründlich in die Hose gegangen war.

Da an eine Rechercherereise in die Schweiz nicht zu denken war, bat ich Kathrin, einige Wort zu Papier zu bringen. Darin kam sie auf ihre vielseitigen Interessen zu sprechen, die durchaus auch mal miteinander kollidieren:

*»Die Geschichte des Lebens ist eine Faszination, und das bei alt und jung. Die Dinosaurier und alle anderen Tiere der Urzeit gehören ja nun einmal dazu. Bei manchem hat es den Berufswunsch geprägt. Unser Wissen um die Geschichte des Lebens verdanken wir Erwachsenen, die sich ihr Interesse an ausgestorbenem Leben bewahrt und nicht mit Abschluss der Kindheit an den Nagel gehängt haben.*

*Ich liebe die Tiere der Urzeit – und insbesondere die Dinosaurier – nach wie vor, und das wird sich auch niemals ändern. Ob mit oder ohne neue Videos. Ich kann heute noch nicht genau sagen, wann ich wieder auf meinem YouTube-Kanal aktiv werde. Auch das Musikprojekt ist zeitintensiv. Man kann immer nur ein großes Projekt vernünftig aufziehen, und so steht beides in Konkurrenz.*

*Die Dinosaurier waren und sind einfach zu faszinierend und immer noch von vielen Geheimnissen umwittert. Sie sind uns auf seltsame Weise vertraut und doch wieder so fremd. Wir sehen ihre Überreste in den Museen und es ist kaum vorstellbar, dass es einst lebende, atmende Geschöpfe waren, die ihre Rolle und ihren Platz auf dieser Erde hatten. Eine Welt, die so anders war als das, was wir heute kennen.*

*Einen Raum wie diesen hatte ich mir immer gewünscht und mir quasi einen Jugendtraum damit erfüllt. Als ich den YouTube-Kanal 2016 begann, hatte ich keine Ahnung, wie viel Arbeit das letztlich auch mit sich brachte. Du sprachst meinen Pflegejob an. Häufig stand beides miteinander heftig in Konkurrenz, denn in der Pflege zu arbeiten, bedeutet eben auch, nicht wirklich planen zu können aufgrund ständiger Dienstplanänderungen.*

*Das Warum hinter diesem Videokanal war, endlich auch einen deutschsprachigen YouTube-Kanal auf diese Plattform zu bringen, da doch fast alles nur englischsprachig ist. Ich selbst hatte mir so einen deutschsprachigen YouTube-Kanal für Dinosaurierfiguren gewünscht, und da es keinen gab, nahm ich das selbst in die Hand. Mit der Zeit kamen immer mehr Rubriken hinzu: eigene Zeichnungen, Repaints, Unboxings, On Tour Videos und, und, und …*

*2019 jedoch reaktivierte ich mein Musikprojekt, baute alles neu auf, machte viele Kurse zum Thema Musikbusiness, Marketing, Branding und so weiter, um es völlig neu und nach ganz anderen Maßstäben zurück in die Öffentlichkeit zu bringen, wo eine Community darauf wartete, dass ich musikalisch wieder etwas von mir hören ließ.«*

Seitdem ruht Kathrins aktive Ausgestaltung ihrer Leidenschaft für Dinosaurier. Ich kann das bedauern. Oder ich kann die These meines Buches ernst nehmen und auch hier konstatieren: Es geht im Leben darum, Leidenschaften zu finden, zu nähren und aktiv zu gestalten. Ob sich diese der Erdgeschichte widmen oder nicht, ist nicht das Entscheidende. Entscheidend sind Kreativität, Weitblick und Unternehmergeist. Wer Kathrins Musik seine Aufmerksamkeit schenkt, hört beides ganz klar heraus.

Kathrin Manz ist eine faszinierende Persönlichkeit und zeigt uns: »Dinosauriermenschen« sind häufig kreative Idealisten, in denen mehrere Leidenschaften zur gleichen Zeit wohnen können. Aktuell behält die Musikerin in ihr die Oberhand. Im November 2023 hat Kathrin sogar ihren Job in der Altenpflege an den Nagel gehängt, um sich als Künstlerin »Matzumi« professionell der monumentalen, sinfonisch-elektronischen Musik zu widmen, die sie durch ihre unverwechselbare Gesangsstimme begleitet. Sie klingt wie eine über allem thronende, Weltzeitalter umspannende Botschaft. So könnten durchaus Schamaninnen während urzeitlicher Rituale zur Besänftigung der menschlichen Angst vor den Naturgewalten geklungen haben. Könnte Kathrins Stimme damit vielleicht sogar der »Missing Link« beider Leidenschaften sein?

## Peter Gensels Wunderkammer

Hatten Sie jemals eine Schabe auf der Hand? Ich meine eine echte, lebende, sehr große tropische Schabe? Keine Sorge, ich probe nicht für das Dschungelcamp. Ich war bloß in Weimar, im »Naturalienhandel Peter Gensel«.

Juni 2020: Eine vierköpfige Familie war auf der Rückreise von Polen ins Sauerland. Das bedeutete: Mehr als 800 Kilometer Asphalt in einem stickigen Renault Kangoo. Wir brauchten einen

Zwischenstopp. Das Navi sagte: Weimar war in greifbarer Nähe! Hier wollten wir auftanken. Außerdem wollte ich die Stadt ohnehin einmal besuchen, wegen Goethe und so. Ich mache es kurz: eine wundervolle Stadt, unbedingt einen Besuch wert!

Wenn ich dann wieder mal in Weimar bin, hoffe ich, dass es das großartige, etwas schrullige Geschäft noch gibt, um das es jetzt geht. Hätten Sie vermutet, dass man mit dem Verkauf von Fossilien, Mineralien und eigenartigen Tierpräparaten die Miete eines Geschäftsraumes in einer Innenstadt bezahlen kann? Als inhabergeführter Einzelhandel?

Damit das funktioniert, muss man den Einkauf zum Erlebnis machen, sich ein Stück weit selbst vermarkten. Und das gelang Frau Gensel am Tag unseres Zwischenstopps, und offensichtlich nicht nur dann, wirklich fantastisch! Die Dame bediente jeden der tatsächlich zahlreichen Kunden mit gleichbleibender Sorgfalt und Heiterkeit.

Ich traute meinen Augen kaum: An den Wänden Schmetterlingskästen, im hinteren Teil des Ladens eine Abteilung mit Büchern über Fossilien und Erdgeschichte, von der Decke hingen Kugelfische, überall standen und lagen Ammoniten, Trilobiten, Treibholzskulpturen oder Amethysten herum, präparierte und fossilisierte Fische schauten mich an, so tot und doch so lebendig. »Geschenkpakete« in jeder Preiskategorie schmückten die Auslagen – das hier war das Paradies für einen verhinderten Naturforscher wie mich. So oder so ähnlich muss es in den »Kuriositätenkabinetten« und »Wunderkammern« längst vergangener Jahrhunderte ausgesehen haben, in denen allerlei Eigenartiges gesammelt und der Öffentlichkeit zugänglich gemacht wurde. Heutige Museen gehen wesentlich systematischer vor. Ein Ort wie dieser ist zum Staunen gedacht, für die Sehnsucht gemacht und für das Suchen wie geschaffen. »Wow! Guck mal der tolle Schmetterling dort!« hörte ich an einem Ende und »Bitte was?! Woher kommt dieser Trilobit? Marokko? Da möchte ich auch mal hin!« am anderen Ende des Ladens. Aus Richtung der Steine-Gruschelschale hörte ich jemanden fragen: »Hm, welcher Stein wohl besser zu Hansjürgen passt? Eher der Rosenquarz oder doch eher dieser Jadestein?«

Hinter der Verkaufstheke stand neben Frau Gensel ein Terrarium mit Riesenschnecken – weiß der Geier, wieso – darauf schließlich die besagte Schabe, die in einer halben Kokosnussschale lebte. Als mein Sohn und ich mit einem Stapel »Fossilien«–Zeitschriften zum Zahlen nach vorn traten, dachte Frau Gensel gar nicht daran, uns abzukassieren und rauszulassen. Erst musste »Erika«, wie das treue Tierchen hieß, aus der Nuss auf Mats´ Hand, um die sich rasch eine kleine Menschentraube bildete. Das nennt man dann wohl eine Attraktion.

Nun nahm die gute Frau einen versteinerten Trilobiten in die Hand und hielt ihn neben Mats› Hand, auf der Erika gerade behutsam herumtastete. Sie, also Frau Gensel, nicht die Schabe, setzte an zu einem kleinen Vortrag über Gliederfüßer damals und heute. Wirklich unglaublich. Ich konnte mir die Frage nicht verkneifen: »Wie schafft man so etwas hier? Wie kommt man zu so einem Laden?« Und dann grinste Frau Gensel. »Mein Mann war jahrzehntelang reisefreudiger Geologe. Entweder man macht das mit, oder man heiratet keinen Geologen.«

Ich konnte mir lebhaft vorstellen, wie Frau und Herr Gensel nach einer Reise zusammensaßen, ihre Fundstücke begutachteten, sortierten, was verkäuflich war, wie sie in Erinnerungen und Visionen schwelgten, über die Ladendekoration berieten, Netzwerke pflegten und Kontakte knüpften. Man spürte den Flow, erkannte die Leidenschaft und wusste: Diese Frau gehörte nicht in ein Büro, nicht in eine Fabrik, sondern genau *hier* hin, an *diesen* Ort, in *diesem* und in *diesen* Moment.

Die Zukunft eines solchen Geschäftes ist freilich unklar. Jüngst habe ich gesehen, dass Gensels auch viel über das Internet verschicken. Ich gehe mal davon aus, dass auch der Lockdown die Existenz des Ladens ziemlich bedroht hat. Zudem wird das Paar nicht jünger – und wer außer den Gensels traut sich ein Wahnsinnsprojekt wie dieses, das dem tristen, überwiegend aus Fernost belieferten Einheitsgrau deutscher Innenstädte noch wacker trotzt, heutzutage denn noch zu?

## Ein Mammutzahn im Lennebett – In Erinnerung an Rolf Blindert

Ein Frühlingstag im Sauerland vor 17000 Jahren. Die Mammutherde war hungrig, aber guten Mutes. Die Leitkuh kannte den Weg zu den Weidegründen am Rande des vermeintlich ewigen Eises. Mit all ihrer Erfahrung schritt sie an der Spitze ihrer Gruppe zügig voran – doch ein Tier kam nicht mit. Bei einem Sturz vor drei Tagen hatte sich ein junger Bulle seinen Fuß verstaucht; seitdem hinkte er hinterher. Das Männchen konnte bei diesem Tempo der Herde nicht mehr lange folgen. Der Hunger der Herde wuchs jedoch über ihr Mitgefühl hinaus. Ein paar Tage noch, dann würde das Männchen straucheln, fallen und nicht mehr aufstehen.

Ein Sommernachmittag in den frühen achtziger Jahren. Am Flussbett der Lenne im Sauerland suchte der junge Hauptschullehrer Rolf Blindert nach Wasserhahnenfuß für seinen Biologieunterricht – und fand einen Mammutzahn. Das Geröll, das die Gletscher am Ende der letzten Eiszeit vor sich hergeschoben hatten, hatte sich nach deren Schmelze in sogenannten Endmoränen abgelagert – den Zahn unseres Jungbullen eingeschlossen. Die Strömung des Flusses, der später die Lenne werden würde, hatte ihn mit sich gerissen. Blindert nahm den Zahn mit nach Hause, präparierte ihn und fügte ihn seiner Sammlung hinzu.

Ein Samstagnachmittag im Winter Anfang 2015. Rolf Blindert legte den Zahn behutsam auf das Sammlerkabinett zurück. Wenn die Erdgeschichte heilig ist, wird ein Fossil zur Reliquie. Der Zahn war nur eines von aberhunderten Stücken, die er in über 30 Jahren als Fossiliensammler im Sauerland und deutschlandweit zusammengetragen und oft eigenhändig präpariert hat. Ich war zu Gast in einem Kellerraum, den der normale Sauerländer wahrscheinlich eher als Partykeller nutzen würde.

Druckluftstichel, Pinsel, Lupenlampe: Geschickt hatte er Fundstück um Fundstück, das hier zu bestaunen war, selbst von der umgebenden Matrix, so nennt man das Gestein, in das die Überreste eingebettet sind, befreit und gesäubert. Inmitten all dieser Stücke zeigte sich Rolf Blindert als ein würdiger Hüter. Seine Passion begann in der Jugend, als er sich in Steinbrüchen und Baustellen rund um Heggen herumtrieb. Es mag vielleicht eine Seelilie gewesen sein, die sein erstes Interesse erweckte. Diese Cousins der heutigen Seeigel leben auch heute noch in größeren Wassertiefen, waren im Devonzeitalter aber der letzte Schrei der Evolution. Sie wuchsen in den Meeren des urzeitlichen Sauerlandes zu regelrechten unterseeischen Wäldern heran, angeheftet an die riesigen Riffe, die Jahrhundert um Jahrhundert in Millimeterschritten den Kalk zu schließlich hunderte von Metern dicken Schichten auftürmten.

Von Eile war auch in Rolf Blinderts Sammlung keine Spur. Ruhig und bescheiden, mit sehr feinem Humor und unbändigem Fachwissen, stellte er mir seine Objekte vor. An den Wänden reihte sich Fossil an Fossil. »Hier«, zeigte er auf ein scheinbar unauffälliges Exponat, »ist etwas Spannendes geschehen: Der kleine Fisch hat sich am größeren verschluckt. Im Moment des Todes sind sie beide konserviert.«

Das war nicht das erste Mal, dass im direkten Überlebenskampf zweier scheinbar ungleicher Gegner beide den Kürzeren zogen. Ein Glücksfall für die Paläontologie, wenn die so ums Leben Gekommenen dann konserviert werden – als wolle uns die alte Diva Erdgeschichte gelegentlich mit Filetstückchen verwöhnen. Ein Klassiker ist der *Velociraptor*, der sich bei seiner Attacke auf die Halsschlagader eines *Protoceratops* derart im schweinsgroßen Opponenten verhakte, dass beide nicht mehr voneinander loskamen. Kurz darauf wurden sie von einer Sandlawine erwischt. Eine weitere überaus faszinierende Momentaufnahme vom Kampf auf Leben und Tod gibt es zu einem jurassischen Raubfisch und einem *Rhamphorhynchus* zu bestaunen. Offenbar hatte der Meeresräuber sich am Flugsaurier übernommen – und schließlich waren beide gemeinsam auf den Meeresgrund gesunken. Filmreife Szenen aus dem Alltag des Erdmittelalters waren dies, für einen Nerd wie mich sind sie das Größte. Doch bevor ich vom Jahrhundertfund eines *T.rex* im Todeskampf mit einem *Triceratops* überhaupt nur träumen konnte, holte mich Rolf Blindert ins Hier und Jetzt zurück:

»Diesen Trilobiten habe ich in Hülschotten gefunden, ganz in der Nähe.« Die überdurchschnittlich großen Facettenaugen starrten mich gleichmütig an, wie eine Mahnung, den ganzen Kram hier unten nicht allzu ernst zu nehmen. Am Ende kommen wir doch nicht lebend hier raus.

Viele Jahre lang zog es ihn neben seinen »Beutezügen« im direkten Wohnumfeld nach Langenaltheim in Mittelfranken, um dort, nahe der Fundstelle des *Archaeopteryx,* nach Überresten von Fischen, Flugsauriern und Krabben zu suchen. Ich war gefesselt von der Art und Weise, in der Blindert mir die Geologie Deutschlands nahebrachte. Sein Keller wurde zu einer regelrechten Zeitkapsel. Nach zwei Stunden in diesem begehbaren Schatzkästchen glaubte ich endgültig daran, dass die Erdgeschichte sich ihre Archivare eigenhändig auswählt.

Ein früher Nachmittag im Jahr 2019. In der Tageszeitung las ich Rolf Blinderts Todesanzeige. Seine Todesanzeige schmückt in bunt das Fossil eines Ammoniten.

November 2023. Ich beschloss, Rolf Blindert in meinem Buch ein ehrendes Andenken zu bewahren. Stellvertretend für alle Fossilienjäger und –sammler da draußen zeigte er uns, wie sehr die Urzeit zu einer zweiten Heimat werden kann.

Während Rolf Blindert leider nicht mehr unter uns weilt, ist Slash, ehemaliger Gitarrist der kultigen Rockband *Guns N´ Roses* noch immer quietschfidel. Was angesichts seines einstigen Lebenswandels durchaus einem Wunder gleichkommt.

## Rex, Drugs and Rock´n´Roll: Slash ist ein Paläo-Nerd!

Beenden wir unseren bunten Reigen der Urzeitbesessenen mit einem weiteren Original: Slash! Sie wundern sich vielleicht, was ein Rock´n Roller wie Slash, bürgerlich Saul Hudson und seines Zeichens Liebhaber hübscher Gitarren, Melodielinien und Frauen, in einem Sachbuch über die Erdgeschichte verloren hat. Am Ende dieses kleinen

Abstechers werden Sie mir jedoch sicherlich zustimmen, dass ich an ihm nicht vorbei kommen konnte. Doch eins nach dem anderen.

Beim Anschauen des Videos zur unsterblichen Rock-Ballade *November Rain* stellte ich mir Anfang der Neunziger immer wieder verzweifelt dieselben zwei Fragen: Erstens, wie schafft es ein dauerqualmender Zottel wie Slash, eine wunderhübsche Frau wie Cindy Crawford zum Traualtar zu führen, während ich, ein sympathisches, gut aussehendes, intelligentes und in Dinosaurologie überaus bewandertes Wunderwerk, bei den meisten angebeteten Frauen nicht den Hauch einer Chance hatte? Und zweitens, woher zur Hölle kommt der Klang der kabellosen E-Gitarre, wenn Slash aus der einsamen Wüstenkapelle in die Weite hinausschreitet, um dem Himmel sein gottgleiches Solo entgegen zu schmettern?

Nicht im Traum wäre ich damals darauf gekommen, dass ausgerechnet Slash ein »Missing Link« zwischen meinen Leidenschaften Paläontologie und Rockmusik ist.

Doch irgendwann erfuhr ich: Der Gute ist ein echter Paläo-Nerd! Na, Gott sei Dank, er hat sich also doch nicht komplett um den Verstand konsumiert! Während Sangeskollege Axl Rose heutzutage wie so viele Altrocker nur noch als peinliche Karikatur seiner selbst über die Bühne stolpert, fand ich eines Tages auf *YouTube* einige Videointerviews mit Slash, bei denen er vollkommen rauchfrei und mit verdammt wachem Geist auf die Fragen der Interviewer einging. Konnte man früher auf Slashs dichtem Zigarettenqualm schreiben, trübte heutzutage kein einziges Rauchwölkchen die Sicht auf den Klampfengott. Darüber hinaus eröffnete sich ein Blick auf das Regal hinter seinem Arbeitsplatz, und siehe da: Es war gespickt mit Statuen aller möglicher Dinosaurier! Er sei schon immer ein Dinosaurierenthusiast gewesen, offenbarte er freimütig und machte ihn mir auf einen Schlag auch als Mensch sympathisch.

Unweigerlich muss ich schmunzeln bei der Vorstellung, wie sich der wuschelige Zylinderkopf im Tourbus mit Echsenbecken- und Vogelbecken-Dinosauriern befasst, während seine Mitmusiker drum herum fleißig Hüftgegenden ganz anderer Art untersuchen. Und sogar zum Phänomen *Jurassic Park* weiß er etwas Kluges und Kritisches zu sagen:

»*Nein*, ich glaube nicht, dass die Leute irgendetwas aus *Jurassic Park* gelernt haben. Ich weiß, dass von Anfang an eine Menge Wissenschaftler an der Entstehung des Films beteiligt waren und Michal Crichton hat mit der Schöpfung der Story zuallererst mal einen wunderbaren Job gemacht. Aber wären wir einmal mit dieser Realität konfrontiert – und man kann niemals nie sagen, wenngleich das alles natürlich nahezu ausgeschlossen ist – würden wir alle diese Insel besuchen. Wir würden die Chance nutzen. So machen wir es bei allem anderen ja auch.«[50]

Ausgerechnet Slash versteht den Kultfilm also genauso wie ich: Als Warnung vor den möglichen Monstrositäten, die die Wissenschaft möglich machen könnte. Nicht schlecht.

Wie genau Slash zu den Dinosauriern fand, lässt sich nicht klären, denn ein Interview mit einem derart fernen Rockstar scheint nahezu ausgeschlossen. Vermutlich ist er irgendwann einfach ebenfalls der Dynamik erlegen, die ich im nächsten Kapitel genauer ausführen möchte.

MARY
ANNING
ROCKS
Paläo
Nerds

A PLESIOSAUR IS
NOT
A DINOSAUR
CONCERT
OF THE
APOCALYPSE

Das letzte Abendmahl (2024), entwickelt von Marie Rohde speziell für dieses Buch, basierend auf einer Idee von Gaby Selbach

»Willkommen in der Runde! Setz dich doch! Pizza? Kaffee?« Diese erinnerten Worte und ein von schwüler Feuchtigkeit durchsetztes Foto aus seiner Sofortbildkamera waren alles, was der Reisende von seiner unerwarteten Begegnung an einem Ort außerhalb von Zeit und Raum mitbrachte. »Ich konnte ja bei der Landung nicht ahnen, dass am Rande des Urwalds gerade ein konspiratives Treffen stattfand. Doch als ich aus meiner Kapsel stieg, hörte ich unvermittelt Stimmen hinter dem Dickicht, also preschte ich vor«, stotterte er sichtlich bewegt, als er aus seiner Kapsel purzelte. »Die Luft war stickig, zum Schneiden. Ich folgte den Stimmen. Der Dschungel weitete sich zu einem offenen Panorama. In der Höhe kreischten zwei Flugsaurier. Und da saß diese Truppe, in intensive Gespräche und frohes Gelächter vertieft! Augenscheinlich hatte dieses komische Skelett mit der Brille alle zu Tisch geladen. Vorn las jemand zwei Kindern aus einem Buch vor, von hinten preschte sich ein Allosaurus an die Urkrebschen-Pizza heran. Es standen Spielfiguren, Skulpturen und Versteinerungen herum. Die Dame links war in Wirklichkeit viel, viel schöner als auf dem Bild! Und dann erst der Typ mit der Gitarre! Gern hätte ich mich zu ihnen gesellt. Doch plötzlich sah ich diesen Himmelskörper auf die Erde zurasen! Erste Trümmer hatten schon Teile der Landschaft in Flammen gesetzt! Nichts wie zurück in meine Kapsel! »Der Meteorit! Der Meteorit!«, warnte ich die Beteiligten mit lautem Geschrei. Sie alle hätten Platz in meiner Kapsel gehabt, doch niemand ließ sich aus der Ruhe bringen. Im Gegenteil: Bis auf zwei Personen fanden sie sogar noch die Zeit, für ein Foto zu posieren.«

Einige Wochen später äußerte sich der Reisende ein letztes Mal und auf mysteriöse Weise zu dem Vorfall. »Tja, und mehr kann ich dazu auch nicht sagen. Ehrlich! Alle Versuche, meine Kapsel noch einmal entsprechend zu programmieren, sind seither gescheitert. Ob der Meteorit einschlug? Was der Typ im gelben Kapuzenshirt in der Hand hielt? Ich kann es nicht sagen. Und vielleicht ist es ja auch besser, wenn manches im fantastischen Reich jenseits von Zeit und Raum bleibt.«

Von links nach rechts: Mary Anning, Simon Zoppe, Anya Pearson, Stefan Schröder, das noch namenlose Maskottchen, Dr. Adam Stuart Smith, Dr. Achim Schwermann. Vor dem Tisch: Birk Grüling, Slash.

# Kapitel 7
# Der Paläo–Nerd: Entstehung, Verbreitung und Lebensraum

*»Ich war einmal ein Dinosaurier. Genauer gesagt, ein Stegoaurus. Mein unfassbar enger grüner Overall, an dessen Rückseite schlampige Platten aus Textilgewebe angenäht waren, war weit entfernt davon, wissenschaftlich korrekt zu sein, doch das war unwichtig. Ich hatte den Dinosaurier–Spirit. Und nur das zählte.«*

Brian Switek, US-amerikanischer Kolumnist und Schriftsteller (Übers. d. A.)

## Tags im Museum

»Wie gerne würde ich ihn jetzt berühren!« Im neugestalteten *Naturmuseum Dortmund*, der Eintritt war frei, hockte ein wahnsinnig realistischer Neandertaler vor einem Feuer und schlug mit einem großen Faustkeil künftige Speerspitzen von einem Flint. So nahe war ich dem blassen, stämmigen Kerl, dass ich glaubte, seinen Atem zu spüren. Kein Begrenzungsband und keine Glasscheibe trennten uns voneinander – umso gemeiner fand ich das »Anfassen verboten«–Schild, das auf dem Sockel klebte. Ein wunderlicher Anblick musste das sein: Zum Perspektivwechsel legte ich mich auf den Boden, doch zum Glück sah mich keiner. Verwundert blickte ich auf die nackte Haut, die an des Urmenschen Oberschenkel aufblitzte. Das wurde mir jetzt fast schon peinlich, ich kam mir vor wie ein Voyeur: Der Neandertaler trug keine Hose, sondern lederne Gamaschen und eine Art Lendenschurz, zwischen denen ein Spalt frei blieb. Am ganzen Körper, auch an diesem sehr privaten Stück Haut, wurde jedes Muttermal, jedes einzelne Haar mit viel Liebe zum Detail angebracht. Warzen,

Pickel, Leberflecke: Alles wirkte so natürlich, als würde der wuchtige Kerl jeden Augenblick aufstehen, um sich an seinem neuen Wohnort über die Geschichte der Welt zu informieren.

Gute Exponate schaffen so etwas, und dieser Neandertaler war mehr als eine billige Wachsfigur. Unwillkürlich musste ich an Szenen aus dem Film *Nachts im Museum* denken. Die Aufsicht vor Ort war allerdings nicht ganz so aktiv wie Larry Daley, gespielt von Ben Stiller. Sie saß, ich konnte es durch die Beine des Wollhaarmammut-Skeletts erkennen, neben dem *Iguanodon*-Diorama und spielte mit ihrem Smartphone. Kurz blitzte in mir die Idee auf, den Herrn im weißen Hemd mit einem »*Homo sapiens digitalensis*«-Schild zu versehen. Vom Aufseher zum Exponat, ein heiterer Gedanke! Ich lachte kurz in mich hinein und wendete mich wieder dem Exponat zu. Sehr naturgetreu war es, es regte zum Nachdenken und Schwelgen an. Zumal unser Neandertaler nicht allein am Feuer war. Vor ihm stand aufrecht ein Männchen der Art *Homo sapiens*. Ohne Smartphone, dafür mit Speer und leichtem Überbiss, schaute es den Neandertaler mit einer Mischung aus Neugier und Mitgefühl an. Ja, die Arten sind sich nachweislich begegnet. Sie haben sich sogar gekreuzt, Nachkommen gezeugt und nicht nur einen biologischen, sondern auch einen kulturellen Crossover gewagt.

Ich fasse zusammen: Ein Paläo-Nerd betrachtete die Begegnung eines *Homo sapiens* und eines *Homo neanderthalensis* und wurde dabei nicht beachtet von einem Exemplar seiner eigenen Art. Mehr Meta geht nun wirklich nicht!

## Eine Doku der besonderen Art

Stellen Sie sich jetzt bitte vor, Sie hätten diese Szene auf dem Bildschirm einer Überwachungskamera verfolgt, und Hauptinhalt dieses Filmes sei der Paläo-Nerd selbst. Während Sie mir zuschauen, wie ich durch das Museum schlendere, um mich schließlich ausführlich mit einem sehr intensiven Stück Menschheitsgeschichte auseinanderzusetzen, hören Sie den Einsatz eines Erzählers. Mit sonorer Stimme, in der sich Nähe und Abstand zum Beschriebenen zueinander verhalten wie Salz und Zucker in einem bretonischen Butterkaramell, legt er los:

»Sie sehen hier ein Männchen der Unterart Paläo-Nerd *(Homo sapiens palaeonerdensis)* in einem seiner natürlichen Lebensräume, dem Museum. Schauen Sie, wie es fröhlich und erstaunt von Vitrine zu Vitrine streift. Selbstvergessen und mit verklärtem Blick sieht es sich Exponat um Exponat an, fühlt sich spürbar geborgen in dieser für ihn sehr anregenden Lernumgebung. Vor dem einen Exponat bleibt es länger stehen, ein anderes wird möglicherweise nur kurz gestreift. Womöglich hat er darüber längst in einem seiner zahlreichen Bücher zur Erdgeschichte gelesen. Welche inneren Dynamiken zur Auswahl des Objekts und der Verweildauer führen, ist noch nicht abschließend geklärt. Man vermutet, dass die Vorfahren der Paläo-Nerds sowohl auf der Suche nach neuen Lagerplätzen als auch bei der Nahrungssuche Phasen angestrengten Studiums, Episoden intensiver Jagd und Abschnitte von bereits an Faulheit grenzendem Nichtstun miteinander mischten. Ihre Nachfahren bevorzugen individuelle, auf unterschiedliche Schwerpunkte gerichtete Lerntempi und -inhalte. Forschende meinen, hierbei spiele die frühkindliche Prägung und die artgerechte Begleitung des sogenannten Explorationsverhaltens durch Stammesältere eine maßgebliche Rolle. Auch die von Psychologen beschriebene ›magische Phase‹ wird oft zur Erklärung heran gezogen. Die Unterart zieht diese stark in die Länge, vergleichbar mit einem Axolotl, einem Amphibium, das seine jugendlichen Kiemen beim ersten Sex noch an sich trägt. Rückkopplungsmechanismen haben die jungen Paläo-Nerds gelehrt, sich die Erdgeschichte ihres Heimatplaneten anzueignen. Sie leben nun auf unterschiedliche Weisen ihre Neigung aus.

Das Männchen, das gerade durch das Museum zieht, wäre mit der Zuschreibung ›Nerd‹ sicherlich einverstanden. Schauen Sie! Es steht es vor einer Weltkugel, die die vermutete Lage der Kontinente im Zeitalter des Perm zeigt. Legendäre Länder und Städte wussten immer schon die Menschen für sich einzunehmen. Ausdauernd träumten sie von fernen Kontinenten und unbekannten Ländern, und wenn sie solche nicht entdeckten, haben sie sich welche erfunden. Dieses Phänomen hat Umberto Eco in seinem sensationellen Buch *Die Geschichte der legendären Länder und Städte* beschrieben. Der Drang des *Homo sapiens* nach neuen Gebieten hinter dem Horizont ist ein angeborenes Wesensmerkmal und war fast über die gesamte Entwicklungsgeschichte für sein Überleben essenziell. Als sich neue Gesellschaftsformen und Spielarten der Zivilisation ausprägten, war es jedoch nicht mehr jedem Individuum möglich, seinem Abenteuerdrang hinreichend durch Exkursionen, Fernreisen oder ausgedehnte Jagden nachzugeben. Während sich die industrialisierte und die postindustrialisierte Dienstleistungsgesellschaft immer stärker in Berufsgruppen, Spezialisierungen und Milieus auffächerten, wuchs im Menschen das Empfinden einer Leere. In diese hinein bahnte sich die ungebrochene Lust am Abenteuer als Fiktion, Projektion und Lust an der Exotik ihren Weg.

Der Urkontinent Pangäa, in dem zum Zeitalter des Perm zum zweiten oder dritten Mal in der Geschichte unseres Planeten alle Landmassen der Erde zu einem Kontinent vereint waren, hat tatsächlich existiert, so wie der Mond und der Mars. Wie diese lässt Pangäa der Fantasie ausreichend Freiraum für gewagte Sprünge: Welche Landschaften würden uns erwarten, welche Aussichten nähmen uns für sich ein, welche Lebewesen würden uns begrüßen, stünden wir jetzt real auf diesen Landmassen? Wie ginge es uns dabei?

Womöglich ob derartiger Gedanken wohlig schaudernd, reibt das Männchen sich am Kinn. Es dreht die Kugel versonnen zwei, drei Mal um ihre geneigte Achse. Projiziert es seine Wünsche und Ideen auf diese Weltkugel? Bevölkert es den Globus mit verschiedensten Lebensformen, die es aus Büchern kennt? Träumt es sich in diese Welt ohne Menschheit, weil diese seiner Meinung nach bisher nichts als Unsinn produziert hat? Die Körpersprache weist auf große Begeisterung hin. Im Männchen scheint ein innerer Film abzulaufen. Fühlt es sich mächtig und allwissend, wenn es hier als scheinbarerer Höhepunkt der Entwicklung des Lebens auf ebendiese zurückblickt?

Fühlt es sich überlegen angesichts der ausgestorbenen tierischen und menschlichen Vorläufer, deren Skelette man hier aufgestellt hat? Oder kommt es sich klein vor angesichts der Äonen, in denen die Erde ohne es existierte?

Sehen Sie, wie es diese für blinde Museumsbesucher gedachte Bronze eines Wollhaarmammuts befühlt, geradezu streichelt. Zottelig hängt das Fell vom Stoßzahnriesen, der mit Bestimmtheit auf ein für uns nicht ersichtliches Ziel zustampft. Das *palaeonerdensis*-Männchen möchte die Motivation des behaarten Elefanten erfassen, wird zum Spurenleser. Seine Vorfahren standen vor realen Exemplaren dieser Art. Jetzt greifen uralte Instinkte. Das Männchen schließt die Augen und taucht ab in eine urzeitliche Jagdszene. Wenngleich nie wirklich dabei, hat es doch dank zahlreicher Malereien und allerhand einschlägiger Dokumentationen eine gewisse Vorstellung von der Mammutjagd. Wieder können wir über den genauen Inhalt seiner Gedanken gerade nur spekulieren. Zwei, drei Minuten bleibt es so stehen, reist weiß Gott wohin. Als es die Augen wieder öffnet, wird es gewahr, dass es ja in einem Naturkundemuseum steht, umgeben von faszinierenden Exponaten. ›Hoffentlich hat mich keiner gesehen‹, scheint seine Mimik uns seine Gedanken zu verraten. Immer noch ist es ihm ein bisschen peinlich, sollte jemand es in seiner schwelgerischen Begeisterung ›ertappen‹. Es freut sich einerseits sichtlich über die neue Beachtung, die sein Lieblingsthema dieser Tage erfährt. Gleichzeitig zensiert es sich immer wieder selbst.

Paläo-Nerds kommen sich manchmal komisch vor. Unser Männchen blickt trotz aller offensichtlichen Begeisterung für seine Anschauungsobjekte manchmal noch recht unsicher drein, als verschwende es Zeit, die es anderweitig besser nutzen könnte. Manche von ihnen haben als Kind erlebt, wie sie für ihre Neigung und ihr Spezialwissen belächelt wurden. Wie possierliche Haustierchen, die in Anwesenheit von Besuch Männchen machen sollen, hat man sie dazu überredet, vor der belustigt drein schauenden Tante scheinbar unaussprechliche Namen oder die Reihenfolge der Erdzeitalter fehlerfrei vorzutragen. Das hinterließ im jungen Paläo-Nerd ein zwiespältiges Gefühl. Einerseits war er stolz auf sein Fachwissen, andererseits spürte er, dass das

Interesse des Gegenübers selten dem Thema selbst galt, sondern oft nur dem drolligen Vortrag eines Nerds.«

## Innenleben

»Überlassen wir unser Männchen noch ein wenig seiner Pause vom Alltag, während wir genauer die inneren Dynamiken betrachten, die manche Angehörigen des modernen Menschen zum *Homo sapiens palaeonerdensis* werden lassen.

Die Botschaften unserer Zeit sind hinlänglich bekannt:

- Passe dich an!
- Vergleiche dich mit anderen! So stellst du sicher, dass du nicht aus der Reihe tanzt.
- Konsumiere tüchtig und arbeite für diesen Konsum, als gäbe es kein Morgen.
- Gehe stets auf Nummer sicher!
- Du musst dir deine Anerkennung zunächst verdienen!
- Was man hat, hat man.
- Haben ist besser als brauchen.

In dieser Gemengelage ist es schon fast ein Akt der Subversion, wenn ein Kind sich stundenlang in ein Buch, zum Beispiel eines über Dinosaurier, vertieft. Während es älter wird und sich bemüht, damit einhergehend auch eine gewisse Reife an den Tag zu legen, wird es wohl dennoch die bewusst oder unbewusst vermittelten elterlichen Botschaften so lange in sich wiederkäuen, bis es selbst an ihre »Wahrheit« glaubt. Eine lahme Kuh wird alles daran setzen, in der Herde nicht als krank aufzufallen. Sie wird sich nicht an den Rand legen, sondern weiterziehen. Vielleicht geht sie etwas weiter innen als üblich, vielleicht bewegt sie sich zwischen zwei stärkeren Individuen. Selbst auf dem Weg zum Melkstand, als domestizierte Kreatur, ist ihr innerer Auerochse aktiv und lässt sie so gut es geht vortäuschen, gesund zu sein. Als würde ein Rudel Wölfe die Überlebensgemeinschaft Herde verfolgen, in der die Milchkuh sich noch immer wähnt. So scheint Anpassung an eine gewisse Gruppenregel – gehe vernünftig und sehe gesund dabei aus – uns ein Stück weit durchaus das Überleben zu sichern.

Überträgt man das auf uns Menschen, scheint auch bei uns Konformität Trumpf. Individualität hin oder her, in der Regel passen wir uns unserem näheren sozialen Umfeld an. Wenn die Zeichen der Zeit also wie aktuell auf bedingungslosem wirtschaftlichen Wachstum und einer damit einhergehenden Ausbeutung planetarischer und seelischer Ressourcen stehen, spielt das Wohl des Einzelnen keine große Rolle mehr und er wird das Spiel mitspielen. Oder er beginnt – bestenfalls nicht erst durch eine tiefe Sinnkrise verursacht – sich einer Leidenschaft zu widmen, die ihn tief erfüllt.

Der Trost ist: Unter einem dünnen Firnis an Kultur und Zeitgeschichte wartet schon unsere ursprüngliche Neugier auf ihre nächste Spielwiese. Wir sind zwar Lernwesen und darauf angewiesen, dass man uns zunächst einmal erzieht. Vergessen wir dabei aber nicht, dass neben einer immer latent gärenden Angst auch eine unzähmbare Sehnsucht nach mehr als nur einem idyllischen Eigenheim längst in uns programmiert ist.

Der Paläo-Nerd ruht sich nicht auf seiner Neugier und seiner Angst aus. Er beginnt schon früh, sich seine eigenen Spielwiesen zu erschließen. Er hält nicht viel vom Predigen, macht sich meist nicht viel aus der Politik und möchte auch niemanden bekehren. Er will eine Einheit herstellen, indem er den Dingen, notfalls bis zum gemeinsamen Ursprung, auf den Grund geht. Er lässt sich nicht verschaukeln von Angeboten der organisierten Religion, auch wenn diese manchmal durchaus in wissenschaftlichem Anstrich daherkommen. Jeglicher Verfestigung von Weltanschauungen und allzu großem Pessimismus und Trübsal steht er kritisch gegenüber, weil er weiß, dass nichts für immer da ist, nicht einmal das Leid, und auch im größten Misthaufen immer genügend Dünger für eine wundervolle Blume vorhanden ist.«

## Frühgeschichte

»Die Unterart *Homo sapiens palaeonerdensis* entwickelte sich aus überdurchschnittlich fantasiebegabten, fortschrittsorientierten und sich dabei dennoch demütig ihrer Wurzeln in der Natur überaus bewussten Exemplaren der Mutterart *sapiens*. Es handelte sich um Exemplare, deren Hände selten im Schoß lagen, sondern an einem Fernrohr, einem Meißel oder einem Buch angeheftet waren. In der Erde wühlten sie, die Landschaften durchstreiften sie und schon früh versuchten sie, sich einen Reim auf all das zu machen, was sie hier vorfanden. Landschaften betrachteten sie nicht als statisch, sondern als Prozesse. Schon früheste Individuen der Art hatten die Fähigkeit, die Dinge ganzheitlich zu betrachten und sich gleichzeitig in Details zu verlieben. Sie sahen in ihrer Welt bisweilen magische Orte und Wesen, überführten das Staunen über die Magie aber in kreative Hypothesen, Arbeiten und Tätigkeiten. Unter Umständen führten diese dann wiederum zu magischen Erlebnissen und Ergebnissen, sodass die Unterart im Laufe ihrer Entwicklung einen wissenschaftlich anmutenden Prozess automatisierte. Davon ausgehend differenzierten sich lokale und später digitale Neigungsgruppen aus, die seitdem den Kreislauf aus Neugier, Hypothese, Forschung und Evaluation am Laufen halten.

Erste bekannte Exemplare der Unterart *paleonerdensis* sind aus dem Amerika des ausklingenden 18. Jahrhunderts und besonders dem England des frühen bis mittleren 19. Jahrhunderts nachgewiesen. Zur selben Zeit wurden dort ›ganz zufällig‹ die ersten Dinosaurier entdeckt und als solche beschrieben.«

## Lebensräume

»Paläo-Nerds bevölkern je nach Unterart verschiedene Lebensräume. Viele trifft man ganz klassisch in Museen an, wo sie stundenlang Geborgenheit und Fachwissen tanken und ungefragt die Kommentare der Besucher zu allen möglichen Exponaten korrigieren.

Auch hinter den Kulissen von Museen weltweit sind Paläo-Nerds weit verbreitet. Als Kuratoren betreuen und katalogisieren sie Sammlungen nach Erdzeitaltern, Lebensformen oder sonstigen oft nur ihnen selbst bekannten Kriterien. Verzückt schauen sie auf felsige Bruchstücke, die für einen Laien aussehen wie ein willkürlich aus dem

Fels gehauener Stein. Dazu fallen Sätze wie: ›Koprolith, vermutlich Ornithopode, mittlere Kreidezeit, südliches Utah.‹

In Buchhandlungen und Bibliotheken sind Paläo-Nerds permanent auf der Suche nach inspirierender Lektüre. Richard Forteys Klassiker *Leben. Eine Biographie* haben sie genauso verschlungen wie das aktuelle Werk von Thomas Halliday mit dem Titel *Urwelten*. Begierig saugen sie jedes Fitzelchen an neuer Information zur Erdgeschichte auf. Im Internet verabreden sie sich in Foren und diskutieren dort Neuerscheinungen auf dem Spielzeugmarkt, fachsimpeln über den Bau von Dioramen und analysieren ausgiebig jede Dokumentation, die wieder einmal über ihr Lieblingsthema erscheint.

Paläo-Nerds sind in Steinbrüchen weltweit aktiv, um ihre Trüffelnasen in Gesteinsschichten zu stecken, von deren Existenz Sie niemals etwas geahnt hätten. Sie nehmen dazu bisweilen beschwerliche Wege und Umstände auf sich, werden aber oftmals reich belohnt.

Junge Exemplare finden sich in Klassenräumen weltweit, wo sie Mitschüler und Lehrkräfte oft ungefragt und ungezügelt über die Erdzeitalter, ausgestorbene Spezies oder die Ursache und Wirkung von Massenaussterben informieren.«

## Haltung und Pflege

»Für gewöhnlich handelt es sich beim Paläo-Nerd um eine genügsame Art. Er ist karge, durstig machende Felslandschaften ebenso gewohnt wie lange Durststrecken ohne sensationelle Neuigkeiten. Auch mit langweilig ausgestatteten Museen gibt er sich zumeist zufrieden. Es gelingt ihm, mögliche Lücken in Ausstellungsausstattung, Fossilbefund und Nachrichtenlage mit seiner unbändigen Fantasie und seinem bereits angehäuften Wissen zu ergänzen. Langweilt er sich zu sehr, beginnt er, für eigene Bücher zu recherchieren oder vertieft sich in welche, bis er irgendwann aufschaut und ihm ein ›Komm, wir gehen mal wieder ins Museum‹ entweicht. Dabei wedelt er mit seinem nicht vorhandenen Schwänzchen und duldet gern Ihre Anwesenheit. Den Eintritt zahlt er selbst, wenn man Glück hat, hält er sogar seinen Halter aus. Dazu muss dieser allerdings bereit sein, im Anschluss seiner wortgewaltigen Kompetenz anerkennend zuzuhören.

Hin und wieder benötigt ein Paläo-Nerd die Gelegenheit, sich mit Artgenossen auszutauschen. Dazu sind reale Treffen mit anderen Paläo-Nerds ebenso geeignet wie virtuelle Treffpunkte wie das »Dino Toy Forum«[51] oder »Steinkern.de«[52]. Dort tauscht er sich stundenlang über die Farbskalierungen von Ammoniten aus, spricht über seltene Mängelexemplare US-amerikanischer Saurierspielzeuge und spekuliert über die Käufer sündhaft teurer Versteinerungen seltener Spezies, denn diese verschwinden leider immer noch viel zu oft in privaten Kämmerchen[53] und werden dem Zugriff der Wissenschaften für unbestimmte Zeit oder für immer entzogen.

So angeregt, lässt sich der Paläo-Nerd im Alltag meist gut führen und aushalten. Sie werden durchaus über Jahrzehnte mit ihm Freude haben können.

Ein typischer Haltungsfehler besteht darin, die Geldsumme und die Zeit, die in sein Hobby fließen, zu kritisieren. Auch darf man ihm nicht mit voreiligen oder falschen Annahmen über die Erdgeschichte kommen. Mitunter kann es mit ihm im Museum peinlich werden, unter anderem, wenn er ungefragt Menschen korrigiert, die auf Vitrinen starren. Nennt jemand beispielsweise einen *Batrachotomus* »Dinosaurier«, wird er es nicht einfach so stehen lassen. Dann fühlt er sich eingeengt und unverstanden und neigt zu spontanen Trotzkäufen im Museumsshop oder nervtötender Klugscheißerei. Wenn man bereit ist, sich gelegentlich derart anblaffen zu lassen und sich gewillt zeigt, ihn auch mal allein auf ein Abenteuer loszuschicken, steht einem glücklichen Zusammenleben mit Ihrem Paläo-Nerd nichts mehr im Weg.

Bedenken Sie: Er möchte nicht vor den Erfordernissen der Gegenwart davonlaufen, er möchte die Gegenwart um die Dimension einer Tiefenzeit bereichern.«

Hier endet die Dokumentation. Meine aufrichtige Bitte an Sie: Versuchen Sie nicht, einem Paläo-Nerd seine Leidenschaft auszutreiben. Ein *ebay*-Werbespot aus dem Jahr 2024 zeigt einen milchgesichtigen Jungspund, der auf seinem Jugendbett sitzt und wie von Sinnen den Plastik-*T. rex* anblickt, den er in seinen Händen hin und her wiegt. Die

Mutter legt währenddessen frisch gebügelte Wäsche ans Kopfende. Wir sehen ein aus dem Ei gepelltes Deutschland, das es so nicht gibt. Die Stimme aus dem Off fragt, wieso der Junge auf *ebay* verkauft. Er sagt die üblichen Floskeln von Kostenfreiheit und Sicherheit auf. Die Mama (oder die Freundin selbst) ergänzt, ebenfalls aus dem Off: »... und weil er jetzt eine Freundin hat.« Furchtbar! Als müsse an einem gewissen Punkt der Entwicklung die Leidenschaft für die Dinosaurier der Romantik weichen. Am liebsten würde ich dem Typen eine knallen, um ihn zur Vernunft zu bringen. »Alter«, würde ich rufen, »behalte den Dinosaurier! Der wird auch noch da sein, wenn das Mädchen dich längst wieder in den Wind geschossen hat. Keine Freundin und keine Mutter dieser Welt sind es wert, dass man sich für so etwas schämt!«

Schon klar, der Anmachspruch: »Darf ich dir vielleicht meine Dinosauriersammlung zeigen?« ist nicht unbedingt sexy. Aber ich hätte damals jedes Mädchen vom Hof gejagt, das mich gebeten hätte, meine zweite Haut, das Dino-T-Shirt, auszuziehen.

Werden Sie bitte keine solche Freundin! Werden Sie bitte keine solche Mutter! Werde bitte kein solcher Jugendlicher! So dürfte es auch kein Problem mehr für Sie sein, einen kleinen Paläo-Nerd im direkten familiären Umfeld zu entdecken. Für diesen Fall habe ich einige Ratschläge für Sie vorbereitet.

# Intermezzo Nr. 4: Wie man einen Dinosaurier gleich zweimal ausgräbt

Die Begeisterung für die Dinosaurier treibt bisweilen eigenartige Blüten. Mit Kathrin Manz haben wir in Kapitel 6 eine Frau kennen gelernt, die einfach nicht genug von Dinosauriern bekommen kann. In allen Darreichungsformen und Darstellungsarten füllen sie ihren Keller in der Schweiz, der ausnahmsweise mal kein Käsekeller ist, sondern ein Dinosaurier-Keller. Noch schlimmer erwischt hat es den US- Amerikaner, der sich »The Dino-Geek« nennt und behauptet, süchtig nach »Dinosauriana« zu sein. Auch ich unterhalte im Obergeschoss meines Hauses ein heillos überfülltes Findelheim für alles, was mit der Erdgeschichte und ihrer kulturellen Repräsentation zu tun hat. Wirklich kurios aber wird es, wenn Menschen in ehemaligen Müllhalden graben, um in den Besitz weggeworfener Spielfiguren zu gelangen. Wer das tut, muss *wirklich* ein Fanatiker sein.

Peter Tornquist ist ein solcher. Der in Minnesota lebende Herr hat es auf etwas ganz Besonderes abgesehen: Dinosaurier von der Müllhalde!

Rückblick: Die Firma *Louis Marx* aus Moundsville in West Virginia war insbesondere in den 1950ern, 1960ern und 1970ern ein Gigant auf dem amerikanischen Spielzeugmarkt. Speziell Figuren aus Kunststoffspritzguss gehörten zum Angebot, darunter auch Sets mit Spielfiguren prähistorischer Lebewesen wie zum Beispiel dem erstaunlichen Exoten *Moschops*, einem säugetierähnlichen Reptil aus der Permzeit, das so bullig und massig aussah, wie sein Name klingt. Nicht ohne Grund bedeutet sein Name übersetzt »Kalbsgesicht«.

Mit derartigen Figuren brachte Marx als eine der ersten Firmen überhaupt die Urgeschichte kommerziell motiviert ins Kinderzimmer. In Form und Farbgebung mussten sämtliche die Fabrik verlassenden

Figuren sehr präzise sein. Abweichungen wurden in keiner Weise toleriert.

Die über uralten Steinkohleflözen gebaute Fabrik produzierte in Massen, aber niemals schlampig. War auch nur ein einziges Exemplar einer Charge fehlerhaft, wurde der gesamte »Wurf« entsorgt, egal, ob sich darunter auch perfekte Einzelstücke befanden oder nicht. Typisch Amerika: An ein Wiedereinschmelzen missratener Stücke dachte man erst gar nicht, Öl war ja reichlich vorhanden. Stattdessen karrte man die Fehlpressungen gemeinsam mit den allen Standards genügenden Figuren der Charge zentnerweise auf eine Müllhalde einige Kilometer weit außerhalb der Stadt.

Kurze Abweichung genehm? Dass ausgerechnet die Urzeit trotz aller zwischen den Kontinenten gewachsener Skepsis Europa und Nordamerika durchaus miteinander verbinden kann, habe ich unter anderem in Balve neben Tom oder bei meinem Austausch mit Elaine Howard (später mehr zu ihr) gespürt. Noch enger verbunden waren die beiden Kontinente am Ende des Karbon. Damals waren gerade die zwei Urkontinente Laurasia und Gondwana zusammen gestoßen und bildeten Pangäa, durch dessen Mitte sich ein durch diese Kollision aufgefaltetes Gebirge zog. An seinen nördlichen Rändern erstreckten sich weitläufige Sümpfe, in denen sich nicht nur die Synapsida und die Sauropsida voneinander trennten (ich berichtete), sondern auch ein Großteil der später die Industrialisierung befeuernden Steinkohle entstand. Ja, richtig: Die Kohle im Ruhrgebiet entstand im selben Zeitalter und in derselben geografischen Region wie die Kohle in West Virginia.

In den 1980er Jahren schloss hier die Fabrik ihre Pforten, und all die Plastiktierchen wären, wie einst ihre natürlichen Vorbilder, auf ewig der Bedeckung mit gigantischen Erdmassen anheimgefallen, wären ihnen nicht Jahrzehnte später verwegene Schatzjäger auf die Spur gekommen. Plötzlich sah man Menschen, die wie Schuljungen mit dem Plan, Bonbons zu klauen, zur Halde stapfen, wo sie sich mit teils bewaffneten Landbesitzern herumschlagen mussten, um an die begehrten Sammlerstücke zu gelangen. Diese fanden sie reichlich und boten sie seither der Sammlerszene feil.

Peter Tornquist ist einer dieser Sammler, die sich mit großem Enthusiasmus in dieses Vergnügen stürzten. Dabei hat er hat es besonders auf eine ganz besondere Spezies in einer ganz speziellen Farbe abgesehen: den *Kronosaurus* in »robin´s egg–blue«. Tja, wie übersetze ich das jetzt am besten? Ach, egal: »Rotkehlcheneiblau«. Um diesen Farbton ranken sich Mythen; angeblich ist sie derart selten, dass niemand genau zu wissen scheint, ob Exemplare in diesem Farbton überhaupt je existierten. Doch wie unbeirrbare Zeugen daran glauben, dass der längst ausgestobene Moa auch heute noch in Neuseeland im Verborgenen lebt oder Langhalsdinosaurier mit dem Namen »Mokele Mbembe« noch heute den afrikanischen Dschungel bevölkern – von »Nessie« ganz zu schweigen –, glaubte Peter an die Existenz »seiner« Farbe. Er ging dem Mythos nach und traf schließlich auf einen gewissen Francis Turner, der das 2016 geschlossene Louis Marx-Firmenmuseum geleitet hatte und einst selbst begnadeter Spielzeug-Gräber gewesen war. Wenn er für Licht und Klimaanlage bezahle, meinte Francis zu Peter, gebe er ihm gern eine private Führung durch das geschlossene Museum.

Dabei geschah das für Peter Unfassbare: Er sah zum ersten Mal eine Figurenserie in der Farbe Rotkehlcheneiblau! Francis nahm einen *Triceratops* im ersehnten Farbton aus den Regal – und brach ihm absichtlich das Bein ab! Nicht zu glauben! Peter war wie vor den Kopf gestoßen. Er beschreibt den Augenblick heute noch, als sei vor seinen Augen ein Fabergé-Ei zerbrochen. Jedoch: Unter der scheinbar so wertvollen Farbe befand sich ein ganz normaler, massenhaft produzierter Farbton. Die äußere Schicht war offensichtlich durch chemische Prozesse im Untergrund derart verfärbt worden. Dieses ominöse Rotkehlcheneiblau war also womöglich gar keine Fehlfarbe gewesen, sondern das Ergebnis profaner chemischer Prozesse durch die jahrzehntelange unterirdische Lagerung in einer Müllhalde. Was für eine Enttäuschung!

Doch hier endet die Geschichte nicht. Francis führte Peter in seine private Garage, wo weitere Hundertschaften der Kleinodien aus Spritzguss auf Peter warteten. Zwei davon, aus einem seltsamen Blau gefertigt, legte Francis in Peters Hände, einen *Brontosaurus* und einen *Kronosaurus*. Peter war ein zweites Mal vom Donner gerührt, doch diesmal auf die für einen Sammler denkbar schönste Weise: Das hier war das langersehnte Rotkehlcheneiblau! Jahrelange Recherche, Hoffen und Bangen schienen nur auf diesen einen Moment gewartet zu haben.

Der selige Peter stieg in zähe Preisverhandlungen ein und musste sich schließlich für eines der Exemplare entscheiden. Die Wahl fiel auf den *Kronosaurus*, den er seitdem wie ein Heiligtum behandelt.

Schlusspointe: Mein bester Freund Basti, der dieses Intermezzo in der Erstfassung für mich Korrektur gelesen hat, ist begeisterter Ornithologe. Ihm zufolge würde eine Hommage an das tatsächliche Blau des Rotkehlchen-Eis das Ganze vielleicht noch abrunden. Ich kann aber keine Hommage an etwas schreiben, das ich leider noch nie mit meinen eigenen Augen betrachten durfte. Also, Basti, wann brechen wir auf zur gemeinsamen Exkursion?

**Aufgaben:**

- Welche Gegenstände haben Sie weggeworfen und es schon kurz darauf bereut? Malen oder zeichnen Sie diese!
- Welche Dinge haben Sie schon vor dem Müll gerettet? Was bedeuten sie Ihnen heute?
- Besitzen Sie so etwas wie einen persönlichen »Heiligen Gral«?

# Kapitel 8
# Hilfe, mein Kind spricht dinosaurisch!

*»Es ist so lustig, dass man, wenn man etwas über Dinos wissen will, entweder einen studierten Paläontologen fragen kann oder einfach irgendeinen beliebigen 7-Jährigen.«*
Handy-Meme, Autor unbekannt

Es scheint beim Aufwachsen zu den Grundgesetzen zu gehören: Jungen wie Mädchen zwischen etwa drei und sieben Jahren werden vom »Dinosauriervirus« angesteckt. Man sagt, der Jungenanteil sei dabei ein wenig höher. Womöglich spielt hier das bei Männern und Jungen erhöhte Potenzial, Spannungen eher in Form von Körperlichkeit und Lautstärke nach außen zu tragen, eine Rolle. Das wird mir jetzt zwar vermutlich keinen uneingeschränkten Beifall bringen, aber beobachten Sie nur einmal, wie Jungen ihre Actionfiguren, Kuscheltiere und Puppen aneinander klatschen, während die meisten Mädchen mit denselben Akteuren tendenziell eher freundliche Dialoge und Rollenspiele inszenieren. Den Jungen aber kommen die bedrohlichen Dinosaurier scheinbar gerade gelegen: »Roaaaar!« schallt es durch das Kinderzimmer.

Die Sporen einer möglichen Karriere als Paläontologe, oder zumindest als Paläo-Nerd oder Dinosaurierverrückter, wehen in enormen Mengen durch die Kindheiten. Durch ihren zwiespältigen »Charme«, ihre hohe Kompatibilität mit allen möglichen anderen kindlichen Lebenswelten (Der Dino als Töpfchen, der Dino als Lätzchen, der Dino als Aufgabensteller auf dem Arbeitsblatt, der Dino auf der Bettwäsche) und vielleicht ein Stück weit auch einfach durch ihre hartnäckige Allgegenwart ist es den Dinosauriern gelungen, fester Bestandteil unserer Kultur zu werden. Brauchten die Schamanen und Jäger im vom Menschen »eroberten« Teil der Urzeit am Feuer für ihre Geschichten noch übertriebene Darstellungen wilder lebender

Tiere, um den Jagdtrieb anzuheizen, die Gemeinschaft zu stärken oder den Clan in Wachsamkeit zu halten, dienen heute die Dinosaurier als erzieherische Allzweckwaffe ähnlichen Absichten – als sublimierte und quasi gezähmte Versionen archaischer Bedrohungen.

Diese Sporen warten nur darauf, kindliche Gehirne zu besiedeln, um irgendwann wie Pilze Fruchtkörper des Wissens und des Staunens herauszubilden. An den Kassen unserer Supermärkte lauert die Quengelware, auf dem Pfad Richtung Grundschulkind harrt am Wegesrand die Welt der Dinosaurier. Wenn man nicht aufpasst, machen diese genauso süchtig wie der jedem Lebensmittel großzügig beigefügte Zucker – möglicherweise ein Leben lang. Die Marketingabteilungen der Großkonzerne haben schon vor – geschenkt! – Urzeiten entdeckt, dass sich Produkte mit Dinosauriern drauf, dran und drin einfach sehr gut verkaufen. Fragen Sie die Buchhändlerin Ihres Vertrauens ruhig einmal nach dem Absatz einschlägiger Produkte zum Beispiel aus dem Coppenrath-Verlag. *Furzipups* lässt grüßen. Nehmen wir noch das »Duscherlebnis T.rex« mit, das ich neulich zufällig in der Familiendusche fand – so also riecht die Urzeit! Nicht zu vergessen die Rockband *Heavysaurus*[54], die mit gut ausgearbeiteten Charakteren in voller Dinosaurier-Montur die Bühne rockt – was sich gut trifft, wenn der Nachwuchs Dinos mag und der Papa, der das Geld hat, den Heavy Metal.

Neulich sah ich in der Kühltruhe Chicken Nuggets in den charakteristischen Formen der klassischen Dinosaurier. Ein *T.rex* aus Formfleisch und ein panierter *Parasaurolophus* lösen in mir zugleich Mitgefühl und Appetit aus. Aus massenhaft zu diesem Zweck gezüchteten Dinosauriern machen wir mundgerechte, frittierte Happen in ihrer eigenen Form. Im falschen Selbst steckt immer auch eine Spur des wahren Selbst. Mich wundert heute gar nichts mehr. Wie hat wohl ein Dinosaurier geschmeckt? Gab es wohl Geschmacksunterschiede zwischen, sagen wir, einem *Therizinosaurus* und einem *Diplodocus*? Als wahrscheinlichsten Geschmackspaten stelle ich mir den Vogel Strauß und das Nilkrokodil vor.

Entschuldigen Sie bitte diesen Exkurs in die Kulinarik. Was ich damit eigentlich nur wiederholen wollte: Sie sind mitten unter uns!

Aber ich weiß ja, Sie möchten jetzt viel lieber Tipps und Tricks im Umgang mit dem Interesse Ihres Kindes an den Dinosauriern bekommen. Dass dem so ist, zeigt mir: Sie sind entweder verunsichert oder verzückt. Die einen Eltern stürmen ab der Diagnose »Dinomania« jubelnd die Museen und haben endlich wieder ein Alibi für den kindlichen Abenteurer in sich. Die anderen fragen sich, wie es so weit kommen konnte. Haben wir etwas falsch gemacht? Sollte der Nachwuchs sich nicht mit etwas Nützlichem befassen? Sucht er sich jetzt vielleicht schon imaginäre Freunde? Na ja, gar nicht so abwegig.

Die guten Nachrichten zuerst: Wenn der Sprössling plötzlich beim Frühstückstisch komplizierteste Dinosauriernamen spielend leicht ausspricht und beginnt, Sie kleinlich zu verbessern, wenn Sie dasselbe probieren, ist mit ihm alles in Ordnung. Und während Zucker und Panade Ihr Kind dick und zappelig machen, tun Dinosaurier dies bei gleichem Suchtfaktor nicht. Möglicherweise haben Sie das vorherige Kapitel zur Entstehung eines Paläo-Nerds nicht nur mit Interesse, sondern gar mit Begeisterung gelesen. Wenn dem so war, freuen Sie sich: In diese Richtung ist auch für Ihren Nachwuchs noch alles offen, wenn es plötzlich dinosaurisch mit Ihnen spricht. Wenn nicht, lassen Sie es bloß in Ruhe. Niemand zwingt Sie dazu, Ihrem Sohn oder Ihrer Tochter beizubringen, wie ein *Triceratops* gekämpft haben könnte, was am Ende der Kreidezeit wirklich geschah (Spoileralarm: Eine verhängnisvolle Kettenreaktion nach dem Einschlag eines Asteroiden auf Teile des heutigen Mittelamerika) und wer die Bezeichnung »Dinosauria« erstmals offiziell gebrauchte.

Bloß der Vollständigkeit halber: Es war Richard Owen, ein selbstsüchtiger englischer Anatom, Mediziner und Zoologe, der in seinem Fachartikel im Jahr 1842 drei damals sehr schwer in irgendein bis dato gültiges Konzept passende Spezies versteinerter Reptilien zu den »Dinosauria« (»Schreckliche Echsen«) zusammenfasste. Owen war, so viel vielleicht noch, ein Zeitgenosse von Mary Anning und entschiedener Gegner der damals neu aufkommenden und heiß diskutierten Evolutionstheorie eines gewissen Charles Darwin, den er auch persönlich kannte.

Selbst, wenn Ihr Kind später kein Anatom, Zoologe oder Mediziner werden sollte: Was passiert mit und in ihm, während es seinen Interessenhorizont auf die Welt der Urzeit erweitert? Was macht es da eigentlich?

Kurz gefasst: Es erweitert seinen Entdeckungsradius und seine Kompetenzen zugleich. Es hält Ausschau nach neuen Erzählungen und Erklärungen, weil es spürt und erkennt, dass die Welt größer und bedrohlicher, aber auch um ein Vielfaches spannender ist als noch kurz zuvor im bequemen, warmen Nest. Es eignet sich neue Wissensgebiete und Erfahrungsspielräume an, die bis dahin nicht im Fokus seines Interesses standen. Meistens fällt die sogenannte »Dinosaurierphase« in die Zeit zwischen dem vierten und siebten Lebensjahr. Hier wird es magisch …

## Was die Psychologin sagt

Gabi Grosche ist eine erfahrene Pragmatikerin auf dem Fachgebiet der Psychologie. Von Haus aus langjährige Erziehungsberaterin und Gutachterin für familiengerichtliche Angelegenheiten, ist ihr nichts Menschliches (und leider viel zu oft auch nichts Unmenschliches) fremd. Wenn jemand über die Entwicklungsphasen des Kindes Bescheid weiß, dann sie. Glücklicherweise zögerte sie keinen Augenblick, ihr Fachwissen mit mir zu teilen. Zumal sie sich als meine ehemalige und sehr gute Kollegin kaum gewundert hat, dass ich die Themen *Urzeit* und *Dinosaurier* immer noch in mir trage. Gabis zentrales Stichwort ist die »Magische Phase«. *»Als solche«*, führte Gabi bei einer gemeinsamen Tasse Kaffee in ihrem Büro aus, *»bezeichnet man ein Entwicklungsstadium des Kindes, in dem es ein teilweise schon sehr ausgeprägtes Realitätswissen mit eigenen Vorstellungen und fantastischen Überlegungen auffüllt. Äußere und innere Wirklichkeit vermischen sich. Geister, Elfen und Feen sind genauso möglich wie der Superheld, der die Welt rettet.«* Gabi zufolge ist das Denken in magisch-fantastischen Dimensionen in dieser Phase nichts Ungewöhnliches oder gar bedenklich. »Indem es gesichertes Wissen mit eigenen Fantasievorstellungen ergänzt, bringt es Ordnung und Struktur in die Dinge, die es beobachtet und die ihm widerfahren.« Durch eigene schöpferische Tätigkeit versuchen Kinder in dieser Phase, ihre Nah- und Umwelten zu verstehen. Nach diesem Verständnis stellt das magische Denken auch einen Versuch dar, die Realität zu strukturieren.

»Dazu sind viele Entwicklungsaufgaben im Alter zwischen vier und neun Jahren von Angst durchzogen. Holt Mama mich wirklich aus dem Kindergarten ab? Wohin fährt der Schulbus tatsächlich?« Das magisch-mystische Denken könne helfen, solche Ängste besser auszuhalten und produktiver mit ihnen umzugehen.

Ich zähle eins und eins zusammen: Einerseits bringt die Fantasie Monster und Räuber hervor, andererseits kann dieselbe Fantasie auch Monster und Räuber vernichten. Moment mal?! Der *Tyrannosaurus* wäre demnach zugleich angsteinflößendes Gräuel und imaginärer Kumpel. Ich kann einerseits in den blutigen Kiefern des *Tyrannosaurus* verschwinden, oh Schreck, aber zur gleichen Zeit kann ich ihm befehlen, meine blöde Tante aufzufressen, die immer an mir rumknutscht und sagt: »Kind, was bist du groß geworden«, wenn sie zu Besuch ist.

Unwillkürlich muss ich an Märchen denken, die demnach eine ähnliche Funktion erfüllen wie die Dinosaurier. Der Beginn der Kindergartenzeit und die Entwicklung zum Schulkind erfordern von einem Kind die Fähigkeit, sich teilweise vom Elternhaus zu lösen. Märchen wie *Hänsel und Gretel* oder *Rotkäppchen* spiegeln dies wider. Meistens überwinden Kinder ihre Furcht und überlisten das Unbekannte beziehungsweise Böse mit der Entdeckung bislang unentdeckter Stärken. Sie streuen Brot für den Rückweg auf den Weg oder halten der Hexe einen Stock hin statt des Fingers.

Die Urzeitechsen können Kinder allerdings durchaus in ihrer Angst verhaftet lassen. Der Autor Reif Larsen ließ in seinem großartigen Roman *Die Karte meiner Träume* den gerade einmal elfjährigen T. S. Spivet folgende Zeilen verfassen:

*»Ich glaube, das war auch ein Grund dafür, warum ich als Kind Bettnässer war: Ich wusste nicht, ob der wütende Pterodaktylus unter meinem Bett – den ich*

*›Dschanga Din‹ getauft hatte und den ich mir mit weißglühenden Augen vorstellte und mit einem grausigen, mörderischen Schnabel – mich nicht auf der Stelle auffressen würde, wenn ich nachts einen Fuß auf die eisigen Fußbodendielen setzte, um zur Toilette zu gehen. Also behielt ich es bei mir und dann behielt ich es nicht mehr bei mir und meine Bettlaken waren zuerst feucht und warm und dann feucht und kalt. Und ich lag im Bett, bibbernd, doch am Leben, und das wenige, was mir an Trost noch blieb, war der Gedanke, dass mein Pipi jetzt vielleicht Dschanga Din auf den Kopf tropfte, sodass er noch wütender (und gieriger) wurde, weil ihm der Leckerbissen entgangen war. Doch inzwischen glaubte ich nicht mehr an Dschanga Din und konnte mir nicht erklären, warum ich immer noch ab und zu ins Bett machte. Das Leben ist voller kleiner Geheimnisse.«*[55]

Der Nerd in mir ist getriggert. Ich suche den evolutionären Ursprung dieser magischen Phase. Ein heißer Erklärungsansatz liegt womöglich in der Erkenntnis, dass sich in der Entwicklung eines Individuums die Entwicklung seiner Art niederschlägt.

## Hilfe aus der Urzeit

Als Wirbel- und Säugetiere mussten wir uns durch unsere gesamte Entwicklungsgeschichte hindurch als »opportunistische Angsthasen« durchschlagen. Als Seescheidenlarven im Urmeer wurden unsere Vorfahren von gierigen Gliederfüßern gejagt. Als kieferlose Fische panzerten wir zuerst unseren Kopf, denn oft kam das Schlimme von oben. An Land spalteten wir uns von den Reptilien ab, die uns fortan sowohl plagten als auch faszinierten. Martialisch ausgedrückt: Erkenne den Feind, ein Teil von ihm steckt noch in dir. Die Angst war unser ständiger Begleiter. Schließlich wurden wir zu Menschen und greifen als lern- und erzählfähige Wesen auf unsere Geschichte zurück. Die Urzeit steckt uns in den Knochen. Um ihre Kinder vor Riesenwaranen zu warnen, mussten die Aborigines ihnen zum Beispiel nicht ständig aufs Neue live und in Farbe zeigen, wie einer ihrer Artgenossen zerfleischt wird. Energiesparender und für den Bestand der Population nützlicher war es, eindrückliche Geschichten über gigantische Mitbewohner zu erzählen.

Zusätzlich biete ich nassforsch folgende Deutung an: In der Urgeschichte des Menschen waren Kinder nach rund drei Jahren abgestillt und die Mutter wieder bereit für eine neue Schwangerschaft. Mit sechs oder sieben Jahren wurde das Kind offiziell einer größeren Gemeinschaft zugeführt. Beide zentralen Schritte, die Loslösung von der Mutterbrust und das teilweise Lockern symbiotischer familiärer Bindungen, wurden sicherlich durch Schamaninnen und Dorfälteste begleitet, die den Kindern den Märchen analoge Geschichten zur Überwindung ihrer Ängste erzählten. So wurden die Kleinsten ermutigt und unterstützt. Später, beim Aufstieg zum vollwertigen Mitglied des Stammes als Jäger oder Sammlerin – da waren die Kinder auf dem Weg vom Kind zur Frau oder zum Mann – vollzogen die Sippen und Stämme zahlreiche Initiationsriten, bei denen sich das nun vollends von der Mutter zu lösende Individuum diversen Verunsicherungen und Prüfungen unterziehen musste. Viele Höhlenmalereien wurden dahingehend interpretiert, dass sie solche Prozesse visuell eindrucksvoll und damit große Emotionen provozierend begleiteten. Je nach Einfallswinkel des von Fackeln stammenden Lichts konnten sich diese Szenerien sogar »bewegen« und nahmen somit die tatsächliche Gefahr vorweg.

Was muss das Feuer der Fackeln geknistert haben, wie muss der verdunstete Schweiß unserer Urahnen von der Höhlendecke zurück getropft sein? War das ein markerschütterndes Geschrei, wenn während ritueller Zusammenkünfte unter engen Höhlendecken laut die Trommeln wirbelten, der erfahrenste Jäger der Sippe sein Hörspiel sprach und in seinem Zeremoniell die nun bereiten Mitglieder in den Status des Erwachsenen hob.

Dass wir uns sowohl beim Aufwachsen als auch bei der Erziehung bei urzeitlichen, archaischen Wesen bedienen, hat seine Ursache in der Urzeit selbst! Ist das zu fassen?!

Noch einmal in Kürze: Jeder entscheidende Entwicklungsschritt ruft im Kind zugleich Neugier und Angst hervor. Angst und Neugier erschaffen Monster; der Weiße Hai oder ein *Tyrannosaurus rex* können ein Lied davon singen. Sie knirschen, lauern und stampfen. Je häufiger das Kind seine Angst vor diesen realen und ausgedachten Kopfgeburten überwindet, desto kompetenter fühlt es sich und wird es. Insofern lässt sich da Anschauen von *Jurassic Park* womöglich am ehesten als emotionales Trainingslager interpretieren. Dinosaurier sind perfekte Übergangsobjekte für die Aufgaben auf dem Weg zum Erwachsenwerden. Und wir möchten sie als Teil unseres Alltags lieben und fürchten.

Warum sonst gibt es von ihnen derart viele verniedlichte Versionen, zum Beispiel als Kuscheltier, »Baumschubser« John Sinclair oder Haustiere von Fred Feuerstein? Wie anders lässt sich ein Buch wie *Dinosaurier [nicht nur] für Haus, Hof und Garten* interpretieren, in dem der britische Zoologe Robert Mash detaillierte Haltungsempfehlungen für verschiedene Spezies preisgibt?[56] Demnach kann beispielsweise ein *Oviraptor* im Haus nur unter ständiger Aufsicht gehalten werden, im Garten allerdings durchaus auch an der Leine. Dort werde er zuverlässig jeden Eindringling anschreien und ihn nach dieser Warnung anfallen. Die Parallelen zu heutigen Hunden – ebenfalls gezähmte Wildtiere – sind unübersehbar. Ein ganz aktueller Trend nimmt Dinosaurier »in freier Wildbahn« auf. Die Fotos sehen aus, als seien sie mit einer Nachtsicht-Wildkamera aufgenommen worden, die scheinbar flüchtig ertappten Dinosaurier erscheinen schwarz-weiß mit leuchtender Netzhaut.

In der Frühzeit unserer Spezies stellten unsere Ahnen Horrorszenarien, aber sicher auch profane Jagdszenen, vermutlich in prähistorischen Kinosälen dar. Guter Gruppenzusammenhalt war ein wichtiger Überlebensvorteil; Initiationsriten markierten den Übergang vom Kind zum Mann. Während die Kinder damals dabei allerdings weitestgehend von Mitgliedern ihrer Sippe beaufsichtigt waren, entziehen sich moderne »Initiationsriten« dem elterlichen Einfluss. Das hat Konsequenzen: Unreife Männer besiegen ihre Angst in Straßenrennen mit hässlich aufgemotzten Autos, markieren Nazi-Kieze, vollziehen abartige Aufnahmerituale bei der Bundeswehr, unterminieren die Polizei mit rechten Tendenzen und zeigen eine Gewaltbereitschaft weit über das Jugendalter hinaus. All das zeugt davon, dass wir als Moderne unseren Kindern zu wenig Präsenz, Klarheit und Sicherheit bieten. Heute werden wir zwar groß, aber nicht mehr erwachsen. Wenn dieses Verharren im Kindlichen sich als das Beibehalten der magischen Phase gestaltet und man seine Energien in kreativen Tätigkeiten fließen lässt, ist das okay. Kommen beim Ausleben unterdrückter Kraft aber Menschen real zu Schaden, weil man noch immer der trotzige Balg ist, der im Sandkasten anderen Kindern mit dem Schüppchen auf die Mütze gegeben hat, ist etwas schief gelaufen. Doch das steht auf einem ganz anderen Blatt. Widmen wir uns lieber wieder den Vorteilen, die es hat, unseren Kindern die Urzeit nahezubringen – zum Beispiel in Gestalt guter Bücher.

## Mehr wissen als die Großen

Ein solches hat der junge Wissenschaftsjournalist Birk Grüling gemeinsam mit der Illustratorin Lucia Zamalo 2022 veröffentlicht. *Ein T.rex namens Sue. Dinosaurier und ihre Entdeckerinnen* heißt es und bringt Kindern mit der Erforschung der Erdgeschichte nahe, dass Frauen für die Wissenschaft ein Hauptgewinn sind. Ich bin aufgewachsen mit ausschließlich männlichen Vorbildern in der Paläontologie. Damals hießen die Bücher noch, »wie es sich gehörte«, *Men and Dinosaurs* (Edwin Colbert) oder *Dinosaurierforscher* (Don Lessem). Heute haben selbst die dicksten männlichen Sturköpfe längst eingesehen, dass es ohne Frauen nicht nur in der Paläontologie nicht mehr geht. Birk Grüling war wie ich in seiner Kindheit versessen auf Dinosaurier und hat einen Sohn, der »noch so halb Fan« sei. Mein Sohn Mats hingegen ist offenbar immun gegen das Dinosauriervirus. Er steht auf schnelle Autos, seine Spielkonsole und Fußball. Womöglich fehlte ihm im entscheidenden Zeitfenster in einem mit Dinosauriern vollgestopften Haus einfach der Überraschungsmoment.

Im nachfolgenden Dialog fragte ich Birk, wie er sich die kindliche Faszination für Dinosaurier erklärt:

*»Einmal ist es natürlich so, dass es für Kinder eine ganz besondere Erfahrung ist, auf einem Gebiet Experte zu sein und dabei mehr zu wissen als die Großen. Sie wissen Dinge, die die Eltern, Erzieherinnen und Erzieher vermutlich nicht wissen. Das beflügelt.«*

**»Soweit klar. Eine tolle ehemalige Arbeitskollegin, von Haus aus Psychologin, sprach auch von der sogenannten ›magischen Phase‹.«**

*»Sie passt wunderbar zum Thema. In dieser kommen die sonderbaren Urzeitechsen jetzt nämlich wie gerufen. Obendrein gibt es einen entscheidenden, womöglich sogar verstärkenden Unterschied zu all den Fabelwesen und Monstern: Dinosaurier gab es wirklich. Wir können ihre realen Überreste im Museum bestaunen und mancherorts sogar selbst ausgraben. Forschenden zufolge entwickelt etwa jedes dritte Kind im Alter zwischen zwei und sechs Jahren ein sogenanntes ›intensives Interesse‹. Platz 1 belegen dabei interessanterweise Fahrzeuge – Züge, Flugzeuge und Autos, auf Platz 2 liegen schon die Dinosaurier. Warum dieses Interesse entsteht, wissen die Psychologen nicht so genau, auch wir Eltern tun uns oft schwer damit, einen genauen Startpunkt für das Auto oder das Dino-Fieber auszumachen.«*

**»Da habe ich eine Deutung im Angebot: Fahrzeuge stehen symbolisch wie real für die Ausdehnung der kindlichen Komfortzone und neue Entdeckungen auf dem Weg dorthin. Dinosaurier wiederum sind sozusagen Projektionsfläche für seelische Reifungsprozesse. Und dass es ausgerechnet Dinosaurier sind, liegt womöglich daran, dass den Urahnen dieser Tiere und unsere eigenen Urahnen eine bewegte und nicht immer friedliche gemeinsame Vergangenheit miteinander verbindet. Der Dino erinnert uns an unsere Urängste als Säugetiere und zugleich daran, dass wir diese überwinden können.«**

*»Aha. Scheinbar bestätigst du als ehemaliges typisches Dino-Kind gerade eine Studie der Indiana University.[57] Sie fand heraus, dass ein verstärktes Interesse für Dinosaurier ein Hinweis auf eine erhöhte Intelligenz des Kindes sein kann.*

*So zeigen Nachwuchs-Paläontologen eine erhöhte Ausdauer beim Lernen, eine verbesserte Aufmerksamkeit und ein besonders gutes komplexes Denken. Die Forschenden glauben auch, dass die Art und Weise, wie Kinder sich mit den vielen verschiedenen Dinosaurier-Arten und ihren komplexen Verwandtschaftsverhältnissen auseinandersetzen, sich positiv auf den strategischen Umgang mit Problemen im späteren Leben auswirkt. Übrigens trifft die Studie für Pokémon und andere Sammelkartenspiele ähnliche Aussagen.«*

**»Dann sind wir in einem Boot, Birk. Der Kulturwissenschaftler W. J. D. Mitchell hat in seinem Buch** *The Last Dinosaur Book* **die Chancen angeführt, die die Dinosaurier der Pädagogik auch nach der magischen Phase ihrer Adressaten bieten: So schreibt er, Dinosaurier böten ein interdisziplinäres pädagogisches Objekt, das jungen Menschen längst bekannt sei. Man könne das nutzen, um die unterschiedlichsten Fächer draufzusatteln, darunter auch das wissenschaftliche Denken selbst. Damit meint er die Beziehung zwischen bruchstückhafter Überlieferung und ganzheitlichem Denken sowie die Unterscheidung zwischen Fakt und Fiktion. Was glaubst du, wieso wir zwei uns jetzt hier als Erwachsene noch über Saurier unterhalten, während zahlreiche andere Menschen irgendwann scheinbar ›normal‹ werden?«**

*»Tja, bis auf wenige Ausnahmen – die allerwenigsten Dino-Kinder werden später selbst Paläontologen, mancher wird vielleicht noch ein Buchautor wie wir – verfliegt die Phase schnell wieder, und zwar oft ausgerechnet beim Start der Grundschule. Dort wird nun erwartet, dass die Kinder Lesen, Schreiben oder Rechnen lernen. Der Blick auf die Welt erweitert sich, neue Dinge werden interessanter, das Kind trifft neue Freunde und Spielkameraden und für die Spezialisierung auf ein Thema bleibt einfach wenig Platz. Unsere Verantwortung als Eltern liegt nun darin, dass wir den Kindern helfen, trotz der Schule ihre Neugier und ihren Wissensdurst beizubehalten. Nicht, weil Dinosaurier klug machen, sondern weil sie eine wunderbare Perspektive auf die Welt eröffnen. Sie zeigen, dass es schon lange vor uns Menschen faszinierende Lebewesen gab und sie zeigen, wie Evolution*

*funktioniert, sich in der Natur immer wieder neue Fähigkeiten und Eigenschaften entwickeln und wie die Natur mit Aussterben und wandelndem Klima umgeht.*

*Das Leben findet einen Weg, und aus der Urgeschichte sowie speziell von den Dinos können wir lernen, dass sich Kreativität, Anpassungsfähigkeit und Geschick im Leben unbedingt lohnen.«*

An dieser Stelle möchte ich noch einmal Gabi Grosche zitieren: *»Erwachsene sollten das magische Denken des Kindes ernst nehmen, sich nicht lustig machen oder es als Träumer oder gar Lügner bezeichnen. Wir sollten diese Entwicklungsstufe respektieren und willkommen heißen.«*

Ich selbst möchte dazu ergänzen: Und möglichst selbst ein Leben lang beibehalten, damit der Fantast und der Abenteurer in uns niemals verkümmern. Es lebt sich gut mit dem inneren Kind, das sich in seiner Suche nach befriedigenden Antworten auch gern mal als Wissenschaftler und Nerd verkleidet.

## Artgerechte Kindererziehung

Die Biologielehrerin Pia und ich hatten uns viel vorgenommen. Anhand einer sehr, sehr langen Stoffbahn, die die Schülerinnen und Schüler über die gesamte Länge des Schulhofes ausrollen sollten, wollten wir ihnen die Dauer der Urgeschichte mit einem großen Aha-Effekt näherbringen. Die Pointe war, dass nur die letzten zwei, drei Zentimeter, in diesem Falle rot abgesetzt, alles beinhalten, was man unter der »Menschheitsgeschichte« versteht. Die Fünftklässlerinnen und Fünftklässler waren zuvor im Klassenraum recht konzentriert bei der Sache gewesen. Brav hatten sie aufgesagt, was sie sich schon über die Urgeschichte gemerkt hatten, wie üblich tat sich der eine oder andere Jung-Nerd hervor und wollte mich mächtig beeindrucken. Als die Kinder nämlich gehört hatten, dass ich nicht nur als Schulsozialarbeiter bei der Lösung von Problemen helfe, sondern auch Experte für alle die Urzeit betreffenden Angelegenheiten bin, waren sie direkt Feuer und Flamme.

Kaum aber waren die Kids aus ihrer fünfstündigen Käfighaltung befreit, gab es in der sechsten Stunde kein Halten mehr. Auf dem Schulhof tobten sie entweder umher wie Popcorn in seiner Herstellung oder fläzten sich ausgiebig gähnend auf der Tischtennisplatte. Mit dem letzten bisschen Pflichtbewusstsein folgte ein Häufchen Aufrichtiger Pias und meiner erstaunlicher Kunde von der Dauer der Tiefenzeit. Doch zu dem, was man im didaktischen Fachjargon »Transferleistung« nennt, zeigten sich nur noch wenige in der Lage. Ich war enttäuscht. Immerhin war ich der Urzeit-Experte und hatte eine Stunde überaus wichtiger Falldokumentation gegen die Möglichkeit eingetauscht, meine erstaunliche Botschaft von der Erdgeschichte superanschaulich unter das Volk zu bringen. Im Affekt maulte ich ausgerechnet den sehr sensiblen Leon an, dass die Lehrer sowieso schon seit geraumer Zeit auf seinen Durchstarter warteten und er sich keinen Zacken aus der Krone bräche, würde er denn hier jetzt aktiv mitwirken. Unvermittelt rannen Tränen über seine Wangen. So hätte ich das doch nicht gemeint, versuchte ich, die Angelegenheit noch zu retten. Ausgerechnet als Sozialarbeiter hatte ich zwei altbekannte Lehrerfehler begangen: Erstens hatte ich geglaubt, was mich begeistert, müsse automatisch auch alle anderen vom Hocker reißen. Zweitens war mir entgangen, dass bei Fünftklässlern in der sechsten Schulstunde an konzentrierte Mitarbeit nicht mehr im Ansatz zu denken ist. Zumal wir obendrein ja noch den Ort der Wissensvermittlung auf die unendlichen Weiten des Schulhofes verlagert hatten, an dessen Rand Bäume aufs Erklettern, Rutschen aufs Rutschen und Tannenzapfen geduldig auf ihre Zielflüge in die Mülleimer warteten.

Während Stoikerin Pia mich milde anlächelte und nach beendeter Übung in aller Seelenruhe die Stoffbahn aufrollte, kam ich mir nach dem Anschiss und in meiner Enttäuschung plötzlich unendlich dumm vor. Dabei war es gar kein Wunder, dass nicht alle Kinder gleichermaßen unserer ausgefuchsten didaktischen Planung folgen wollten. Hatte ich nicht erst vor ein paar Monaten mit großer Begeisterung das »Plädoyer für eine artgerechte Erziehung« vom Kinderarzt Dr. med. Herbert Renz-Polster gelesen, ein Buch mit dem wunderbaren Titel *Menschenkinder*?[58] Darin stellt der Autor die These auf, unsere

Kinder gehörten dringend unter Naturschutz gestellt. Während der Lektüre war ich aus dem Jubeln gar nicht mehr herausgekommen. Nicht nur hatte ich darin einige pädagogische Versäumnisse an meiner jüngeren Version erkannt, ich hatte auch von der großen Bedeutung des absichtslosen Spiels und seiner Abwertung durch die Erziehungs- und Bildungsinstitutionen erfahren. Stand da nicht schwarz auf weiß etwas über die Bedeutung gemischtaltriger Lerngruppen oder vom Rückgang der frei übers Land streifenden »Banden« im Nachmittagsbereich? Aber woher willst du als Kind schon streunen, wenn es keine dazu geeignete Landschaft mehr gibt? Wie möchtest du spielen, wenn der Nachmittag leistungsorientiert durchorganisiert ist wie der Terminplan von Christian Lindner – und vor allem: Mit wem? Keiner ist mehr da, mit dem man einfach mal so spielen kann. Die eine Hälfte der Kinder wird nachmittags einer fürstlich bezahlten Nachhilfeindustrie zugeführt, die andere hängt einsam vor ihren Spielkonsolen oder im Wettbüro des Onkels herum. Welch Ironie, dass die Kinder und Jugendlichen, die wir da so sorglos der Spieleindustrie mit all ihren unlauteren Absichten anheim fallen lassen, dort all das ausleben und inszenieren, was ihnen in »Real Life« tausend mal besser bekäme: freies Bauen und Kreieren (*Minecraft*), Bewegung und Sportsgeist (*Fifa*) und Kooperation im Dienste gemeinsamer Aufgaben (*Brawl Stars*).

Für mich gab es damals nichts Größeres, als mit meiner »Bande« aus verwegenen Jungen und Mädchen die Wälder meiner Umgebung zu erkunden. Wir spielten am »Teufelskopf« (einer für das Sauerland typische, steil aufragende Massenkalkformation) Verstecken und im »Märchenwald« Fangen. Zwischendurch hielten wir an, zündelten vertrocknete Gras- und hohle Pflanzenhalme an, zogen an ihnen, röchelten wie unterseeische Black Smoker und hielten andächtig inne, als wir den schwarzen Massen an Froschbabys beim geschäftigen Ableisten ihrer vollaquatischen Larvenphase zuschauten. Wir waren Jäger, Sammler und Staunende, eins mit Welt, Wald und dabei uns selbst.

Der Evolutionsbiologe E. O. Wilson hatte alle Zeit der Welt, um unbeaufsichtigt in seiner Umgebung herumzustreunen. Stellen Sie sich vor, er wäre von einer überbehütenden Mutter zum Klavierunterricht gegondelt worden oder er hätte dem Bann einer von gut bezahlten Psychologen beratenen Spieleindustrie nicht widerstehen können.

Wenn ich das nächste Mal einer fünften Klasse in der fünften und sechsten Stunde die Urzeit nahe bringen möchte, habe ich vorher auf dem weitläufigen Schulcampus laminierte Papiere mit Teilen eines Saurierskeletts versteckt und lasse die Schülerinnen und Schüler eine Dreiviertelstunde nach diesen suchen. Sachdienliche Nebenfunde und –tätigkeiten wären dabei ausdrücklich erlaubt. Die zweite Dreiviertelstunde würden wir alles zusammensetzen und gut. Wer darauf keine Lust mehr hat, dem drücke ich halt Jonglierbälle in die Hand.

Bislang sind wir davon ausgegangen, die Dinosaurier seien Selbstläufer, die einfach attraktiv sein müssen. Doch das ist alles andere als selbstverständlich.

# Kapitel 9
# **Muss man die Dinos mögen?**

*»Was, Sie schreiben ein Buch über Dinosaurier? Ach, Herr Schröder, die sind doch langweilig. Die kämpfen und fressen nur den ganzen Tag. Wenig Action. Denen fehlt voll das Moderne.«*
Achtklässler

Dass Kinder und Erwachsene Dinosaurier mögen, ist keinesfalls selbstverständlich. Zwar dienen die sogenannten Herrscher der Urzeit wie dargestellt in vielen Fällen Kindern als geschätzte Übergangsobjekte, Sparringspartner und ziemlich beste Gruselfreunde, doch infiziert die mediale Allgegenwart der urzeitlichen Reptilien nicht automatisch jede und jeden mit ihrer Wucht. Plötzlich ist das Kind 14 Jahre alt und hat noch nicht einmal den Namen *Pachycephalosaurus* ausgesprochen!

Das ist überhaupt nicht schlimm, denn wie ich schon beschrieben habe, gibt es Dutzende anderer Spielwiesen, auf denen sich Kinder im Spannungsfeld von Autonomie und Bindung erproben können. Unabhängigkeit und Selbstwirksamkeit trainieren auch der »Raum- oder Rennfahrer«, die »Westernheldin«, die »Detektivin«, der »Ritter«, der »Archäologe« oder die »Minecraft-Architektin«.

Ich bin mir sogar sicher, dass manche Eltern sich insgeheim freuen, dass ihr Kind eben kein spezielles Interesse an den Dinosauriern entwickelt hat. Es ist ja auch nervig mit diesen Viechern! Sie folgen einem auf Schritt und Tritt. Da möchte man in aller Ruhe seine Morgenzeitung auf neue Regierungskrisen, Pandemien und Kriegsausbrüche scannen, und schon nervt wieder so ein Artikel über die Entdeckung und die mysteriösen Lebens- und Todesumstände einer neu entdeckten Art mit –ops, -ator, -pteryx oder –saurus im Namen. Gerade noch knietief in der Lektüre zum neuesten Promi-Beziehungsdrama, penetriert uns mal wieder die Entdeckung eines so niemals erwarteten Tieres an einem super unwahrscheinlichen Ort. Gähn! Keine Müslipackung ist vor den News aus der Vergangenheit sicher. Und dann erst all das Merchandise! Brotdosen, Tornister, Toilettenpapier: Von allem scheint es mindestens eine mit Dinosauriern bedruckte Variante zu geben.

Neben Kindern, Eltern und anderen Laien mag sich auch so mancher Paläontologe mit einem anderen Spezialbereich insgeheim ärgern, dass die Dinosaurier einen so großen Raum einnehmen.

Während mein jüngeres Ich sich nicht damit abfinden wollte, dass die Anziehungskraft der Urzeit nun mal nicht jede und jeden selbstverständlich erfasst, kann ich heute sogar ganz lässig ein paar Gründe anführen, Dinosaurier nicht zu mögen.

## Das Wissen über Dinosaurier und die Beschäftigung mit ihnen sind vollkommen nutzlos

Sind wir doch mal ehrlich: Wir leben im Hier und Jetzt. Es herrscht ein akuter Mangel an Fachkräften in so gut wie allen Bereichen von Wirtschaft, Pflege und Verwaltung. Schulen tragen diesem Mangel keine Rechnung. Das Lied vom wenig zeitgemäßem Schulwissen und dem Schulsystem, das sich längst von der Bedarfslage einer sich ständig verändernden Gesellschaft entkoppelt und verselbstständigt hat, wird schon lange gesungen. Statt einer soliden Vorbereitung auf das Leben und das lebenslange Lernen bekommen Schülerinnen und Schüler heutzutage eine Menge unnützes Zeug auf ihren Lebensweg gekippt, werden aber nicht damit konfrontiert, woher Mama und Papa das Geld bekommen, wie ein Handyvertrag funktioniert oder wie man laut und deutlich »Nein!« sagt. Sie wissen zwar, wie man lateinische Verben konjugiert oder gekonnte Äquivalenzumformungen vollzieht. Doch in Sachen Lebensklugheit ist bei ihnen nicht viel zu holen. In der Blüte ihrer Jugend stehen dann jedes Jahr tausende von Schulabsolventinnen und -absolventen auf der Matte, die zwar wissen, an welcher Stelle das Gendersternchen zu stehen hat, aber sich selbst und lieben Gästen keinen vernünftigen Erbseneintopf kochen können. Sie wissen von sämtlichen weltweit wütenden Konflikten, schwenken schuldbewusst Fahnen für unterjochte Länder und das Klima, aber könnten Ihnen nicht sagen, wie der Bürgermeister ihrer Kommune heißt, wo sie einen Personalausweis beantragen können oder wie hoch der Eintritt ins hoffentlich noch vorhandene örtliche Schwimmbad ist. Verzweifelt reden sie von einem Studium der Psychologie oder irgendetwas mit Medien, während sie nicht im Ansatz ahnen, wie ihre Steuererklärung später mal aussieht.

Und dann erst die Kinder, die als Berufswunsch *YouTuber* angeben! Was alles ist eigentlich schief gelaufen, dass Kinder und Jugendliche lieber dumm-dubiosen Content-Kreatoren ihre Aufmerksamkeit schenken als soliden elterlichen Ratschlägen? Und all das, wo Heizungs- sowie Anlagenbau und Bäckerhandwerk aktuell die sicherere Berufswahl wären.

Zugegeben, manches lässt sich dadurch erklären, dass das Gehirn des Menschen für Neugier und Visionen wie gemacht ist und sich folgerichtig immer auf die größte Sensation, den ekeligsten Tabubruch und damit auf die neuesten Flausen halbwüchsiger Semiprominenter stürzt. Mario Barth und Oliver Pocher scheffeln mit diesem Prinzip noch heute Millionen Euro.

Verzeihen Sie mir bitte diesen Ausflug in die Polemik; ich bin ein bisschen vom Thema abgekommen. Doch ich kann mir durchaus vorstellen, dass angesichts der drängenden Probleme dieser Zeit auch die Beschäftigung mit der Vorgeschichte unseres Planeten von vielen Menschen als ungefähr genauso sinnvoll empfunden wird wie das Studium südsiamesischer Begräbnisrituale des 15. Jahrhunderts. Ich wüsste nur zu gerne, wie viele Paläontologinnen und Paläontologen beim Äußern ihres Berufswunsches von ihren Eltern den Satz gehört haben: »Kind, möchtest du nicht etwas Nützliches lernen?«

## Dinosaurier sind ekelig, fies und bedrohlich

Die einen mögen Komodowarane, die anderen nicht. Mancher hält sich eine ganze Armee von Geckos im Terrarium, die den anderen womöglich nur anwidern. Und dann erst die Katzen: Während so mancher sie für zur Empathie fähige und intelligente Tiere hält, meidet ein anderer sie weitläufig.

Wer sagt eigentlich, dass Dinosaurier von zwiespältiger Bewertung ausgenommen sind? Wie selbstverständlich gehen viele davon aus, dass ein *Tyrannosaurus* ein hübsches, elegantes Geschöpf war, das einfach jedes Kind lieben muss?

Aber wie klar ist das wirklich? Wenn wir ehrlich sind, hat jeder von uns beim Anblick eines Langhalsdinosauriers doch schon mal gedacht: »Musste diese ekelige Schlange jetzt auch noch einen Elefanten verschlucken?«

Im Begleittext zu Zallingers Wandgemälde *The Age Of Reptiles*, meiner Einstiegsdroge, heißt es über den Stegosaurus: *»Stegosaurus war ein gewichtiges, hochgebuckeltes Scheusal, 10 Tonnen schwer, 6 Meter lang, das mit seinen ungelenken Beinen schwerfällig dahinstampfte, den kleinen, spitzen Kopf dicht am Boden, auf dem hochgewölbten Rücken schwere, offensichtlich völlig nutz- und zwecklose dreieckige Platten längs der ganzen Wirbelsäule. […]«*

Würden Sie auf eine solche Partnerschaftsannonce antworten? Ich auch nicht. Diese Art von Dino-Bashing war in den 1950er Jahren völlig normal, und es ist vollkommen okay, wenn jemand auch heute mit dem Aussehen der Dinosaurier nichts Gutes verbindet.

## Dinosaurier stehlen anderen Urzeittieren und Erdzeitaltern gnadenlos die Show

Der britische Paläontologe Richard Fortey geht mittlerweile stramm auf die 80 zu. Zeit seines Lebens hat er sich vorwiegend mit den Trilobiten beschäftigt, ausgestorbenen Gliederfüßern, die derselben Entwicklungslinie angehören wie Asseln, Spinnen oder Insekten. Sein gnadenlos gutes Buch *Trilobiten! Fossilien erzählen die Geschichte der*

*Erde* las ich erstmals während eines Strandurlaubs im Jahr 2003. Ich saß am Mittelmeer und hörte den Wellen beim Anlanden zu. »Dieses Rauschen«, dachte ich, »war schon da, lange, bevor es ein menschliches Ohr gab, um es zu hören. Ein echtes Urgeräusch.« Das Meer, seit jeher Symbol unseres Unbewussten, existiert schon ewig. Zu den ersten größeren Geschöpfen, die sich in ihm entwickelten, gehörten die asselartigen Trilobiten, die sogenannten »Dreilappkrebse«, was sich auf ihre charakteristische Körperform bezieht.

Trilobiten waren schon zur Weltmacht aufgestiegen, erblüht und wieder ausgestorben, lange bevor der erste Dinosaurier seinen zaghaften Furz in die Atmosphäre des frühen Erdmittelalters entließ. 270 Millionen Jahre lang erstreckte sich ihre Vielfalt über sämtliche Ökosysteme der Urmeere, eine Spanne, die die der Herrschaft der Dinosaurier um gute 70 Millionen Jahre übertrifft. Für diese Leistung werden die Trilobiten nicht ausreichend gewürdigt. Richard Fortey gab wirklich sein Bestes, und sein Buch weiß Verrückte wie mich durchaus zu fesseln. Doch was ist mit dem Mainstream, mit der Mitte der Gesellschaft? Vermutlich blieb den Dreilappkrebsen aufgrund ihrer Unähnlichkeit mit uns Menschen ein größerer Popularitätsschub verwehrt. Was macht das nun mit Herrn Fortey? Geht er unverzagt seines Weges oder ballt er vielleicht die Faust in der Tasche, wenn im Museum mal wieder alle an den Vitrinen der Dreilappkrebse vorbei in den Dinosauriersaal strömen?

Sind solche Gedanken in der Welt der Wissenschaft tatsächlich Thema? Immerhin geht es auch um Forschungsgelder und Stipendien. Und die Wechselwirkungen von echter Forschung, Populärwissenschaft und Wirtschaft sind schließlich vorhanden. Kann es da nicht auch sein, dass die Wissenschaft aufgrund eines höheren öffentlichen Interesses die Dinosaurierforschung besser ausstatten kann als beispielsweise die Suche nach Urfischen? Oder habe ich mich hier womöglich in kompletten Quatsch verrannt?

Ich überwinde meine Ehrfurcht und frage niemand geringeren als Hans Thewissen, einen der weltweit bekanntesten Experten für urzeitliche Wale. Der Gang der Wale ins Wasser und ihr anschließender Riesenwuchs gehören zum Erhebendsten, was die Naturgeschichte der Meere zu bieten hat. Vom scheuen, kleinen Huftier zu riesenhaften Inseln aus Fleisch und Tran: Thewissen hat all das erforscht. Der Forscher, der aktuell an der medizinisch orientierten Universität *Northeast Ohio* beschäftigt ist, war allerdings nicht so freundlich, meine gewagte These über die Spielverderber Dinosauerier für andere paläontologische Fachrichtungen zu bestätigen, sondern ist in seiner Antwortmail sogar gegenteiliger Meinung:

*»Nun, Stefan, ich denke, das Gegenteil ist der Fall. Wenn Menschen von den Dinosauriern angezogen werden, werden sie auch Neuigkeiten über fossile Wale suchen. Es gibt sogar einen BasiloSAURUS genannten Wal, der sie anziehen könnte. Jeder Laie, der von irgendetwas in der Paläontologie angezogen wird, ist gut für die Paläontologie allgemein und darüber hinaus für die Wissenschaft an sich. Die Welt profitiert von einer naturwissenschaftlichen Grundbildung aller Menschen. Wenn es uns also gelingt, über die Dinosaurier die Kinder in die Wissenschaft zu ziehen, könnte ihnen das helfen, sich für die Wissenschaft zur Auswertung der Probleme zu interessieren, die die Welt gerade hat, wie zum Beispiel die globale Erwärmung.«*

Im Grunde kann er also gut mit den Dinos als Popstars der Paläontologie leben, fallen hierdurch doch genug Aufmerksamkeit und Manpower für die prähistorischen Wale und die Bekämpfung des vom Menschen gemachten Klimawandels ab. Doch wer wäre ich, nicht auch mal Dinge gegen den Strich zu bürsten und spaßeshalber den inneren Advocatus diaboli gegen meine lebenslange Besessenheit ins Feld zu führen?

Ich fragte auch den Münsteraner Paläobotaniker Prof. Dr. Benjamin Bomfleur (Wahnsinn, wenn der eigene Name so viel mit dem Studienobjekt zu tun hat!), der sich mit prähistorischen Pollen beschäftigt, ob er wirklich kein bisschen neidisch auf die Popstars der Paläontologie blickt. Auch in seiner Mail ist von Eifersucht keine Spur:

*»Ich halte es tatsächlich wie Herr Thewissen. Es ist vollkommen selbstverständlich, dass man vor so Rekorde brechenden urtümlichen Riesenwesen wie Dinosauriern weitaus einfacher vor Neugier und Faszination erschauert als vor auf den ersten Blick weniger spektakulär erscheinenden Lebewesen (oder Resten davon),*

*deren Bedeutung sich erst mit tiefergehender Auseinandersetzung und Kenntnis der Materie richtig wertschätzen lässt. Für Dinos lässt es sich einfach leichter begeistern, das liegt in der Natur der Sache und daher hege ich nicht den geringsten Groll -ganz im Gegenteil! Mich hat (natürlich) zunächst auch die Dino-Faszination zur Paläontologie gebracht, viel wichtiger aber noch die ersten eigenen Funde von Fossilien: mickrige kleine Muschelabdrücke im lokalen Unterkreide-Sandstein vor der Haustür. Die Rekonstruktion der Urzeit hat eine unglaubliche Anziehungskraft. Es ist durch Wissen gezähmte Fantasie, die durch ihren Wahrheits- beziehungsweise Wahrscheinlichkeitsgehalt so unfassbar viel stärker wirkt als alles rein Ausgedachte. Man ist eben etwas absolut exotischem Wahren auf der Spur und die Wissenschaft bietet die Möglichkeit, mehr und mehr darüber zusammen zu puzzeln.«*

Solange die von den Dinos angelockten Zuschauer im Theater der Urzeit sich auch die Nischenstücke über Korallen, Wale, Pollen oder sonstige Spezialgebiete anschauen, scheinen die »Herrscher der Urzeit« vielen also sogar sehr willkommen.

Nach dieser nicht repräsentativen Umfrage konnte ich allerdings noch immer schwer glauben, dass die Dinosaurier von mit anderen Themengebieten beschäftigten Forschenden uneingeschränkt positiv betrachtet werden.

Und tatsächlich: Im Videoanruf, siehe Kapitel 6, verriet mir Adam Stuart Smith, dass es durchaus Wissenschaftler gibt, die angesichts der unverhältnismäßigen Dominanz der Dinosaurier in Forschung und Mainstream auch schon mal mit den Augen rollen.

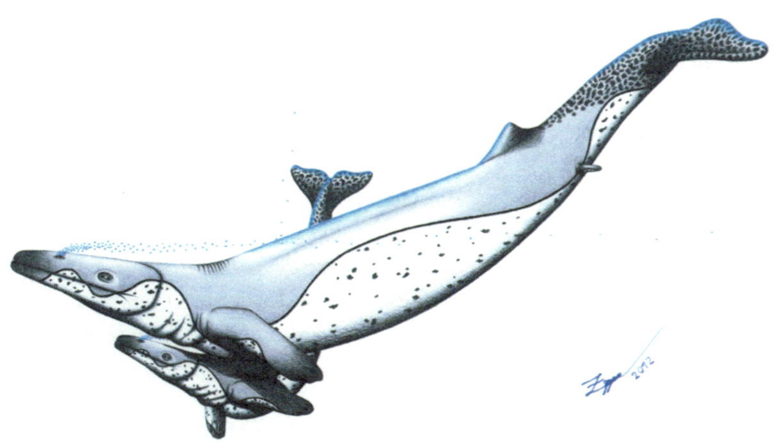

DIN A4 Buntstiftzeichnung von Simon Felix Zoppe aus dem Jahr 2012 (veröffentlicht in der Zeitschrift Prehistoric Times Magazine, Heft 104).

Abgebildet sind zwei Ur-Wale (»Archaeoceti«) der Art Dorudon atrox (ein Muttertier und dessen Kalb) aus dem Eozän vor ungefähr 40 Millionen Jahren. Das tropische Gewässer des einstigen Tethys-Meeres, in welchem sie lebten, ist hier lediglich auf den Tieren als Effekt angedeutet und ermöglicht somit der eigenen Vorstellung freien Lauf.

## Dinosaurier sind ausgedachte Produkte der Kommerzialisierung und Projektionsfläche des Imperialismus

Ein Wissenschaftler, der seinen Namen nicht in diesem Buch lesen möchte, gab mir zu bedenken: *»Gewisse historische Defizite der US-Amerikaner wurden durch Dinosaurier kompensiert. Zusammen mit der globalen Expansion der US-Kultur sind die Dinosaurier mitgesegelt. Wenn man so will, im Windschatten von Mickey Maus und Levi´s.« Auch das Eingehen der Dinosaurier in die Lebenswelten von Kindheit und Popkultur sei im Wesentlichen »kommerziell gesteuert und manipuliert.«*

Bevor Sie nun, wie anfangs auch ich, direkt in den Widerstand gehen: So ganz Unrecht hat der Herr vielleicht gar nicht. Zwar ging die erste »Dinomania« in England über die Bühne. Doch die These, die Dinosaurier seien im Windschatten von *Mickey Maus* und *Levi´s* Jeans »mitgesegelt«, ist eine zweite Betrachtung wert.

Dazu führe ich die These, die USA hätten Mitte des 19. Jahrhunderts »historische Defizite« mit Dinosauriern kompensiert, ein wenig weiter: Die Kehrseite des Forscher- und Pioniergeistes sind Besitzansprüche und Gier. Demnach haben die USA ihren Staat nicht nur aus dem hehren Gedanken friedlicher Expansion, sondern auch auf den Trümmern einer dezimierten Urbevölkerung und durch die Demütigung der Natur errichtet. Dass dieses amerikanische Eroberungsdenken selbst vor längst vergangenen Welten nicht Halt machte, zeigt ein im Jahr 1905 veröffentlichter Zeitungartikel im *Washington Evening Star*, der auch auf den *Triceratops* zu sprechen kommt:

*»Schade, dass dieses gigantische Reptil nicht bis in unsere Zeit hat. Was wäre das eine Chance für den modernen Don Quichote gewesen, sich hervorzuheben. Welche Chance hätte das riesige Tier den treffsicheren Jägern und Staatsmännern geboten, sich zu profilieren?«*[59]

Der Bison war gerade fast ausgerottet worden, doch statt Reue zu zeigen, richtete sich das Denken der Amerikaner schon wieder auf neue Ziele. Während die Dinosaurier zur gleichen Zeit in Europa als furchterregende Drachen und Herrscher einer dunklen Tiefenzeit betrachtet wurden, sahen die Amerikaner in ihnen eine neue Art von Jagdwild.

Das alles mag später durchaus zu ins kollektive Unbewusste verdrängten Schuldgefühlen geführt haben. Ein weiterer Baustein des Aufstiegs der USA war die Menschenverachtung der Sklaverei. Für all das darf man sich durchaus in Grund und Boden schämen. Die Scham wird möglicherweise durch Überkompensation bewältigt. Was hilft dabei besser als Gigantismus, repräsentiert durch die riesenwüchsigen Reptilien, und das ewige Narrativ des Kapitalismus vom Wachstum, das nun mal seinen Tribut fordert? Holen die USA und vielleicht der gesamte Westen in ihrer teils als Kitsch und Folklore überformten Romantik für die Erdgeschichte vielleicht auch ihre vertanen Chancen nach, die Welt friedlich zu erschließen?

Fakt ist: In den USA haben nicht westliche Siedler, Cowboys und Forscher die ersten Versteinerungen entdeckt, sondern lange vor ihnen Indigene und Sklaven. Die mündlichen Überlieferungen der Eingeborenen hatten sich schon immer auch um die Vorfahren der Bisons gerankt, an deren Seite ihre eigenen Vorfahren gelebt hatten. Entsprechend wurden beispielsweise die Funde urzeitlicher Riesensäuger namens *Mastodon* als »Großväter des Bisons« gedeutet. Und im Jahr 1725 kamen einige aus Afrika verschleppte Sklaven nach dem Fund eines Mammutzahns auf einem sumpfigen Feld in Nord Carolina nicht umhin, ihm eine Verwandtschaft zum aus der Heimat bekannten Elefanten zu attestieren.[60]

Von nachrangiger Bedeutung? Ekelerregende Grässlichkeit? Allgegenwart? Werkzeuge des Imperialismus? Masche des Kapitalismus? Bedeutungslosigkeit?

Alles, was den Dinosauriern und der Urzeit so nachgesagt, ist mir offen gesagt egal, und am Ende dieses kurzen Kapitels bleibe ich dabei: Man muss die Dinosaurier nicht mögen. Aber für mich wäre ein Leben ohne Dinosaurier zwar möglich, jedoch sinnlos.

# Intermezzo Nr. 5: Leidenschaft bis auf die Knochen: Der Weg der Elaine Howard

Mut, Schweiß und Tränen: Elaine selbst hat mir erlaubt, ihre Geschichte hier zu erzählen. Seit wir miteinander in Kontakt stehen, zeigt sie sich meinem Anliegen gegenüber überaus freundlich und interessiert, in eben der Haltung, die ihr die Community einst in einer ziemlich verzweifelten Phase ihres Lebens entgegen gebracht hatte.

Als einsames Einzelkind musste Elaine aufgrund des Jobs ihres Vaters sehr häufig umziehen. Typisch USA. Immer wieder war sie angehalten, sich auf neue Schulen und neue Kameradinnen einstellen, strich sich die Bemühungen verständlicherweise aber irgendwann von der Backe und machte aus Trotz auf Außenseiterin. Das mündete in handfesten Essstörungen und dem manifesten Empfinden, nirgends wirklich dazu zu gehören. Ein Teufelskreis.

Wo aber die Gefahr wächst, wächst das Rettende auch. So hatte Elaine schon immer zu verschiedenen Vorbildern aufgeschaut und mit Gitarrenunterricht und Karatekursen zwei Hobbys gepflegt, die ihr viel bedeuteten.

Schließlich erreichte sie ihr Ziel, Rechtsanwältin zu werden. Doch auch das füllte sie nie in Gänze aus. Was ihr sonst noch alles möglich war, erfuhr Elaine ab 2005, als sie sich »eher versehentlich in die Paläontologie verliebte«, wie sie heute sagt. Damals erwarb Elaine in einem Fossilienlädchen in Columbus, Ohio[61] für 15 Dollar den Zahn eines Spinosaurus und wollte fortan alles über ihn wissen.

Im Gegensatz zu mir ist Elaine eine paläontologische Spätberufene. Während ich als einen Paläo-Nerd jemanden bezeichnen würde, der seiner magischen Dinosaurierphase nie »entwachsen« ist, stürzte Elaine sich als erwachsene Frau mitten im Berufsleben erst richtig hinein ins Abenteuer. Das singuläre Ereignis eines eher aus Langeweile und Verlegenheit getätigten Fossilien-Kaufs setzte bei ihr eine Kettenreaktion in Gang. Vermutlich hatte der Zahn in ihr dasselbe

Kribbeln ausgelöst wie einst die Qualle mit dem komplizierten Namen in Edward O. Wilson (siehe Kapitel 3).

Elaine erwarb diverse Zertifikate in Fossiliensuche und –präparation, führte später Besucherinnen und Besucher durch das *Wyoming Dinosaur Centre* und traf dort 2008 schließlich auf einen späteren Starpaläontologen, den damals 18-jährigen Dean Lomax aus Großbritannien. Die zwei wurden ziemlich beste Freunde.

Dean Lomax übrigens hat mit *Locked in Time* ein Buch geschrieben, das einer tatsächlichen Zeitreise in die Erdgeschichte bislang am nächsten kommt. Er portraitiert darin eine Reihe außergewöhnlicher Fossilien, die uns nicht nur etwas über das Aussehen, sondern auch über die Lebensweise, die Kommunikation und den Alltag vorzeitlicher Kreaturen erzählen. Wussten Sie zum Beispiel, dass man in einem versteinerten Erdbau der frühen Triaszeit ein sehr ungewöhnliches Duo gefunden hat, das, auf ewig miteinander vereint, spätere Paläontologen vor ein großes Rätsel stellen würde? Zum einen hatte sich da ein kleines »säugetierähnliches Reptil« der Gattung *Thrinaxodon* vermutlich in einer Art Winterstarre an die Wände des Baus geschmiegt. An dieses wiederum hatte sich ein Amphib der Gattung *Broomistega* gekuschelt.

Eine ungewöhnliche Begegnung, im Tod in Stein dokumentiert. Quicklebendig dagegen ist Deans und Elaines Freundschaft und erreichte im November 2023 ihren vorläufigen Höhepunkt: Im US-amerikanischen Dokumentarfilm *Why Dinosaurs?*, der die Faszination der Menschen für die Erdbewohner der Vorzeit ergründet, wurden die beiden gemeinsam portraitiert. Die Bilder der zwei bei der Hollywood-Premiere sprechen Bände.

Elaine hat aus ihrer Entwicklung von einer essgestörten Außenseiterin zur angesehenen paläontologischen Assistentin und Lebens-Coach ein spannendes Büchlein gemacht: *Passion in the Bones* kann all jene pushen, die gerade selbst in einer Sinnkrise stecken.

**Aufgaben:**

- Lassen Sie Ihrer Fantasie freien Lauf: Wie könnten zwei so grundverschiedenen Lebewesen wie *Thrinaxodon* und *Broomistega* gemeinsam in diesen Bau gefunden haben?
- Wann hat ein einzelner Gegenstand zuletzt bei Ihnen eine regelrechte Kaskade weiterer Abenteuer ausgelöst?
- Zu welcher persönlichen Entwicklung könnten Sie selbst einen Ratgeber verfassen, der anderen Mut macht?
- Welche lang anhaltende Freundschaft beglückt Sie aktuell am meisten?

# Kapitel 10
# **Der Nerd in Ihnen darf Heimat finden**

*»Irgendwo tief in mir bin ich ein Kind geblieben. Erst dann, wenn ich´s nicht mehr spüren kann, weiß ich: Es ist für mich zu spät.«*
Nessaja in Peter Maffays Konzeptalbum *Tabaluga oder die Reise zur Vernunft*

## Mit Vokuhila in die Lokalredaktion

Wir reisen zurück in das Jahr 1993. Ich war 16 Jahre alt und trug eine waschechte »Vokuhila«. Das war erstens die Abkürzung des Frisurentyps »Vorne kurz, hinten lang« und ist mir zweitens im Rückblick ein bisschen peinlich. Damals aber fühlte ich mich den langhaarigen Metallern von Iron Maiden sehr nahe. Niemals hätten meine Eltern es mir allerdings erlaubt, die Haare so lang zu tragen wie meine hart rockenden Vorbilder. Lediglich ein paar lange Haare waren gestattet. Der klägliche Kompromiss: Lange Haare in der Nackenpartie.

Ich mochte Metal – und Dinosaurier. Das Erscheinen von *Jurassic Park*, das so mancher zeitgenössischer Paläontologe als persönliches Erweckungserlebnis angibt, kam auch für mich einem zweiten Urknall nahe.

Ein lokales Anzeigenblatt namens *Stadt Anzeiger* hatte den Hype rund um den künftigen Blockbuster gerochen und versprach sich durch die Präsentation sogenannter »Dinofans« offenbar eine stärkere Leserbindung: Dein Kind kann irgendwas Besonderes (Sprich: Hat einen speziellen Spleen?) – Lass es die Welt wissen! Noch heute lebt von dieser Idee zum Beispiel die Show *Klein gegen Groß*.

Die Redaktion suchte also junge Menschen, für die die Dinosaurier das Leben bedeuteten. Ich ließ mich nicht lumpen und schrieb einen ausführlichen Bewerbungsbrief an die Redaktion. Das war mir trotz meiner 16 Jahre nicht im Geringsten peinlich. Im Gegenteil: Lange vor dem Internet, das in vielen Jahren eine erneute persönliche Dinosaurier-Renaissance einläuten würde, war ich froh über eine Plattform für meine Leidenschaft. Vielleicht hatte ich mir insgeheim sogar so etwas wie einen Seelenverwandten erhofft, mit dem ich künftig Bekanntschaft pflegen und Dino-Talk zelebrieren könnte.

Die folgende Ausgabe des lokalen Anzeigenblattes kam für mich allerdings einem Spießrutenlauf gleich. Neben mir als mit Abstand ältestem Teilnehmer und einzigem Vokuhila-Träger wurden auf zwei Doppelseiten ausschließlich Kinder im einstelligen Alter portraitiert. Da standen breit grinsende Erstklässler vor Bergen von Kuscheltieren und Kinderbüchern, ritten fröhlich lachend auf einem Gummisaurier oder hielten feixend schlimmsten Figurenschrott in die Kamera. Ein *Struthiomimus* im Salat hätte eine bessere Figur gemacht als ich zwischen all diesen opportunistischen Kindern und anstatt einer Aufwertung meines Hobbys buchte ich das zunächst einmal als Nackenschlag ab. Ich wollte als »Wissenschaftler« ernstgenommen werden, von mir aus auch als Nerd, hätte ich dieses Wort damals schon gekannt, aber doch nicht als kindischer Fanboy wie die anderen. Wenn mich hier erst meine Mitschüler und Lehrer sehen, ach du liebe Güte!

Die Genugtuung folgte einige Ausgaben später. Der Redaktion musste mein Exotenstatus zwischenzeitlich aufgefallen sein. Sie erkannte: In mir hatte das Saurier-Virus schon getobt, da waren die anderen Teilnehmer noch als zwei Zellen auf ihre Eltern verteilt. Vielleicht hatte ich aber auch einen enttäuschten Brief geschrieben, wer weiß. Jedenfalls lud man mich plötzlich persönlich in die Redaktion ein zu einem Experteninterview! Großartig! Ich fuhr mit meinem Vater hin – halb verschämt ob solcher Kindereien, die Schmach des ersten Artikels noch in den Knochen, halb platzend vor Stolz.

Da also saß ich in der Redaktion eines lokalen Anzeigenblattes, im klassischen Jeanshemd über dem T-Shirt mit dem *Iguanodon bernissartensis* drauf, einem frühen Merchandise-Artikel des Westfälischen Museums für Naturkunde in Münster. Vokuhila, unförmiges Gesicht, die wulstigen Lippen zu einem wissenden Lächeln geformt, erzählte ich dem Redakteur alles, was ich über die Urwelt wusste und mehr. Der war oder tat auf ziemlich professionelle Weise so, als sei er schwer beeindruckt. Wir redeten an die zwei Stunden miteinander. Wenn ich mir das Bild vom Redaktionsbesuch heute anschaue, denke ich manchmal, mein Gott, warst du bescheuert, aber auf eine gewisse Art bin ich immer noch sehr stolz auf mich. Ziehen Sie das mal durch. Stehen Sie einmal derart zu einer Leidenschaft, die man bei einem Jugendlichen damals noch für eine Erscheinungsform geistiger Retardierung hielt.

Die Ausgabe nach diesem Interview war dann ein Vorbeimarsch: »Dino-Experte Stefan Schröder stellt die Arten aus *Jurassic Park* vor.« Neben dem Haupttext wurde den im Film vorkommenden Arten ein bebilderter Extrakasten gewidmet. Dort konnte ich mein Fachwissen so richtig von der Leine lassen. *Brachiosaurus*, *Velociraptor* und Co.: Schröder kannte sie alle und die Öffentlichkeit sollte es wissen. Jetzt war ich nicht mehr der peinliche Ausreißer der ersten Story, sondern derjenige, den man im Sauerland gefälligst zu fragen hatte, wenn es um Dinosaurier geht. Ich fühlte mich wie Robert T. Bakker und ging wochenlang überaus beschwingt durchs Leben. Ob mich damals tatsächlich irgendjemand auf den Artikel angesprochen hat, kann ich gar nicht mehr genau sagen. Wahrscheinlich haben sich die meisten ihren Teil gedacht und mich wie immer für einen Spinner gehalten.

Dieser Tage kann ich wesentlich selbstsicherer zu meinen Eigenarten stehen. Das spürte ich erstmals wieder vor knapp zehn Jahren. Eine emsige Reporterin war zu Gast, um in einem lokalen Anzeigenblatt über meine enorme Sammlung urzeitlicher Lebewesen zu berichten. Durchaus selbstironisch führte ich sie durch meine Regalmeter, gab den Kenner, ließ Sätze fallen wie: »Unter Sammlern wird diese österreichische *Rhamphorhynchus*-Figur aus den Fünfzigerjahren in etwa mit 70 Euro gehandelt. Jedes Stück ist ein marmoriertes Unikat, denn aufgrund des Mangels an Rohstoffen wurden damals Kunststoffe verschiedener Farbnuancen miteinander gemischt« oder: »Sehen Sie mal, ein echtes Plaste- und Elaste- Produkt aus der ehemaligen DDR. Wie leicht es ist im Vergleich zu diesem gleichgroßen Exemplar von der Insel. Der Saurierpark in Kleinwelka verkaufte damals originalgetreue Figuren seiner lebensgroßen Modelle als Souvenirs.

Die wussten noch, wie man aus wenig viel macht.« Dabei fühlte ich mich recht wohl in meiner Haut. Die Reporterin staunte nicht schlecht. Solche Anzeigeblätter sind ja immer erpicht auf Exoten. Ich muss es wissen, denn mein Auftritt als Dino-Freak im Jahr 1993 war gleichzeitig der Startschuss meiner eigenen kleinen Laufbahn als Schreiber für lokale Anzeigenblätter und später für Magazine im hiphyggen »Landlust«–Stil.

Wen hatte ich seither nicht selbst schon alles im Portrait? Unter anderem den mittlerweile leider verstorbenen Fossiliensammler Rolf Blindert, in dessen Keller ich, wie Sie gelesen haben, eine echte Schatztruhe voller selbst erarbeiteter Fossilien bewundern durfte. Einige Wochen nach meinem Besuch rief er mich noch einmal an und wollte etwas nachtragen: Die Seelilie, die er mir spontan geschenkt hatte, gehöre zu einer freischwimmenden Gattung mit dem klangvollen Namen *Saccocoma*. Seitdem hat sie einen Ehrenplatz in meiner eigenen kleinen Wunderkammer.

## Passionen

Ich muss an den Züchter von Ibérico–Schweinen denken, der seinen Tieren bei meinem Besuch Fußbälle in den Freilauf schmiss und die Borstentiere nach dem Spielen mit dem Hochdruckreiniger abbrauste, was diese mit genüsslichem Grunzen beantworteten. Mit der Betreiberin eines kleinen, feinen Trödelladens aß ich tonnenweise Erdbeeren in ihrem Garten. Einen eigentümlichen und mir daher sehr sympathischen Schriftsteller befragte ich nach seiner Motivation zu einer besonders morbiden Geschichte. Von einer Fußpflegerin ließ ich mich für die Gegenleistung eines werbewirksamen Artikels, »Advertorial« genannt, für lau verwöhnen, während mich eine Kosmetikerin zum gleichen »Preis« mit einer Gesichtsmaske verwöhnte. Ein junger Pastor schilderte mir voller Inbrunst seine Liebe zu Gott, mit einem ambitionierten Leichtathleten lief ich, selbstverständlich chancenlos, auf der Rennbahn um die Wette.

Da gab es den passionierten Kreuzschnabelzüchter, der mit seinen mit sogenanntem »Rotwasser« gepushten Exemplaren höchst erfolgreich an internationalen Wettbewerben teilnahm, genauso wie den Taubenzüchter, der stolz von seinen Vögeln berichtete, die samt und sonders »Emma« hießen.

Ob Fossiliensammler, Vogelzüchter oder Schweineliebhaber: Eine Leidenschaft kann uns eine Antwort auf die Frage nach unserem Platz in der Welt liefern. Der pure Funktionalismus unserer Tage und der Katastrophismus, mit dem wir aktuell den Teufel an die Wand malen und ihn damit oft genug erst heraufbeschwören, werden uns zermalmen, wenn wir in uns selbst keinen Anker mehr finden. Wir sollten uns nicht schämen für unser Kribbeln im Bauch, wenn wir auf dem Flohmarkt die lang gesuchte Single finden, uns nicht geißeln für scheinbar infantile Hobbys wie das Erbauen ganzer Landschaften aus Klemmbausteinen[62]. Die Kinder von damals haben heute das Geld und benötigen aufgrund eines stetig schwindenden Empfindens von Selbstwirksamkeit in einer sich immer schneller drehenden Welt umso mehr Erlebnisse von Bewältigungskompetenz. Diese hat uns die Schule die meiste Zeit über verwehrt, diese ermöglicht uns auch das Arbeitsleben nicht in ausreichendem Maß und politisch ist eigenständiges, mutiges, spielerisches sowie freies – im besten Sinne also unternehmerisches – Denken längst nicht mehr gewollt. Dafür können wir nichts. Aber nach Feierabend und in unseren Urlauben leben wir die Leben, nach denen unser Herz sich schon immer sehnte. Das Leben findet einen Weg. Erlauben Sie mir noch zwei Beispiele? Vielen Dank!

## Der sächselnde Koi-Karpfen-Mann

Ich war genervt. Erschöpft von einer langen Anreise zum Flughafen, wollte ich jetzt nichts sehnlicher, als in den Flieger zu steigen, mich anschnallen und ein gutes Buch aufschlagen. Jens Notroffs *Staub Steine Scherben* wartete schon im Handgepäck. Die Ansage zur Öffnung des Gates ließ Ewigkeiten auf sich warten. Das Schicksal hatte mir einen sächselnden Sitznachbarn zugelost. Ich hatte mir am Stand mit den Gratis-Zeitungen den *Böblinger Boten* organisiert, in den ich mich immer weiter vergrub. In der Rubrik »Aus aller Welt« fesselte mich ein Artikel über den womöglich ältesten Aquarienfisch der Welt, einen Lungenfisch, den man »Methusalem« getauft hatte, obwohl sie vermutlich ein Weibchen war. Die Lungenfische spielten bei der Besiedlung des Landes durch die Wirbeltiere vermutlich eine Schlüsselrolle.

Dass man so ein Tier überhaupt im Aquarium halten konnte, bislang über nachgewiesene 92 Jahre, faszinierte mich. »Oh, ist das ein Koi-Karpfen?«, kam es unvermittelt von links. Es entbehrt nicht einer gewissen Komik, wenn ein Sachse »Koi-Karpfen« sagt, ich wiederum konnte mich endlich doch etwas öffnen, weil ja altertümliche Tiere mein Fachbereich sind. So entstand ein recht munteres Gespräch, das unsere Sitznachbarschaft gleich mit unterhielt. Den ultimativen Vertrauensbeweis erfuhr ich, als der Herr, er wies sich als Einwohner des schönen Bad Langensalza aus, sein Smartphone zückte, um mir seinen jüngst umgebauten Karpfenteich zu zeigen. Das »Making of« sowie spannende Informationen zu den bunten Cousins von Methusalem gab er mir gleich gratis dazu.

Wer hätte es gewusst: Wie die meisten Dinosaurier wachsen Karpfen zum Beispiel ihr gesamtes Leben lang, aber insbesondere anfangs in einer enormen Rate. Als die Ansagerin uns endlich zum Tunnel rief, schmunzelte ich befriedigt in mich hinein. Was für ein Nerd!

## Sandburgen

Ich hatte keine Ahnung, was der Typ am Strand des Mittelmeers, der mit seinem Sohn eine faszinierende Sandburg nach der anderen baute, beruflich machte. Aber seine in stundenlanger Vertiefung kunstvoll ausgeführten Motive bleiben mir noch lange in Erinnerung: Donald Duck, ein Rennauto, Sponge Bob – und ein Dinosaurier mit langem Hals, langem Schwanz und detailliert ausgearbeiteten Rückenstacheln.

Wenn wir ihm Luft zum Atmen geben, kehrt das kreative Kind in uns *immer* zurück. Und neigt dabei bisweilen zur Spiritualität.

# Ein Kneipengespräch

Ein Freund hatte anlässlich seines fünfzigsten Geburtstages eine ganze Kneipe angemietet. Es entwickelte sich ein lustiger Abend mit einigen neuen Bekanntschaften und angesäuselten Gesprächen. Zu späterer Stunde sprach mich im Türrahmen zum Toilettenflur eine junge Frau an, blondgelockt, an beiden Handgelenken trotz gefühlter 45 Grad Kneipentemperatur Wollstulpen tragend. Nennen wir sie Carina. Ich sei der Stefan, meinte ich, und Carina fragte, was ich denn beruflich mache. Ha, dachte ich, komm, jetzt machst du mal einen Testdurchlauf. »Ich bin Sachbuchautor«, kotzte ich groß, aus purer Neugierde auf Carinas Reaktion. Diese wollte verdutzt vom Thema meines neuen Buches erfahren. Ich fabulierte zum Verhältnis des Menschen zur Geschichte der Erde, aus der er letztlich selbst hervor gegangen sei. Dass die Erdgeschichte starke Emotionen in uns eingepflanzt habe, die bei der Beschäftigung mit ihr oft wieder freigesetzt würden. Dass es Heerscharen von Wissenschaftlern, Sammlern, Fanboys und Nerds gebe, die ihr auf die Spur kommen und so weiter. Carinas glasige Augen blickten knapp an mir vorbei zu einem imaginären Punkt im Hintergrund. Ihr Kopf neigte sich zur Seite. »Die spirituelle Dimension«, entfuhr es ihr plötzlich, »hast du die spirituelle Dimension des Themas bedacht?« Nun ja. Bis dato war meine Intention eher gewesen, im Stil eines Features die Paläo-Szene aus den Inneneinsichten und Kontakten eines Zugehörigen heraus einer breiteren Öffentlichkeit vorzustellen. Hier war nun wohl eher eine andere Art von »breit« angesagt.

Das ist das Gute, wenn man seine Absichten und Ideen frühzeitig mit gänzlich unbelastetem Publikum teilt: Man wird verunsichert. Carina schien das zu spüren. »Naja«, fuhr sie freundlich fort, »es gab ja schon immer diese Idee einer Tiefenzeit, einer Schicht *hinter* der Schicht, der wir alle entspringen.« Oha. »Hm, da schlägst du einen spannenden Zugang vor«, gewann ich überrumpelt etwas Zeit, »ich wüsste gern genauer, was du meinst.« Bin ich auch mit meinem Wissen nicht wirklich Mister Elfenbeinturm, so bin ich doch in Gesprächen üblicherweise lieber der Klügere. Ein Nerd eben. Es fällt mir schwer, mich mit diesem inneren Klugscheißer auszusöhnen, am ehesten gelingt mir dies noch mit ironischer Brechung, die mir der Alkohol jetzt leider erschwerte. Carina starrte noch immer auf ihren imaginären Punkt: »Naja, schau mal, unterm Strich sind wir doch sowieso alle eins, oder? Selber Stamm, selbe Wurzel, bloß andere Verzweigungen und so.« »Das klingt mir jetzt etwas esoterisch«, meinte ich selbstgerecht und leerte ein weiteres Glas, »im Grunde ist all das doch alles rational erklärbar. Der Geist ist letztlich ein Produkt der Materie. Die Tiergruppen lassen sich genetisch gut voneinander abgrenzen. Und eins entsteht nun mal schon immer aus dem anderen. Aber lass mich nochmal drüber nachdenken.« Carina drehte sich wortlos um, um für den Rest des Abends andere Punkte neben anderen Gesprächspartnern anzustarren.

Am anderen Ende der Nacht, im größten Katzenjammer, fiel mir das Gespräch wieder ein und dann schlagartig LUCA, unser Freund, auf die, den oder das sich tatsächlich alle Lebewesen dieser Welt zurückführen lassen. Auch die Idee, dass die Menschheit ein Update ihrer »Big History« braucht, und dass diese durchaus ein bisschen Magie gebrauchen kann, kam in mir auf. Niemand geringerer als Richard Dawkins selbst hatte schließlich in seinem gleichnamigen Buch vom »Zauber der Wirklichkeit«[63] gesprochen, und darin ist nun wirklich keine Spur von Esoterik zu finden. Auch Tiny Houses, kleine Höhlen der Geborgenheit, die Paläo-Ernährung und eine durchaus ehrenwerte Dame namens Anne, die in einem Flyer ihre »Hexenakademie und Zauberschule« mit dem Untertitel *Urkraft* bewarb, schwirrten mir schlagartig im Brummkopf herum. Feuerlauf mit Urschreien – wem so etwas gut tut, der zapfe es von mir aus ruhig an. Und ist mein Motto »Das Leben findet einen Weg« nicht ebenso naturwissenschaftlich lesbar wie spirituell? Wer bin denn ich?

Am liebsten hätte ich Carina angerufen und ihr reumütig erläutert, dass ich am Vorabend wohl zu trotzig reagiert hatte und dass die Beschäftigung mit der Urzeit durchaus eine spirituelle, magische Dimension haben kann. Aber erstens hatte ich ihre Nummer nicht und zweitens wäre es vermutlich für uns beide peinlich geworden. Liebe Carina, für den unwahrscheinlichen Fall, dass du das hier liest: Ich würde das gerne wieder gut machen. Was bevorzugst du? Bier? Wein? Oder vielleicht gar kein Getränk?

## Tränen der Rührung

Bei allem Humor: Noch immer rührt mich vieles auch zu Tränen. Über den Jungen im Gaza-Streifen, der mit offenem Mund und weit aufgerissenen Augen einen *Stegosaurus* anblickte, habe ich im vorherigen Verlauf des Buches bereits gesprochen. Auch der Kampfgeist, die Disziplin und der Trotz von Mary Anning gehen mir immer wieder sehr nahe. In der bronzenen Skulptur am Atlantikufer von Lyme Regis ist alles, was mich bewegt, auf eine Weise manifestiert, der ich nicht widerstehen kann und will: Die Disziplin, die harte Arbeit, die fehlende Anerkennung, die Tragik ihres viel zu frühen Todes. Wenn dann auch noch täglich frische Blumen im Fossilienkorb liegen, ist es endgültig um mich geschehen. Ich geniere mich mittlerweile nicht mehr, so etwas zu schreiben. In meinem inneren Team sind die meisten Spieler gut integriert. Der Typ, aus dem immer schon mehr heraus wollte als aus den meisten anderen, hat sich ausgesöhnt mit dem vermeintlich zu kurz Gekommenen, der glaubte, sich unter anderem über die Dinosaurier Anerkennung verschaffen zu müssen.

Erst neulich schloss sich hierzu unerwartet ein uralter Kreis, von dessen Existenz ich bis dato gar nichts geahnt hatte. Ein ganz besonderes Kunstwerk machte den Unterschied. Dazu muss ich etwas weiter ausholen. Wir reisen an die Ostsee!

Wenn ich heutzutage auf einem der dicken, von unbändiger Gletscherkraft gerundeten Gesteinsbrocken an der Grömitzer Steilküste sitze und der ewigen Brandung zuhöre, bin ich vollkommen mit mir und der Welt im Reinen. Oft dauern diese Augenblicke nur einige Minuten, dann schlägt entweder das marschierende Äffchen im Kopf wieder munter seine scheppernden Becken aufeinander oder ein nicht angeleinter Hund erledigt seine Geschäfte direkt vor meinen Füßen. Vom Gletschersee zum Brackwassermeer mit großer weltwirtschaftlicher und politischer Bedeutung: Die Natur- und Kulturgeschichte der Ostsee imponieren mir einfach wahnsinnig. Dazu die Brise, das Treibholz und uralte Findlinge an einer Küste, die uns unendlich klein erscheinen lässt. Landet dann auch noch ein Körnchen baltischen Bernsteins auf meiner Handfläche, ist es endgültig um mich geschehen. Ich schmelze dahin und werde flüssig wie Baumharz. Wie passend!

Drei Jahrzehnte zuvor sahen wir wenige Kilometer von dieser Steilküste entfernt einen sonnenblonden Halbwüchsigen mit verpeilten Gesichtszügen eilig die Strandpromenade in südwestliche Richtung hinunterlaufen. Huch, das war ja ich! Ich hatte nur eines im Sinn: Ich wollte endlich wieder zu »meinen« Modellen. In einer Buchhandlung am Strand hatte ich einige Jahre zuvor wunderbare Nachbildungen von Dinosauriern gefunden, die so ansprechend gestaltet waren, dass ich mich als Heranwachsender beim Kauf nicht zu schämen brauchte. Die Münzen in meiner kurzen Hose klimperten erwartungsvoll. Bald würde ich wieder mit kindlichem Staunen vor dem mit den Nachbildungen der Firma *Invicta Plastics* aus Leicester bestückten Regal stehen und eine halbe bis ganze Stunde über der Frage brüten, welche monochrome Kunststofffigur aus Spritzguss mich dieses Mal nach dem Urlaub ins Sauerland begleiten würde. Dort hatte sich längst eine kleine Sammlung dieser auf den Forschungen des *British Museum of Natural History* in London basierenden Figuren zusammengefunden und wartete gespannt auf den Neuzugang. Dies waren nicht mehr die peinlichen Gummisaurier, mit denen ich bis dahin hatte Vorlieb nehmen müssen.[64]

Puh, angekommen! Mein Unterbewusstsein kannte längst die Lage der Buchhandlung. Ich hielt an, schnaufte kurz durch, schaute nach oben und sah: das Logo eines Modegeschäftes! Nein, das durfte nicht wahr sein, ich musste mich geirrt haben! Also weiter strandabwärts, nein, dort war tatsächlich die bekannte Eisdiele. Gleichgültig schauten die Schleckenden und Löffelnden den verzweifelten Jungspund an. War die Buchhandlung vielleicht doch weiter oben? Man konnte ja mal falsch liegen in seiner jugendlichen Euphorie. Ich hastete strandaufwärts, aber auch hier befanden sich nur die altbekannten Buden. Den Tränen nahe schlurfte ich zurück zum Strandkorb, wo die Familie jetzt eigentlich den glücklichsten Jungen der Welt erwartete. Doch diesmal trat dieser den Sand in die Luft und konnte gar nicht fassen, dass es das nun gewesen sein sollte mit seiner Sammlung.

Papa kam zur Hilfe und lief den Abschnitt der Promenade noch einmal mit mir ab. Schließlich nahmen wir all unseren Mut zusammen und fragten in dem neumodischen Klamottenladen nach dem Verbleib der einst hier beherbergten Buchhandlung.

Natürlich lief das zunächst nicht ganz reibungslos ab. Erst einmal musste ich den Damen selbstverständlich einen empörten Vortrag über den Verfall der kulturellen Werte halten, wenn nun schon Buchhandlungen so oberflächlichen Dingen wie einem Modehaus für Neureiche weichen mussten.

»Du, Sibylle«, konnte sich eine der trotz allem freundlich gebliebene Verkäuferin erinnern, »war hier nicht vorher die Filiale einer größeren Buchhandlung in Neustadt?« Neustadt – Eine neue Spur! Also bettelte ich meinen Vater so lange an, bis wir schließlich mit unserem Toyota die sehr langen 20 Kilometer fuhren, um völlig ahnungslos in Neustadts Innenstadt nach einer Buchhandlung zu fahnden. Endlich vor einer angekommen, war im Schaufenster von Dinosaurierfiguren allerdings keine Spur! Also legte ich dem Verkäufer die Sachlage dar. Der ältere Herr lächelte milde und sagte die entscheidenden Worte: »Wahrscheinlich kann ich dir helfen, junger Mann.« Er führte uns in den hinteren Bereich und verschwand in einem Nebenzimmer. Papa und ich schauten uns verdutzt an, während wir es aus dem Zimmer rascheln, kramen und poltern hörten. Es klang nach einem einstürzenden Turm aus Kartons. Ein leiser Fluch des graumelierten Herren, dann stand er plötzlich schmunzelnd vor uns, einen kleinen Karton in der Hand haltend.

»Es stimmt, unsere Filiale mussten wir leider schließen. Es lohnte sich nicht mehr. Und irgendwann hat sich auch der Verkauf dieser Tiere hier ebenfalls nicht mehr gelohnt. Schauen Sie, ich habe die überzähligen Exemplare eingemottet.« Er öffnete den Karton und kein Soundtrack dieser Welt würde genügen, um diese Szene passend zu meinen Gefühlen zu untermalen. Wenn Sie allerdings denken, das hier sei schon der angekündigte Rührungstränen-Moment:

mitnichten! Natürlich kaufte ich, vollkommen schnappatmend und aus dem Häuschen, alles aus dem Karton auf, was mir möglich war, beantragte erfolgreich einen Taschengeldvorschuss, ließ aber – heute kann ich sagen: zum Glück – ein entscheidendes Stück liegen (im nächsten Abschnitt erfahren Sie, warum), und mein Leben war gerettet. Weitere Informationen über diese Art von Figuren lagen allerdings vorerst im Dunkeln. Die Herstellerfirma sei dem Buchhändler unbekannt; er habe die Figuren über einen Großhändler bezogen, und alle weitere Recherche dazu schien uns ehrlich gesagt damals zu umständlich. Sie wissen es selbst: Das Internet gab es damals noch nicht, wir waren angewiesen auf Briefe, Telefonate, Coupons und Kataloge. Zu umständlich. Und schließlich hatte ich ja, was ich brauchte: die ersehnten neue Figuren!

Zurück im Sauerland war die Freude in meiner Sammlung groß, als der *Lambeosaurus*, das *Dimetrodon*, der *Baryonx*[65] und einige zusätzlich »gerettete« Doppelexemplare die Herde komplettierten.

Jahrzehnte später würde ich während der Recherchen zu diesem Buch auf ein Kunstwerk treffen, das all diese Erinnerungen und die damit verbundenen längst geronnen geglaubten Emotionen mit einem Schlag verflüssigt und verschiedene bis dahin lose in mir baumelnden Fäden miteinander verband: Das Ölgemälde *Life Finds A Way* des britischen Künstlers Gary Armer. Die Kombination aus Titel und Motiv hatte mich derart weggeblasen, dass ich dachte, jetzt macht das Leben wirklich ernst: In bester Spielkistenmanier purzeln im Großformat alle möglichen Dinosaurierfiguren unterschiedlicher Hersteller übereinander her. Darunter befinden sich auch zahlreiche Modelle von Invicta Plastics, die in Grömitz mein Fanboy-Dasein auf ein neues Level hoben. Der *Mamenchisaurus*, der *Diplodocus*: alles dabei, was Rang und Namen hat! Wie bei guter Kunst üblich, kann ich gar nicht genau analysieren, warum mich dieses Bild zu Tränen rührte. Ausnahmsweise fehlten sogar mir die Worte. Dem Bild war schlicht und einfach nichts mehr hinzuzufügen oder wegzunehmen. Ich kann nur vermuten, dass die wochenlange Vorfreude, die langen Läufe zum Buchgeschäft am Strand und das eigenständige Kaufen von etwas eigentlich vollkommen Sinnlosem ein Stück weit auch Loslösung und Verselbstständigung aus der Familiendynamik und dem Kindsein waren. Meine Überlegung ist, dass ich an die Modelle als magische Objekte an meine Sehnsucht gekoppelt haben könnte, die Welt als Forscher und Abenteurer zu entdecken. Und dass ich das alles in dem prämierten Kunstwerk gebündelt und repräsentiert sehe.

Für mich ist das Bild *Life Finds a Way* nicht nur eine rührende Würdigung meines begeisterten Ichs aus einer entscheidenden Phase meiner Saurier-Leidenschaft. Ich sehe es auch als berechtigten Gewinner des *British Art Price 2022.*

Natürlich kam ich nicht umhin, dem Künstler Gary Armer wortreich von meiner Rührung zu berichten. Er schrieb zurück, dass es sich hoffentlich um »Tränen der guten Art« handele und wünscht mir viel Glück für mein Buch. Oh ja, Herr Armer, es waren gute Tränen. Sie haben mir gezeigt: Der Nerd in mir hat Heimat gefunden!

## Das »Dinosaur Toy Forum«

Über 30 Jahre lang hatte ich meinem Steckenpferd eher im stillen Kämmerlein gehuldigt. Klar, jeder wusste, ich bin der Dino-Fan, aber seit meinem peinlichen Auftritt im lokalen Käseblatt war ich trotz meiner »Rehabilitation« vorerst geheilt von übermäßigem Missionierungseifer. Das Lampenfieber legte sich erst Schritt für Schritt.

Als ich zum Beispiel in einer meiner ersten Dienstbesprechungen des Jugendzentrums, in dem ich mein Anerkennungsjahr als Sozialarbeiter absolvierte, nach langem Hin und Her noch immer keinen eigenen Programmpunkt für das pädagogische Vierteljahresprogramm gefunden hatte, fragte mich mein ungeduldig auf dem Stuhl ruckelnder Praxisanleiter, in welcher Sache denn eigentlich mein Herzblut stecke. Mir, der nach dem Studium scheinbar irgendwann damit begonnen hatte, an die Märchen vom seriösen Erwachsenwerden zu glauben, fiel immer noch nichts ein. »Dinosaurier, Versteinerungen, solche Sachen!«, entfuhr es mir plötzlich, und gerade als ich beginnen wollte, mich angesichts dieses Outings zu schämen, meinte mein Mentor: »Das ist es, Schröders Fossilien-AG!« Juhu, ein erster Schritt war getan, mein Hobby mit meinem Beruf zu verbinden. Ziemlich naiv, dabei stets abenteuerlustig und forsch, kratzte ich von da an wöchentlich eine Horde gelangweilter Jugendlicher zusammen, füllte mit ihr den roten Bully und fuhr aufs freie Feld. Das konnte ein Steinbruch sein, mal ein einfacher Wegesrand, querfeldein über Stock und Stein – letzteres wörtlich genommen.

Natürlich waren bei keiner dieser Exkursionen die Betretungs- und Eigentumsrechte geklärt oder gar eine »Grabungsgenehmigung« eingeholt worden. Alle Helikopter-Eltern würden einen Anfall erleiden, wenn sie heute hören würden, dass ihr Kind an so etwas teilnimmt. Ich nannte es einfach »pädagogisches Angebot«. Bewaffnet mit beim Hausmeister ausgeliehenen Dachdeckerhämmern sowie dem Bully machten wir uns auf die Suche nach Spuren der Vergangenheit und schlugen Steine, als gäbe es kein Morgen.

Ich musste allerlei Geschichten erfinden, um die Halbwüchsigen bei der Stange zu halten. Diese Wiese habe mal ein See überflutet, den Landkreis gar ein ganzes Meer, und dort hinten läge vielleicht sogar ein Dinosaurier verborgen. Dabei schämte ich mich ein bisschen für diese sozialpädagogisch motivierten Lügen, denn ein Dinosaurier im devonischen sauerländischen Massenkalk, das war ja unmöglich. Damals wusste ich wenig von den kreidezeitlichen Funden in Brilon-Nehden, Balve wiederum war der Wissenschaft gerade mal ein Jahr bekannt. Und wo zum Henker war hier bitte die Sozialpädagogik zu finden? Aber immerhin: Ich bekam die Jugend von der Straße, wir taten etwas Handwerkliches, mussten beim Wegtragen größerer Steine kooperieren und niemals wurde jemand ernsthaft verletzt. Bei Angeboten wie der Fossilien-AG spürte ich erstmals, dass die Urzeit mir eine echte Hilfe im Berufsleben sein kann, aber auch als Ausgleich zu den Anforderungen des Berufs lernte ich sie nach und nach zu nutzen.

Spätestens, als ich auf das »Dino Toy Forum« stieß, eine Art 24/7-Online-Festival für Paläo-Nerds und Dinosaurier-Fans. Ich stolperte eher in die Community, als dass ich mich ihr planvoll näherte. Das war in dem Jahr, in dem unsere Tochter zur Welt kam und unser Haus gebaut wurde. Meine Frau und ich waren für einige

Monate zwecks Mietersparnis in die Dachwohnung meiner Schwester gezogen – zufälligerweise an den Ort, an dem fünfzehn Jahre später dieses Buch entstehen würde. Selbstredend mussten wir beim Auszug aus unserer ersten gemeinsamen Auswilderungswohnung in das ungefähr um 2/3 kleinere Dachgeschoss so einiges sichten und ausmisten. Dabei fielen mir die Modelle von *Invicta Plastics* in die Hände, die ich in meinem Übergang vom Kind zum Teenager über Jahre hinweg an der Ostsee so mühsam zusammengetragen hatte. Doch anstatt sie verlegen einzupacken, stellte ich sie dieses Mal in ein Bücherregal.

Mittlerweile glaube ich: Das innere Kind meldet sich immer dann am lautesten, wenn die Verantwortung eines Menschen für sich selbst und vor allem für andere wächst. Ich darf verraten, dass der Hausbau für uns bedeutete, einen Kredit aufzunehmen, der meine Frau und mich für Jahrzehnte an das Erwerbsleben binden würde. Banker lieben es, Kredite zu vergeben, aber für mich war ein Sümmchen im sechsstelligen Bereich schon eine echte Hausnummer.

Eines Abends schaute ich auf die Gesellen in meinem Bücherregal und mir dämmerte: Zu dieser Kollektion hatte doch auch noch ein Blauwal gehört – ungewöhnlich, weil es sich zwischen all den ausgestorbenen Lebewesen um ein Tier handelt, das, wenn auch vermutlich nicht mehr lange, noch mitten unter uns lebt. Vermutlich aus diesem Grund hatte ich ihn damals in der Neustädter Buchhandlung zurückgelassen. Mein Jagdinstinkt meldete sich und richtete sich im virtuellen Raum fortan auf das gräuliche Exemplar aus. Schnell merkte ich, dass es einem ein derart exotisches Suchobjekt nicht leicht macht, doch wurde so immerhin mein Forschergeist reanimiert.

Nach langwierigen und zähen Recherchen am PC stieß ich im Juli 2008 auf ein Forum, das sich selbst als »Offene, freundliche Gemeinschaft, die sich der Diskussion über alles zu Dinosauriern Sammelbare, Dinosauriern in der Popkultur, vorzeitlichen Tieren und der Paläontologie widmet«, bezeichnete. Eine Offenbarung! Ungläubig streunte ich durch die Zeilen, verschaffte mir einen Überblick zu den Themen und merkte schnell: Während nebenan ein echtes Haus in die Höhe wuchs, könnte ich hier eine andere Art von Heimat finden!

Menschen zeigten sich ihre Sammlungen, debattierten über paläontologische Themen, präsentierten ihre neuen Fundstücke und gratulierten einander fair zu ihren neuesten Errungenschaften.

Mit meinem Forum-Namen »Libraraptor« wollte ich eine Brücke zwischen meinen Leidenschaften schlagen: den Büchern und den Dinosauriern. Später würde ich bemerken, dass der Name übersetzt eher in Richtung »Räuber der Waage« geht. Ich habe ihn allerdings nicht mehr geändert und heiße bis heute so. Hier schuf ich die Kontakte und Netzwerke, die mir seit mittlerweile 16 Jahren helfen, meiner Leidenschaft zu frönen. Es bedarf wohl keiner weiteren Erwähnung, dass ich hier schließlich jemanden fand, der mir den Blauwal aus der Invicta-Serie anbot.

Ich lernte Moderator Adam kennen, der sich als echter Paläontologe und Experte für Plesiosaurier herausstellte. Das waren die langhalsigen, torpedoförmigen Unterwasserjäger, die die Meere des Erdmittelalters unsicher machten. Adam und ich wurden zu guten Bekannten und schließlich übernahm ich einen Job als Moderator, den ich bis heute ausübe.

Hier versammelt sich eine muntere Truppe aus Freaks, Nerds, Selbstdarstellern, echten Paläontologen, Möchtegern-Paläontologen sowie Menschen jeden Alters, sexueller Orientierung und Nationalität. Die Sehnsucht nach der Vorzeit zieht sich durch alle Geschlechter und äußert sich in verschiedenen Aktivitäten. Der eine modelliert selbst Skulpturen, die andere jagt seit Monaten hinter einer besonders seltenen Variante her. Viele gehen wie ich im »normalen« Leben einem »normalen« Beruf nach. Wie auf einem Campingplatz machen wir uns hier nicht viel aus unserem »Status« und unseren Tätigkeiten außerhalb dieses geschützten Rahmens. Politik und Religion sind aus der Erfahrung heraus, dass sie Lebensfreude und Diskussionskultur gleichermaßen vergiften, verpönt. Wir sind mittlerweile 2500 Menschen aus verschiedensten Ländern weltweit; täglich kommen Neuanmeldungen dazu. Da postet ein Fischforscher an einer Universität, der sich nach einem karibischen Lippfisch »Halichoeres« nennt. Dort schreibt eine weißhaarige Frau gesetzteren Alters aus London, die als »ceratopsian« viel dazu beiträgt, dass die Diskussionen nicht zu vulgär werden. Neben den Dinosauriern nennt sie als ihre Leidenschaften Kakteen und die griechische und römische Mythologie. Trotz unseres Altersunterschiedes pflegen wir einen ähnlichen Zugang zu vergangenen Welten. 2016, da war sie schon »etwas älter«, startete sie ihre persönliche Sammlung urzeitlicher Figuren. Und erst neulich, auch das schreibt sie mir in einer persönlichen Nachricht, war sie den Tränen nahe, als sie in Virgils Epos *Aeneis* den Tod des Helden Priamos las. So gebildet, interessiert und belesen Elizabeth auch sein mag: Ein bisschen nagt es schon an ihr, dass ihr Mann nicht mit derselben Inbrunst wie sie die Paläontologie verehrt. Sie schreibt mir:

*»Allerdings muss ich noch immer meinen Ehemann bekehren. Er liebt Tiere und hat über all die Jahre seine Pferde mit Liebe überschüttet. Er fühlt sich eher von der Archäologie angezogen als von der Paläontologie – vielleicht wegen des menschlichen Beitrags speziell zu gebildeten Gesellschaften. Er unterstützt mein Hobby und begleitet mich gelegentlich zu einer Ausstellung oder in ein Museum. Aber all mein missionarischer Eifer hat ihn niemals überzeugt, dieselbe Verwunderung und Aufregung zu spüren wie ich. Mit acht oder neun hat er Abenteuergeschichten von Enid Blyton verschlungen. Er träumte nicht von den Kämpfen eines Triceratops mit dem Tyrannosaurus rex, sondern von Schmugglern, die von mutigen Kindern besiegt werden. Er träumte nicht davon, die Funktion der Platten eines Stegosaurus zu verstehen – er wollte lieber Schatzkarten studieren. Obwohl das manchmal schmerzt, denke ich, dass nicht jeder die Fähigkeit hat, den Reiz vergangener Welten zu verstehen.«*

»Ach, ceratopsian«, möchte der Paartherapeut in mir sie gern an die Hand nehmen, »weißt du, ich schreibe gerade zwar ein Buch hauptsächlich über den Reiz der Erdgeschichte. Aber ich kann auch gut damit leben, dass andere Menschen – meine Gattin eingeschlossen – andere Neigungen pflegen. Im Grunde kommt es doch darauf an, dass jemand überhaupt seinen inneren Schweinehund überwindet und einen Zugang zur Welt lebt, der sie oder ihn gleichermaßen befriedigt und aktiviert.

Letztens sah ich eine Dokumentation über das Leben mit Bienen. Darin äußerte eine engagierte Imkerin sinngemäß:

›Die Bienen sind für mich ein Medium, mein Verhältnis zur Welt und zum Universum immer wieder neu auszutarieren.‹

Liebe Elizabeth, ersetze für dich einfach die Bienen mit ›Dinosauriern‹ und für deinen Mann mit ›Pferden‹. Kommt es dann nicht aufs Gleiche raus?«

## Leidenschaft schlägt Sinnlosigkeit

Wo kindliche Begeisterung sich bis ins hohe Erwachsenenalter durchzieht, wo Menschen voller Leidenschaft bei einer Sache sind, da tobt das Leben. Der kleinste Funken Begeisterung ist mächtiger als Monate der Trostlosigkeit. Wenn wir ehrlich in uns hinein horchen, werden wir spüren, für wen oder was wir schon immer geglüht haben. Dann dürfen wir dazu stehen, ohne uns zu schämen. Wenn wir aber auch einmal nichts vorfinden, was uns ganz erfasst, dürfen wir den Mut nicht verlieren. Das Universum, oh je, jetzt werde ich wieder esoterisch, wird uns leiten. Hören wir nicht hin, sterben wir schon im Alter von 40 Jahren und lassen uns mit 80 Jahren erst begraben. Was wäre das für eine Verschwendung!

Was habe ich Ihnen eingangs versprochen? Am Ende eines Abenteuers landen wir wieder bei uns selbst. »Lieber das bekannte Unglück als das unbekannte Glück«, denken leider nach wie vor zu viele Menschen, doch nicht zuletzt die Erdgeschichte selbst hat uns immer wieder gezeigt: Von nichts kommt nichts.

Selbstverständlich bringt jede Entscheidung, eine Komfortzone zu verlassen, neue Aufgaben und Dilemmata mit sich. Das nächste Level, ein neuer Gegner. Das kreative Ringen um Energie zum Leben brachte und bringt immer wieder neue Konkurrenzen hervor, aber eben auch immer wieder neue Kooperationen, Freundschaften, Aha-Erlebnisse und Erkenntnisse. Auf die Gefahr hin, dass das jetzt etwas platt klingt: Das Leben schreibt immer noch die besten Geschichten. Und es findet seinen Weg.

# Kapitel 11
# Das Leben findet einen Weg

**Ian Malcolm:** *»Eine derartige Steuerung, wie Sie sie anstreben, ist unmöglich. Wenn uns die Evolutionsgeschichte eins gelehrt hat, dann doch das, dass das Leben sich nicht einsperren lässt. Das Leben bahnt sich einen Weg, es erobert neue Territorien, es überwindet sämtliche Barrieren, ob schmerzlich oder gefährlich, aber[…] so ist es.«*
**Dr. Wu:** *»Wollen Sie damit andeuten, dass eine Gruppe, die ausschließlich aus weiblichen Tieren besteht, sich fortpflanzt?«*
**Ian Malcolm:** *»Nein! Ich sage nur, […] das Leben findet einen Weg.«*
(Jurassic Park)

Wir wurden im Laufe unserer Evolution auf das Aushalten von Spannungsfeldern aus Furcht und Neugier, Komfort und Fortschritt, Sesshaftigkeit und Aufbruch geprägt. Um diesem Erbe der Vergangenheit gerecht zu werden, dürfen, nein, müssen wir es aktiv gestalten.

Unsere allerersten als Wirbeltier-Prototypen erkennbaren Vorfahren waren flink genug, den grausamen Mundwerkzeugen gepanzerter Gliederfüßer zu entrinnen. Einige schafften es schließlich an Land, wo sie neuen Bedrohungen ausgesetzt waren: schon wieder Gliederfüßer! Später machten uns unsere Cousins aus dem Reich der Reptilien das Leben schwer. Ein Zweig der Säugetiere entwickelte sich schließlich, die gesamte Erdgeschichte in sich tragend, zum Menschen, der dank seiner Bereitschaft zu kleinen und großen Abenteuern bis heute überlebte.

Wir haben die Dinosaurier ein zweites Mal zum Leben erweckt, damit sie uns gruseln, den Spiegel vorhalten und in das Kaninchenloch unserer eigenen Ursprünge ziehen. Jetzt sind wir an einem Punkt der Erdgeschichte angekommen, an dem wir selbst zum einflussreichsten Faktor der Naturgeschichte geworden sind. Wir haben heute aufgrund von Krieg, Bomben und fossiler Energie erstmals die »Chance«, dafür zu sorgen, dass nichts mehr ist, wie es einmal war. Aber selbst, wenn wir diese nicht »nutzen«, nagen wir an vielen kleinen Stellen, die sich summieren und hochschaukeln, an unserer Lebensgrundlage. Das sind beängstigende Gedanken in einer Zeit, in der die Einflussreichen dieser Welt sich eher von Angst, religiösem Wahn und nationalem Egozentrismus leiten lassen als von Hoffnung, Mut und Demut.

Die Erdgeschichte lehrt uns vieles, aber was nützt es, wenn niemand hinhört? Unsere Zeit verlangt meines Erachtens eine Rückbesinnung auf den Part unserer Urgeschichte, in dem wir noch Teil eines größeren Ganzen waren. Wir müssen zurück in eine Phase, vor der unsere Belohnungszentren Amok liefen und begannen, uns an der Nase herumzuführen.

Ich will hier nichts romantisieren. Viele Forschende sind davon überzeugt, dass *Homo sapiens* durch übermäßige Bejagung bereits am Aussterben vorzeitlicher Großtierfaunen beteiligt war und dass es Vergewaltigungen, Morde und Kannibalismus bereits in unserer Frühzeit gab. Schon damals konnten wir nicht genug bekommen. Das Produktive, Lebensbejahende und das Gierige, Zerstörerische, sind zwei Seiten derselben menschlichen Medaille.

Vielerorts lässt sich beobachten, dass den allermeisten Menschen die aktuelle Lage der Welt nicht mehr behagt. Offensichtlich können und wollen sie den inneren Abenteurer, den auf überschaubare, wechselseitig positive Sozialstrukturen programmierten Frühmenschen und ihr inneres Kind trotz der gegen die Bedürfnisse des Menschen gerichteten Trends in Wirtschaft und Politik nicht aufgeben. Digitalisierung und Globalisierung verhöhnen das Bedürfnis des Menschen nach lokalen Strukturen, positiver Resonanz und reziproker Kommunikation und docken zum einseitigen Zweck der Gewinnmaximierung direkt an unserem sensibelsten Punkt an. Das uns angeborene Belohnungssystem, das in Zeiten von Knappheit und Not zweifellos einen Überlebensvorteil darstellte, wird korrumpiert. Auch das gehört zum Erbe unserer Vergangenheit.

Neulich fand ich einen Cartoon, darin steht ein Auto auf einem Altar, feierlich geschmückt und umringt von brennenden Kerzen.

Davor kniet ein Mensch. In der Bildunterschrift heißt es: »Die Bewohner der Erde hatten vier Räder und zweibeinig laufende Sklaven, die ihnen dienten.«

Natur schlägt Technik. 1993 hielt ausgerechnet der oft als Kinderfilm unterschätzte Blockbuster *Jurassic Park* uns den Spiegel vor. Auf der einen Seite die urwaldwilde Welt von Isla Nublar, auf der anderen Seite die verachtende Berechnung der IT-Spezialisten, Anwälte und Banker. Wie dieser Vergleich ausging, wissen wir.

Möglicherweise lassen sich die Trends zur neuen Einfachheit in Gestalt der Tiny Houses, Selbstversorgergärten und diversen obskuren Paläo-Diäten als Gegentrends zur zunehmenden Komplexität der Welt verstehen. Die Tatsache, dass ausgerechnet im individualisierten Westen immer mehr multigenerationale und von Blutsverwandtschaften unabhängige Kommunen und Wohnprojekte entstehen, häufig auf Industriebrachen, lässt hoffen, dass das laute, hektische und überfordernde Anthropozän nur eine vorübergehende Phase der Erdgeschichte ist. Kennen Sie den Cartoon, in dem eine kranke, atemlose Erde einen anderen Planeten trifft? Was denn mit ihr los sei, will der andere Planet wissen, woraufhin die Erde antwortet: »Ich habe *Homo sapiens* im Endstadium.« Doch anstatt uns alle wahllos abzuschütteln, wird die Erde fortan meines Erachtens denjenigen die besseren Chancen einräumen, denen die Rückbesinnung auf den schonenden Umgang mit ihren Ressourcen besser gelingt. Politikerinnen und Politiker meiden das Wort »Verzicht« zwar wie der Teufel das Weihwasser, aber die Erdgeschichte selbst lehrt uns doch, dass die wirklichen »Dauerbrenner« der Evolution niemals viel von ihrer Umgebung erwartet und entnommen haben.

Noch einmal: Was machen wir hier eigentlich? Der Kreis schließt sich. Zum Ende unserer Reise können wir die Eingangsfrage des Buches – Sie erinnern sich doch? – vielleicht so beantworten: Wir suchen seit jeher unseren Platz im Kosmos und im Leben. Falls Sie glauben, das sei jetzt doch arg pathetisch aufgetischt: Das mag sein. Aber in diesem Fall geht es nicht eine Nummer kleiner. Angesichts der drängenden Probleme der Zeit ist die Frage nach unserem Platz in der Welt notwendiger denn je. Wollen wir mit dem Potenzial unserer Spezies, im Bibelspruch »Macht Euch die Erde untertan«[66] auf den Punkt gebracht, wirklich im »Haben« statt im »Sein« interpretieren, um mit Erich Fromm zu fragen? Oder wollen wir den Planeten und uns selbst hegen sowie pflegen und behutsam nach unserem Platz im großen Ganzen suchen?

Voraussetzung für diesen Wandel wäre aufrichtige Selbsterkenntnis. Diese kann eine Reise zu unseren Wurzeln fördern. Die Erdgeschichte höchstpersönlich hat es Ihnen einige Kapitel zuvor vermittelt: Die Erde ist und war ein wundervoller Planet, obwohl oder gerade weil die Lage schon oft sehr ernst war. Sie selbst ist aus einer Katastrophe erst entstanden. Das Leben hat sich immer wieder an seinen eigenen Haaren aus dem Sumpf gezogen und stand danach oft stärker, vielfältiger und atemberaubender denn je zuvor im Saft. Dasselbe ist vielen der Mutmacherinnen und Mutmachern in diesem Buch gelungen. Nie haben sie sich geniert, zu staunen, zu suchen und sich nach etwas zu sehnen.

Gern würde ich wissen, wann Egomanen wie Wladimir Putin oder Donald Trump zum letzten Mal vom Blitz des kindlichen Staunens getroffen oder unversehens von der Schönheit der Natur ergriffen wurden. Das eine ist, sich »seinem« Volk mit nacktem Oberkörper auf Bärenjagd zu präsentieren. Das andere, sich in wirklicher Demut als Teil eines ewigen Kreislaufs zu begreifen.

Was also gibt uns Hoffnung, wenn die Welt Kopf steht? Das könnte, so paradox dies klingt, ausgerechnet die Beobachtung sein, dass auch die scheinbar mächtigsten »Herrscher der Erde« am Ende allesamt ausgestorben sind. Nicht nur die Rockband *Die Apokalyptischen Reiter* weiß: *»Nach der Ebbe kommt die Flut und bringt das Leben mit. Egal, wie weit es floh: Es kommt, es kommt, es kommt zurück!«*

Wir sind die ersten Lebewesen auf diesem Planeten, die sich Geschichten von Hoffnung, Mut und Aufbruch erzählen. Man muss sich das mal auf der Zunge zergehen lassen: Der Mensch ist das bisher einzige bekannte Produkt des Universums, das sich selbst Geschichten vom großen Ganzen erzählen kann. Wäre es nicht wunderbar, wenn das noch möglichst lange so bleibt?

# Kapitel 12
# **Jetzt aber raus mit Ihnen!**

*»Ein Wissenschaftler ist jemand, der zwar körperlich, aber nicht geistig erwachsen geworden ist.«*
Neil De Grasse Tyson, US-amerikanischer Astrophysiker

Ich habe es geliebt: Am Ende von *Löwenzahn* schmiss Peter Lustig uns raus. »Und jetzt: abschalten!«, forderte er uns auf. Dabei wurde sein Blick geradezu streng. Das war noch Fernsehen, dem die Eltern vertrauten.

Auch ich möchte Sie jetzt nach unserer mehrstündigen gemeinsamen Expedition wieder in die schöne und bedrohliche Welt entlassen. Trauen Sie sich und trauen Sie sich zu, die Welt wissenschaftlicher und kindlicher zu betrachten! Erlauben Sie mir, Ihnen dazu die Erdgeschichte als Helferin ans Herz zu legen. Wenn sie uns eines gelehrt hat, dann, dass sich Mut, Durchhaltevermögen und kluge Entscheidungen immer lohnen. Dabei ist »keine« Entscheidung auch eine Entscheidung, denn selbst die beste Nische muss immer wieder ausgebaut und verteidigt werden. Man kann eine passende Komfortzone für sich entdecken und nie wieder verlassen, wie es die Pfeilschwanzkrebse, die Quastenflosser, Simon Zoppe oder die Koalas getan haben. Oder man kann sich neue Räume aneignen wie einst die Larven der Ur-Chordaten, Elaine Howard oder die Hominiden im nur noch spärlich bewaldeten Ostafrika.

Nichts ist für immer, noch so eine Lektion der Urzeit. Halten wir uns daher so lange es geht klug, mitfühlend und fit! Die folgenden Ideen sind mit dem Etikett »Serviervorschlag« versehen und sollen Ihnen Appetit auf den leckeren Inhalt der Verpackung machen: die Entdeckung der Paläontologie als Hobby oder, wenn Achim Schwermann und Adam Stuart Smith Sie soeben motiviert statt desillusioniert haben, vielleicht sogar als Beruf.

## Schaffen Sie im Kleinen Großes!

Sie mögen vielleicht denken, sie bräuchten die Paläontologie nicht; auch Rassegeflügel, eine schwungvolle Tanzgruppe oder Ihre alte Modelleisenbahn sind Ihnen vollkommen gleichgültig. Unter der Rettung des Weltklimas und des gesamten Planeten tun sie es nicht. Ihr schlechtes Gewissen flüstert Ihnen zu: »Überall Krieg. Unfähige Politiker, wohin man schaut. Armut, Krankheit und eine Familie versorgen muss ich doch auch noch. Da soll ich mir ernsthaft ein Hobby suchen und pflegen, das mir gefällt – einfach nur, weil es mir gefällt?«

Genau das, ja! Lassen Sie uns lieber im Kleinen das Mögliche tun, als im Großen das Unmögliche zu versuchen. Wenn jede und jeder eine Leidenschaft entdeckt und nährt, sei sie auch noch so »nerdig«, und andere bei der Entdeckung einer eigenen Leidenschaft unterstützt, ist der Menschheit mehr geholfen als durch passives Anschauen der ewig gleichen Spendengalas. Was erfüllt Sie mehr: Ein zum Auslösen des Spendenreflexes aufwändig inszeniertes Kind, das sie mit großen Augen aus Bombentrümmern oder kaputtgewirtschafteten Feldern anschaut? Oder ein Ehrenamt oder Beruf vor Ort, bei dem Sie beispielsweise mit Kindern und Jugendlichen eine urzeitliche Landschaft aus Gips und Pappmaschee modellieren, Ausflüge in die Natur organisieren oder tolle Geschichten aus der Zeit der großen Saurier vorlesen? Wir können gern darüber streiten, doch mein Gefühl sagt mir: Sie tun mehr Gutes für die Gesamt-Glücksbilanz der Menschheit, wenn Sie mit allen Sinnen in einem echten Resonanzraum agieren.

Die Paläontologie ist eine hochaktuelle, lebendige Wissenschaft, die auch vor dem Hintergrund der derzeitigen Klimadiskussion wichtige Beiträge zu Forschung und Politik leisten kann. Und auch ohne den Anspruch, die Welt zu retten, dürfen Sie die Natur genießen und den Prozessen, die sie geschaffen haben, guten Gewissens nachspüren.

## Erleben und gestalten Sie Erdgeschichte vor Ort!

Schauen Sie sich um: Die Urzeit beginnt gleich unter Ihnen. Der Boden, auf dem Ihre Unterkunft errichtet ist, geht irgendwann in Fels über. Beide sind in Jahrtausenden und Jahrmillionen entstanden. In fünf, zehn, fünfzehn Meter Tiefe beginnt das Reich der Geologie. Wollen Sie davon ernsthaft überhaupt nichts wissen?

Letztens wurde ich vermutlich schräg angeguckt, als ich mal wieder an unserer komplett aus devonischem Massenkalk errichteten Dorfkirche nach Fossilien suchte. Ein Typ mit Lupe, der mit seiner Nasenspitze fast schon den kalten Stein berührt. Als ich mich rumdrehte, hieß es bloß: »Ach, das ist doch der Schröder! Na dann, weitermachen …«

Rufen Sie beim geologischen Dienst Ihrer Kommune an, dort freut man sich aufrichtig über Ihr Interesse. Zapfen Sie die »Paläontologische Gesellschaft« an, die die Forschung, den Nachwuchs und den wissenschaftlichen Austausch fördert, als Vermittler zwischen Wissenschaft und Öffentlichkeit fungiert und dazu auch internationale Netzwerke pflegt. Organisieren Sie sich Kartenmaterial, reichern Sie Ihre Spaziergänge an mit dem Wissen über die Erdzeitalter, die dieses vorläufige Gesicht Ihrer Heimat, wahlweise Ihres Reiseziels, geformt haben! Buddeln Sie selbst nach Fossilien, sammeln Sie wie verrückt, vernetzen Sie sich, basteln Sie, plündern Sie Bibliotheken zu dem Thema oder legen Sie gleich selbst eine an. Werden Sie Mitglied im »Dinosaur Toy Forum«, zahlen Sie Eintritt für ein Museum in der Ferne oder vor Ort und fragen Sie dort auch direkt, in welcher Form Sie sich engagieren können![67]

## Unterstützen Sie eine Sammlung!

Paradoxerweise boomt die Urzeit in Wissenschaft, sozialen Netzwerken und Popkultur, während die paläontologischen Sammlungen deutschlandweit fast durchgängig Platz- und Personalmangel sowie eine schlechte Infrastruktur beklagen. Haben Sie jemals das Leuchten in den Augen eines Heimatpflegers gesehen, wenn er zur Vor- und Kulturgeschichte seiner Region referiert? Wie wird er sich erst freuen, wenn Sie sagen: Da mache ich mit! Wir sollten nicht die Asche anbeten, indem wir riesige Räume voller verstaubter Exponate beheizen, sondern die Flammen des Interesses an der Erdgeschichte immer wieder neu entfachen. Dabei muss niemand in einem dunklen Hinterzimmer im Akkord Ammoniten staubfrei pinseln. Doch können wir zum Beispiel eine Ausstellung planen, bei der wir das lokale Tafelsilber ans Tageslicht holen.

## Besuchen Sie ein Denkmal oder setzen Sie gleich selbst eins!

Kennen Sie die zahlreichen Geoparks, die auf ganz Deutschland verteilt sind und den Menschen mittels Schaukästen, Schautafeln und verschiedenen Wegmarken einen Wegweiser in die Vorzeit geben? Oft sind die Denkmäler logischerweise schon da, von der Natur selbst dort platziert. Schauen Sie sich zum Beispiel einmal die Bruchhauser Steine an, wie sie da wie vorzeitliche Wachposten über dem Sauerland thronen. Ihre Homepage weiß:

*»Uralt sind sie – entstanden im Erdaltertum vor ca. 370 Mio. Jahren. In dieser Zeit war das Sauerland tischeben und von Wasser bedeckt. Dann aber wurde die Erde am Meeresgrund unruhig. Flüssige Lava drang aus dem Erdinneren und erkaltete zu sehr hartem Quarzporphyr – einem Gestein, das sehr viel widerstandsfähiger war als der umgebende typische Tonschiefer des Sauerlandes.*

*Im Karbon dann, 100 Mio. Jahre später, wurde die Erdkruste durch gewaltige Kräfte zu riesigen Falten zusammengeschoben. Im Laufe der Jahrmillionen wurde der umgebende Tonschiefer wieder abgetragen, aber der harte Quarzporphyr blieb senkrecht stehen.«*[68]

Das erhebt und macht Laune! Was macht das mit Ihnen, wenn ich Ihnen jetzt sage, dass es von derartigen naturhistorischen Kleinodien überall in Deutschland nur so wimmelt und man nur zu ihnen aufzubrechen braucht?

Schauen Sie gern auch selbst, auf welche Art Sie der Natur ein Denkmal setzen könnten: Für und mit unserem örtlichen Heimatverein habe ich vor einigen Jahren in Kooperation mit einer Malerin, einem Tischler und einem Maurer einen Schaukasten in die Landschaft gesetzt, der auf gleich fünf paläontologische und zumeist nur einen Tagesausflug entfernte Attraktionen hinweist. Dreidimensionale Figuren, darunter die Ihnen schon bekannten Tiere *Procynosuchus* und *Protochirotherium*, habe ich vor gemalten urzeitlichen Landschaften auf Sockel aus Acryl gesetzt und mit kleinen Begleittexten versehen. Ich bin mir sicher: So etwas oder etwas Ähnliches können Sie auch. Garantiert!

Planen Sie gar den ganz großen Wurf? Überlegen Sie, welcher Held oder welche Heldin aus Ihrer Heimat ein Denkmal benötigt. Am Beispiel von Mary Anning haben wir gesehen: Das ist nicht unzeitgemäß. Statt Steuern auf abstrakten Kram ohne Bezug zur räumlichen oder geistigen Umgebung zu verschwenden, können Städte und Gemeinden auch mal Menschen in die Landschaft setzen, die uns um Jahrhunderte »überleben« werden – Zum Beispiel aus Forschung und Wissenschaft.

## Geben Sie Ihr Anliegen an Schulen und Kindergärten weiter!

Womöglich lernen in der aktuellen Schülerschaft gerade der erste Mensch auf dem Mars, die nächste deutsche Raumfahrerin oder eine kommende Starpaläontologin?

Unzeitgemäße Lehrpläne, ideologisch durchseuchte Schulpolitik und personelle Unterbesetzung stellen Lehrkräfte und Pädagogen vor große Herausforderungen, bei denen der Blick auf den einzelnen Schüler und seine Bedürfnisse schnell verloren geht.

Bieten Sie Kindergarten- und Schulleitungen Ihr Engagement und Ihr Fachwissen an. Bringen Sie Fossilien mit, kippen Sie sie auf den Tisch und lassen Sie die Kinder darin wühlen; machen Sie Natur begreifbar, weil sie doch greifbar ist! Fahren Sie mit Kindern auf Fossiliensuche! Organisieren Sie Besuche in Museen. Docken Sie sich ehrenamtlich oder als Honorarkraft an MINT-Fachschaften an, werden Sie zum an der direkten Lebenswelt der Schülerinnen und Schüler orientierten Paten, der gerne kommt und gern gesehen wird. Bauen Sie mit Schülerinnen und Schülern ein Urzeit-Diorama im eher weniger einladenden Schulfoyer, planen Sie eine frische Ausstellung in der kaum noch frequentierten Schülerbücherei!

Überhaupt, Bücher: Bringen Sie Bücher als Anschauungsmaterial mit! Das ewige Wisch und Weg der längst zum eitlen Selbstzweck verkommenen Digitalisierung macht Kinder vollkommen kirre. Es empfehlen sich Bücher, die anhand der ausgedachten Geschichte eines Individuums einer Tierart dessen ganze Welt vorstellen, zum Beispiel *Europasaurus. Urzeitinseln voller Leben* von Oliver Wings und Joschua Knüppe, *Pernix – Die Abenteuer eines kleinen Sauriers im Urzeitwald* [69] von Dieter Wiesmüller oder das schon etwas ältere, aber noch immer mitreißende *Schreckensklaue*[70] von Beverly Halstead. Halten Sie junge Menschen dazu an, selbst Geschichten aus der Urzeit zu schreiben. Bringen Sie den Kindern nicht nur bei, wie man Boote baut, sondern wecken Sie die Sehnsucht nach dem Aufbruch in ferne Welten.

Der Geologe David R. Oldroyd schreibt über seinen Besuch auf der fernen Insel Tanna, wo er Zeuge des Ausbruchs des Vulkans Yasur wurde:

»Der Yasur enthüllte ein tiefes Geheimnis, das den Kern der Dinge umgibt, das Wesen unserer Welt und des ganzen Universums.«[71]

Das hat gesessen! Zwar sind wir noch lange nicht so fortschrittlich, an Schulen ausschließlich die Fächer Archäologie, Astronomie und Anthropologie zu unterrichten, wie es der US-amerikanische Pädagoge Neil Postman vorschlägt.[72] Überlegen Sie mal, welche unglaublichen Chancen darin verborgen lägen! Aber wir können in kleinen Schritten von innen heraus die hartnäckige Lähmung aufbrechen, die unser Schulsystem betäubt. Die Digitalisierung hilft dabei übrigens nicht wirklich. Was nützt es, wenn obsoleter Stoff statt mit dem Tageslichtprojektor jetzt per Beamer an die Wand geworfen wird und Sechstklässler Penisse nicht mehr an die Tafel, sondern ans Smartboard kritzeln?

Machen Sie Angebote zum Anfassen! Ich habe es selbst probiert: Allein der Abguss eines *Archaeopteryx*, in der Mitte des Klassenraums platziert, kann eine ganze Doppelstunde mit Leben füllen – vorausgesetzt, Sie sind mutig genug, sich auf diesen – geschenkt! – »Freiflug« einzulassen.

## Tun Sie Gutes!

Unsere lokale Grundschule steht im ständigen Austausch mit ihrer Partnerschule in Namibia. Für ein Schulfest wurde neulich eine Spendenquelle benötigt – bitte nicht schon wieder Waffeln und Glücksrad! Ich stand damals in gutem Kontakt zu einer des Häkelns mächtigen Bekannten. Sie erklärte sich bereit, eine limitierte Edition der unter anderem in Namibia freigelegten permzeitlichen Meeresechse *Mesosaurus* herzustellen, die wir dann für 15 Euro das Stück verkauften. Das waren kleine Maskottchen, in stundenlanger Kleinarbeit mit viel Hingabe hergestellt. Es war total interessant, meiner Bekannten dabei zuzuschauen, wie sie die Darstellungen des Tieres in dreidimensionale Häkelmuster überführte. Ihr Beitrag war von unschätzbarem Wert. Wir nutzten die Paläontologie für den guten Zweck. An welcher Stelle sehen Sie in Ihrem Umfeld diesbezüglich Potenzial?

## Schreiben Sie ein Buch!

In dieser flüchtigen, technisierten Zeit erfüllt es mich mit tiefer Befriedigung, ein echtes Buch in der Hand zu halten, und Sie vermutlich auch, sonst träfen wir uns jetzt nicht an dieser Stelle. Haben Sie schon einmal überlegt, selbst ein Buch zu schreiben?

Kaum oute ich mich als Autor, sagt mir mindestens die Hälfte meiner Gesprächspartner: »Ach, ein Buch, das trage ich irgendwie auch in mir. Aber ich traue mich nicht, wie soll denn das gehen? Zu teuer, zu aufwändig, und was, wenn es niemand liest?« Ich kenne diese Gedanken, kann Ihnen aber jetzt aus eigener Erfahrung versichern: Haben Sie einmal den Aufbruch gewagt, wird es schon klappen. Glauben Sie an sich und Ihre Botschaft; glauben Sie daran, dass noch niemals jemand die Dinge so gesehen und formuliert hat wie Sie. Harald Schmidt meinte einmal: *»Lektüre stärkt. […] Man findet Sachen perfekt formuliert, die man bislang nur so schofelig-dumpf ins ich geahnt hat.«*[73]

Was, wenn Sie diejenige sind, die jemand anderem diesen Dienst erweist? Unsere Welt ist noch lange nicht auserzählt, und längst ist nicht alles über die Erdgeschichte gesagt und geschrieben. Neue Entdeckungen und Zusammenhänge wollen formuliert, beleuchtet, eingeordnet und erörtert werden.

Zum Beispiel fehlen mir Bücher zu erdgeschichtlichen und weiteren wissenschaftlichen Themen in einfacher Sprache. Texte in einfacher Sprache könnten Menschen, denen aufgrund von wie auch immer gearteten Einschränkungen der Zugang zum Lesen oder Verstehen erschwert ist, Einblicke in die Welt der Wissenschaft verschaffen. Ein weites Feld, das noch kaum jemand beackert hat. Auch die Paläobotanik kommt durchgehend zu kurz. Pflanzen waren in der Erdgeschichte stets mehr als nur Kulisse, und es wird höchste Zeit, dass jemand für sie eine Art »Botanic Park« kreiert. Ist es nicht ungerecht, dass die einzige Pflanze, die es auch in der Popkultur zu etwas gebracht hat, die Venusfliegenfalle *Dionaea muscipula*, einem *T.rex* verdammt ähnlich sieht?

## Besuchen Sie ein Museum!

Die Menge und die Vielfalt der Museen im deutschsprachigen Raum sind wirklich beachtlich. Zu denen, die sich mit der Urzeit und der Erdgeschichte befassen, hat die Biologin Bärbel Oftring ein sehr umfangreiches und nach wie vor sehr hilfreiches Buch mit dem Titel *Die Dinosaurier-Straße: Reise in die Urzeit Deutschlands, Österreichs und der Schweiz* geschrieben. Zwar hat sie darin die Korbacher Spalte und das Regionalmuseum Wolfhagen nicht erwähnt, aber ihre Fleißarbeit kann man trotzdem nicht hoch genug loben. Ich lege Ihnen das Buch sehr ans Herz; gebrauchte Exemplare gibt es schon günstig zu erwerben. Doch meine Bitte an Sie: Kaufen Sie lieber ein neues Exemplar. Damit können Sie Frau Oftring besser unterstützen.

Bereiten Sie Ihren Museumsbesuch bitte vor, indem Sie konkrete Fragen mitbringen. Es ist ermüdend und leert schnell den Akku, wenn man sich angesichts der Vielschichtigkeit der Themen und ihrer Aufbereitung sowie Präsentation fraglos berieseln und von der Übermacht der Eindrücke erschlagen lässt. Konkrete Vorfragen schärfen die Wahrnehmung. Oft sind das bei mir allgemeine Dinge: Wie gelingt es dieser Einrichtung, den Menschen zu erheben und ihn bei seinen persönlichen Abenteuern zu bestärken? Mit welcher Architektur, mit welcher Aufstellungsweise, mit welchem Ansatz erreicht sie dies oder auch nicht? Manchmal wiederum geht es mir um konkrete Sachverhalte zur Urgeschichte selbst: Welche Skelettelemente sind wichtig für die Statik eines Dinosaurierkörpers? Wie genau sind die Datierungsmethoden? Können Insekten pupsen?

## Häufen Sie Devotionalien an, bis Ihr Zuhause aus allen Nähten platzt!

Ob ich Ihnen das hier jetzt wirklich allen Ernstes empfehlen soll? Nicht, dass Sie mich in ferner Zukunft aus Halden voller Fossilien, Figuren und Büchern verzweifelt anschreien: »Schröder, mein gesamtes Vermögen ist weg und jetzt ersticke ich unter dem Schutt meiner Sammlung wie einst das Urpferd am Grund des Kratersees von Messel!« Machen Sie mir bitte keinen Vorwurf, wenn ich Ihnen vorschwärme, wie befriedigend das Sammeln als Hobby sein kann. Sie können sich spezialisieren auf bestimmte Tierarten, bestimmte Erdzeitalter oder bestimmte Regionen. Ob Sie nun einer seltenen Seelilie nachjagen oder der raren Farbvariante einer bestimmten Figur: Steht sie später in Ihrem Regal, werden Sie mit Stolz erfüllt sein, dieses Stück Erd- und Kulturgeschichte vorübergehend bei sich zu haben. Ich weiß, dass mich meine Sammlungen überleben werden und möchte ihren Verbleib in Kürze testamentarisch regeln. Wenn Ihnen das nicht zu verrückt erscheint, sprechen wir die gleiche Sprache!

## Malen, zeichnen, skulpturieren Sie!

Der Begriff »Paläo-Art«, also »Vorgeschichts-Kunst«, bezieht sich nicht etwa auf die Kunstwerke, die unsere Vorfahren an Höhlenwänden anbrachten oder mit ihren Händen formten wie die dralle »Venus von Willenberg«. Er meint viel mehr Kunstwerke, die ihre Motive der Erdgeschichte entnehmen. Sie speisen sich aus den neuesten Forschungsergebnissen, haben zwangsläufig aber immer auch einen spekulativen Charakter. Umgekehrt kann es vorkommen, dass Kunstwerke ein Eigenleben entwickeln und beispielsweise den gigantischen Langhalsdinosauriern aufblasbare Kehlsäcke andichten. So entstehen Wechselwirkungen mit der Forschung, die wiederum möglicherweise in und an einschlägigen Überresten nach Hinweisen auf derartige Körperanhänge sucht. Was spricht dagegen, dass auch Sie Ihr Zeichentalent nicht länger unter den Scheffel stellen, sondern es ausleben und pflegen, um die Welt oder auch bloß Ihr eigenes Heim oder Ihren Freundeskreis mit hübschen Ansichten der Vorzeit zu beglücken? Machen Sie als Erzieherin im Kindergarten oder als Lehrkraft für Kunst- oder Biologie häufiger Angebote, die die Beobachtung anatomischer oder geographischer Objekte schulen. Auch in Zeiten von künstlicher Intelligenz brauchen wir Kunst und Menschen, die etwas davon verstehen. Es wäre ein großer gesellschaftlicher und ästhetischer Verlust, wenn in ein paar Jahrzehnten niemand mehr ansprechend malen, zeichnen[74] oder skulpturieren kann.[75] Trauen Sie sich! Dabei ist alles erlaubt. Sie können die Motive der Urzeit so realistisch wie möglich nachbilden oder sich für die Abstraktion entscheiden. Die Künstlerin Julia Krause-Harder, jetzt knapp über 50 Jahre alt, hat es sich beispielsweise zur Lebensaufgabe gemacht, jede der derzeit rund 1.100 bekannten Dinosauriergattungen mit Materialien wie Bonbonpapier, Essstäbchen und, ja tatsächlich, auch mal Hunderten kleiner Spielzeugdinosaurier, nachzubilden.[76]

Nach meinem für beide Seiten anregenden Besuch bei einem so genannten Schrottkünstler bastelte er mir einst aus einer Computermaus und einem zerstückelten Gummidino ein ganz besonderes Exemplar, das fast schon als Statement verstanden werden kann: Das Ungeheuer verschlingt einen Computerchip und spielt damit auf das reizvolle Verhältnis von Wildheit und Digitalisierung an.[77]

## Peppen Sie Ihren Smalltalk auf!

Ist die Erdgeschichte, die »Big History« unseres Planeten, nicht viel zu schade für das »kleine Gespräch«? Mitnichten! Smalltalk ist eine weithin unterschätzte Kunst, der oft das Image oberflächlicher Beiläufigkeit anhaftet. Sie können das ändern! Vermeiden Sie unbedingt Nebensächlichkeiten wie Politik und Religion. Darin wimmelt es nur so von Wichtigtuern, die die Probleme erst erschaffen, um sich uns dann als Lösungen zu präsentieren.

Entsprechend spalten Gespräche über diese Themen fast immer und ausnahmslos. Nutzen Sie stattdessen die übliche Wetterplauderei als Brücke zu den verschiedenen Klimas der Urzeit, regen Sie Ihren Gesprächspartner zum Staunen und Spekulieren an! Die Urzeit liefert dafür tausendundein Thema. Wie würden die Dinosaurier aussehen, wenn nicht nur die winzigen Fleischfresser, die wir heute als Vögel kennen, überlebt hätten? Hätte der *T.rex* nach weiteren Jahrmillionen der Evolution vielleicht seine Arme komplett verloren?[78] Punkten Sie mit dem Wissen über die größte je in Deutschland gefundene Ameise, *Formicum giganteum*, die eine Flügelspannweite von bis zu 16 Zentimeter aufwies. Behaupten Sie wahrheitsgemäß, dass der Rhein etwa fünf Millionen Jahre älter ist als die Donau und der Amazonas anfangs noch von Ost nach West in den Vorläufer des Pazifiks strömte. Streuen Sie beiläufig ein, dass die ersten Blütenpflanzen erst in der unteren Kreidezeit entstanden, vielleicht sogar als direkte Reaktion auf überaus gefräßige Riesen. Stellen Sie gemeinsam die bisherigen Rekonstruktionen der Dinosaurier in Frage.[79] Referieren Sie über die Bedeutung der Erdgeschichte für die heutige Zeit. Wenn Ihr

Gesprächspartner daraufhin nicht flugs das Weite sucht, haben Sie womöglich Ihren Partner für den langweiligen Sektempfang gefunden, bestenfalls vielleicht sogar einen Seelenverwandten.

## Abonnieren Sie eine Zeitschrift!

Nichts ist schöner, als von einer Zeitschrift zum Lieblingsthema im Briefkasten überrascht zu werden. Abonnements gelten zwar gemeinhin als altmodisch, aber für den seriösen Papierfan sind sie noch immer eine wunderbare Art, sich die Welt der Wunder ohne größeren logistischen Aufwand ins Haus zu holen. Die Erfahrung, etwas in der Hand zu halten, das man nicht nur lesen, sondern auch fühlen, riechen oder stapeln kann, macht den Inhalt fast schon nebensächlich.

**Zum Thema Erdgeschichte gibt es von mir vier Empfehlungen:**

1. *Fossilien. Erdgeschichte erleben.* Erscheinungsweise: sechsmal im Jahr. Schafft spielend den Spagat zwischen nüchterner und populärer Wissenschaft. Siehe hierzu: www.fossilien-journal.de.
2. *Prehistoric Times.* Erscheinungsweise: viermal im Jahr. Eine US-amerikanische Publikation des Herausgebers Mike Fredericks, der das Projekt vor einigen Jahrzehnten im Stile eines 80er–Jahre »Schnibbbelbuches«[80] begann. Eine Schlemmerplatte paläontologischer und damit verbundener popkultureller Themen und buntes Potpourri mit regelmäßigen Stellicheins namhafter Wissenschaftler und Künstler. Siehe hierzu: www.prehistorictimes.com.
3. *Der Steinkern.* Erscheinungsweise: viermal im Jahr. Richtet sich konkret an Sammlerinnen und Sammler von Fossilien. Das ist eine gigantische, gut vernetzte Community. Sie befasst sich nicht nur mit den Sauriern, sondern mit allem, was aus den vergangenen vier Milliarden Jahren fossil auffindbar ist. Bringt durch beeindruckende Fotografie auch die Schönheit der Fossilien als Preziosen zur Geltung. Siehe hierzu: www.steinkern.de.
4. *PalZ Paläontologische Zeitschrift.* Erscheinungsweise: viermal im Jahr. Das ist nun etwas für steinharte Kenner der Materie und die, die

es werden wollen. Das Organ der Paläontologischen Gesellschaft widmet sich der Förderung der Paläontologie als wissenschaftliche Disziplin. Siehe hierzu: www.palges.de

## Suchen Sie selbst nach Fossilien!

Kommen wir zur Königsdisziplin: Machen Sie sich selbst auf die Suche nach Versteinerungen! Oft muss man gar nicht weit wandern. Neulich fiel mir auf einem Flohmarkt das wunderbare Kosmos-Bändchen *Erdgeschichte daheim* in die Hände Es wartet mit dieser fantastischen Passage auf:

*»Mit tausend Fühlern greift die Erde, greifen ihre Gesteine und Bodenschätze, aber auch ihre Schicksale nach uns und mitten in unser so naturfern scheinendes Leben hinein. Da sollte es uns nicht möglich sein, Erdgeschichte daheim zu betreiben? Da sollten wir nicht Winter, Krankheit oder Beruf für ein paar Stunden vergessen und den Blick in die Zeitfernen der Erdgeschichte, in die Raumfernen des Erdballes richten können? Wir wollen es einmal gemeinsam versuchen.«*

Dann empfiehlt der Verfasser, ein gewisser Professor Dr. Kurd von Bülow, unter anderem, uns die Gebäude unserer Umgebung einmal genauer auf das in ihnen verbaute Gestein anzusehen oder mittels einer Schneckenzucht im Aquarium die Prozesse der Fossilisation beziehungsweise der Verwitterung nachzuvollziehen. Schließlich kommt auch er nicht umhin, uns doch noch ins Feld zu schicken.

Bitte achten Sie vor dem Betreten fremder Grundstücke unbedingt darauf, dass Sie dies auch dürfen. Nichts wäre unglücklicher, als eine junge Karriere als Fossiliensammler mit einer Anzeige wegen Hausfriedensbruchs oder Diebstahls zu beginnen. Tragen Sie zudem bitte stets sichere Kleidung, denken Sie an eine Schutzbrille, wenn Sie hämmern, und nehmen Sie eine Sammeltasche mit. Lohnenswert ist es, stets ein Notizbuch bei sich zu führen. Notieren Sie Fundort und -zeitpunkt und was Ihnen in freier Wildbahn sonst noch so in den Sinn kommt.[81] Informieren Sie sich bitte auch über die Eigentumsrechte im Fall eines Fundes. Es lohnt sich, Kontakt mit der kommunalen Bodendenkmalpflege, der Online-Community *steinkern.de* oder einem nahe gelegenen Museum aufzunehmen. Keine falsche Scheu!

Weitere Tipps zu Sammelgebieten, besonderen Erfordernissen und Regeln gibt es auch bei der Paläontologischen Gesellschaft. Nehmen Sie Kontakt auf über *www.palaeontologische-gesellschaft.de*.

Wenn Sie schließlich, vielleicht nach stundenlanger Wanderung oder Anfahrt und schier endlos erscheinender Suche als erster Mensch auf die steinerne Botschaft aus einer fernen Vergangenheit blicken, werden Sie Ihre persönliche Antwort auf die abenteuerliche Frage, die uns allen in den Knochen steckt, schon finden: »Was mache ich hier eigentlich?« Versprochen!

# Epilog

Das Marketing eines Buches beginnt nicht erst am Erscheinungsdatum. Schon während des Schreibens informierte ich meine Mitmenschen real und im Netz mal mehr, mal weniger subtil über mein laufendes Projekt, quatschte Buchhändler, Bürgermeister und Partygäste an, präsentierte ungefragt umfangreiche Inhaltsangaben, zückte bierselig mein Smartphone, um schon mal das »streng geheime« Titelbild zu enthüllen. Die Antworten waren stets dieselben:

»Jaja, dass du Dino-Fan bist, weiß doch jeder. Aber schreibst du denn ein ganz normales Buch für jeden, oder ist das so ein hochgestochener Insider-Kram?«

Wie Sie hoffentlich jetzt wissen, habe ich mich für ersteres entschieden. Allen darüber Enttäuschten widme ich zum Trost augenzwinkernd die folgenden Zeilen der Autorin Thelma L. Shapiro, in der Hoffnung, dass Sie dann doch noch froh sind, vor derartigen Formulierungen verschont worden zu sein.

*»Eine elaborierte kulturmorphologische Kasuistik vermag die folgenden Dino-Erscheinungsweisen in der Neuzeit zu unterscheiden:*

*a)die akzidentiell-agronomische Frühphase, als Bauern beim Pflügen zufällig auf die ersten Saurierreste stießen,*

*b) die paläontologische mit ihren systematischen Grabungen nach geologisch endgelagerten Skeletten und*

*c) die ichnologische, mit ihrer Interpretation versteinerter Trittsiegel. Erst in jüngerer Zeit tauchen Dinosaurier auch im Film, als halbmobiles Schwimm-Accesoire (sic!) an Stränden und in der Form statischer Figurationen in Vorgärten auf.«*

# Dank

War das ein vogelwilder Ritt! Seit der Wunsch, ein eigenes Buch zum Thema *Urzeit* zu veröffentlichen, sich in mir eingenistet hatte, ist einige Zeit vergangen. Daniel Fitzke[82] vertraute ich meine Idee als erstem Professionellen an. Er nahm sich die Zeit, mir an einem lauen Maiabend am Ufer der Lenne sehr gut zuzuhören und ermutigte mich, meine Vorstellungen in konkrete Pläne zu überführen.

Nach Daniels deutlichem Schub in Richtung Exposé entdeckte Markus Miksch als Programmleiter des *Mentoren Media-Verlages* durch meinen Buchentwurf offenbar den Dino-Fan in sich selbst wieder. Seinem Ansporn, die Angelegenheit jetzt ernst zu nehmen und ihm eine Kapitelgliederung mit Hand und Fuß zu schicken, kam ich flugs nach, und siehe da: Ich hatte meinen Verlag gefunden!

Meine Euphorie darüber teilte ich mit meinem engsten Zirkel: mit meiner Frau Katrin und meinen Kindern Lina und Mats; mit Silke, Heike, Basti, Jan und meinen Eltern und Schwiegereltern.

Dann ging die Arbeit erst richtig los. Doch ein sehr alter, zu eigenwilligen Spontanabstürzen neigender Laptop, das Coronavirus sowie zwanghaftes Gedankenkreisen, verbunden mit Zuständen purer Angst, konnten mich fortan nicht mehr aufhalten.

Sarah Küper vom Lektorat des *Mentoren Media-Verlages* war die Erste, die mein Textbaby vollständig sah und rannte glücklicherweise nicht entgeistert schreiend aus dem Kreißsaal. Was soll ich sagen? Etwas Besseres als Sarah hätte diesem Projekt nicht passieren können.

Jetzt ist das Buch im Kasten, und ich kann euch allen gar nicht genug danken für eure Unterstützung und euren Zuspruch!

Danke auch an all die lieben Menschen im Freundeskreis, die mich immer wieder erden, besonders Familie Heim mit meinem tollen Patenkind Linus, Patricia, Familie Jakob, Familie Beste und die Rohrmanns.

Gabi Grosche teilte mir aus psychologischer Sicht alles mit, was zur Erklärung der »Dinomania« notwendig ist. Danke, Gabi!

Gerlinde Schönberg ist nicht nur eine großartige Coach[83], sondern arbeitete sich auch fleißig durch frühe Teile des Manuskripts. Ihr schönstes Kompliment erreichte mich an einem Samstag im Dezember. Da schrieb sie mir, dass sie ihre Buchhaltung habe hinten anstellen müssen, weil mein Text sie so gefesselt habe. Vielen herzlichen Dank, Frau Schönberg!

Ohne Marie Rohde müsste dieses Buch ohne das geniale *Letzte Abendmahl* in der Buchmitte auskommen. Marie erstellte die Grafik trotz meiner zahlreichen und oft spontanen An- und Einfälle mit beruhigender Akribie. Die Idee zum Bild geht auf einen Entwurf der großartigen Gaby Selbach zurück, mit der ich schon so manche kreative Schlacht schlagen durfte. Habt Dank, Marie und Gaby!

Oliver Kleins Bild *La Smerna* traf mich aus heiterem Himmel mitten ins Herz, und zwar auf Empfehlung von Helge Henrich alias »postsaurischian« im Dinosaur Toy Forum. Vielen Dank, Oli und Helge!

Ein ganz besonderes Dankeschön aber gebührt allen Paläo-Nerds in diesem Buch, die mir ihre wertvolle Zeit, ihre ermutigenden Geschichten und ihre unbändige Kreativität zur Verfügung gestellt haben, um mich großzügig an ihrer Sehnsucht nach der Urzeit teilhaben zu lassen. Ich wusste, ich treffe auf tolle Menschen, und mir ist klar: Das ist eine großartige Community!

# Paläo-Nerds im Netz / Kontakt

Dieses Buch ist zugleich Startschuss und Bestandteil eines umfassenderen Dauerprojektes, über das Sie auf **www.palaeo-nerds.de** mehr erfahren können. Hier finden Sie auch Termine zu meinen Lesungen sowie Vernetzungen, einen Blog, Links und was ich sonst noch so treibe in einem Land vor unserer Zeit.

Etwas chaotischer geht es zu auf *Instagram*, wo ich als **Der Paläo-Nerd** zu finden bin. Folgen Sie mir für weitere gemeinsame Abenteuer!

Feedback, Anregungen und Anfragen können auch an meine Email-Adresse übermittelt werden: **eiten77@yahoo.de.**

Wer den postalischen Weg bevorzugt, wende sich bitte an:

Stefan Schröder
Im Falker 32
D-57413 Finnentrop – Ostentrop

# Literaturverzeichnis

**Sie möchten weiter suchen, staunen und Ihrer Sehnsucht frönen? Dann habe ich hier etwas für Sie:**


Arzt, Volker (2001): *Als Deutschland am Äquator lag. Eine Reise in die Urgeschichte.* Berlin: Rowohlt.

Bakker, Robert T. (1986): *The Dinosaur Heresies. New Theories Unlocking The Mystery of the Dinosaurs and Their Extinction.* New York: Citadel Press.

Black, Riley (2022): *Die letzten Tage der Dinosaurier. Warum ihr Ende unser Anfang war und was ein Asteroid damit zu tun hat.* München: Wilhelm Goldmann Verlag.

Brusatte, Steve (2022): *The Rise and Reign of the Mammals. A New History From the Shadows of the Dinosaurs to Us.* New York und Boston: Mariner Books.

Christian, David (2020): *Big History. Die Geschichte der Welt – vom Urknall bis zur Zukunft der Menschheit.* München: Piper.

Dawkins, Richard (2004): *Geschichten vom Ursprung des Lebens. Eine Zeitreise auf Darwins Spuren.* Berlin: Ullstein.

Debus, Allen A. und Debus, Diane E. (2002):*Paleoimagery. The Evolution of Dinosaurs in Art.* Jefferson, North Carolina und London: McFarland.

Demeulenmeester, Thijs und Stein, Koen (2022): *Dinosaurs are Collectible. Digging for Dinosaurs: The Art, The Science.* Belgien: Lanoo Publishers.

Dvorsky, Alexis (2011): *Dinosaurier! Die Kulturgeschichte.* München: Wilhelm Fink Verlag.

Eiseley, Loren (1959): *Die ungeheure Reise.* München: R.Piper & Co.

Flannery, Tim (2018): *Europe. The First 100 Million Years.* Penguin Books.

Fortey, Richard (2002*): Trilobiten! Fossilien erzählen die Geschichte der Erde.* München: C.H. Beck.

Gee, Henry (2021): *A (Very) Short History of Life on Earth.* London: Picador.

Grüling, Birk und Zamolo, Lucia (2022): *Ein T.rex namens Sue. Dinosaurier und ihre Entdeckerinnen.* Leipzig: Klett Kinderbuch.

Gurney, James (1992): *Dinotopia. Das Land jenseits der Zeit.* München: Wilhelm Heyne Verlag.

Halliday, Thomas (2022): *Urwelten. Eine Reise durch die ausgestorbenen Ökosysteme der Erdgeschichte.* München: Carl Hanser Verlag.

Howard, Elaine (2019): *Passion in the Bones. A Guide to Breaking the Chains of Negativity and Living Your own Adventure.* New York: Radius Book Group.

Jansen, Ulrich und Steininger, Fritz F. (2002): *Die paläontologischen Sammlungen in Deutschland. Inhalte. Erfassung und Gefährdung.* Stuttgart: E. Schweitzerbart´sche Verlagsbuchhandlung.

Kegel, Bernhard (2018*): Ausgestorben um zu bleiben. Dinosaurier und ihre Nachfahren.* Köln: DuMont.

Lescaze, Zoe (2017): *Paleoart. Visions of the Prehistoric Past.* Köln: Taschen.

Lomax, Dean R. (2021): *Locked in Time. Animal Behavior Unearthed in 50 Extraordinary Fossils.* New York: Columbia University Press.

McLoughlin, John C. (1980): *Synapsida. A New Look into the Origin of Mammals.* New York: The Viking Press.

Mitchell, W. J. D. (1998): *The Last Dinosaur Book.* Chicago und London: The University Press.

Notroff, Jens (2023): *Staub, Steine, Scherben. Wie Archäologen in der Vergangenheit graben und die Gegenwart finden.* München: Carl Hanser Verlag.

Oftring, Bärbel (2012*): Die Dinosaurier-Straße. Reise in die Urzeit Deutschlands, Österreichs und der Schweiz.* Berlin und Moskau: Grebennikov Verlag.

Schoch, Rainer R. (2017): *Die Frühzeit der Saurier in Deutschland. Vom karbonischen Regenwald bis zur Entstehung der Dinosaurier.* München: Verlag Dr. Friedrich Pfeil.

Schmitt, Armin (2023*): Großartige Giganten. Den letzten Geheimnissen der Dinosaurier auf der Spur.* München: dtv Verlagsgesellschaft.

Scully, Vincent, Zallinger, Rudolph et al. (1990): The Age Of Reptiles. The Great Dinosaur Mural at Yale. New York: Harry N. Abrams, Incorporated.

Shapiro, Thelma L.(1993): *Das Dinosaurier-Dilemma. De Dulcibus Sauris. Wissenschaftliches Großtier-Recycling als Paradigma multikultureller Forschung.* Düsseldorf: Libelle.

Shubin, Neil (2008): *Der Fisch in uns. Eine Reise durch 3,5 Milliarden Jahre alte Geschichte unseres Körpers.* Frankfurt am Main: S. Fischer Verlag.

Smith, Adam S. und Emmett, Jonathan (2021): *The Plesiosaur´s Neck.* Lancashire: UCLan Publishing.

Smith, Adam S. und Emmett, Jonathan (2023): *The Tyrannosaur´s Feathers.* Lancashire: UClan Publishing.

Switek, Brian (2013): *My Beloved Brontosaurus. On the Road With old Bones, New Science and our Favourite Dinosaurs.* New York: Scientific American /Farrar, Straus and Giroux.

Thewissen, Hans (2014): *The Walking Whales. From Land to Water in Eight Million Years.* Oakland: University of California Press.

Von Bülow, Kurd (1943): *Erdgeschichte daheim.* Stuttgart: Kosmos.

Wilson, Edward O. (1994): *Des Lebens ganze Fülle. Eine Liebeserklärung an die Wunder der Natur.* München: Claasen.

Wings, Oliver und Knüppe, Joschua (2020): *Europasaurus. Urzeitinseln voller Leben.* München: Verlag Dr. Friedrich Pfeil.

# Endnotenverzeichnis

1 Fossilien sind die zumeist versteinerten Überreste und Spuren urzeitlicher Lebewesen.

2 Bieri, Peter (2011): *Wie wollen wir leben?* München: dtv.

3 www.statista.com / Global Media Insight; aufgerufen am 09.05.2024.

4 Und zwar interessanterweise, bevor die Bezeichnung »Dinosaurier« für diese Tiergruppe überhaupt eingeführt wurde.

5 Dies ist ein interaktives Buch. Schicken Sie mir zum Warmwerden gerne Ihre Namensvorschläge! Meine Kontaktdaten finden Sie am Ende des Buches.

6 Mancher meint dagegen, wir schritten zielstrebig voran, doch das halte ich für Quatsch. Die Evolution hat höchstwahrscheinlich kein bewusstes Ziel, doch der »Sieger« schreibt nun mal die Geschichte. Auch unsere persönliche Lebensgeschichte bauen wir uns erst nachträglich und immer wieder abhängig von der Situation, in der wir sie kommunizieren, zu einer stimmigen Story zusammen. So wollen wir vor uns selbst und anderen bestehen.

7 Es fängt ja schon damit an, dass wir keinen intuitiven Sinn dafür haben, wie groß der Unterschied von Milliarden zu Millionen ist. Ich kann helfen: Eine Millionen Sekunden sind etwas mehr als elf Tage. Eine Milliarde Sekunden sind über 31 Jahre.

8 Nach einer nicht weniger charmanten Darstellung leitet sich »Nerd« von »Knurd« ab. So nämlich liest sich »drunk« rückwärts. Menschen mit den Eigenschaften eines »Nerds« wurde damit die Abneigung dagegen unterstellt, sich auf Partys zu tummeln und zu betrinken. Stattdessen tüftelten

sie auch in den Nächten, in denen andere sich lieber so richtig betranken, an ihren Spezialprojekten herum.

9 Der US-amerikanische Kulturwissenschaftler W. J. D. Mitchell ging in den späten 1990er Jahren sogar so weit, Dinosaurier als »Totemtiere« unserer Gesellschaft zu bezeichnen. Ein Totem wird definiert als Wesen oder Ding, das als Ahne, Verwandter und zauberkräftiger Helfer verehrt wird und nicht getötet werden darf.

10 Rubin, Rick (2023): *The Creative Act: A Way of Being*. Edinburgh: Canongate Books.

11 Breuer, Thomas C. (2023): *Angstfrei fürchten. Ein Kompendium zur Bewusstseinserheiterung*. Heidelberg: Carl Auer.

12 Übersetzung: »Die Dinosaurier ›beherrschten‹ die Erde nicht. Sie waren bloß am leben. Hört auf, ihnen verwaltende Fähigkeiten zuzuschreiben, die sie höchstwahrscheinlich nie besaßen.«

13 https://www.youtube.com/watch?v=4fguv0ue8h4; aufgerufen am 09.05.2024.

14 Hierbei handelt es sich um einen altägyptischen König der 18. Dynastie, der etwa von 1332 bis 1323 v. Chr. regierte. Berühmtheit erlangte er aufgrund der Entdeckung seines prächtigen Grabs im Jahr 1922; vgl. https://www.nationalgeographic.de/geschichte-und-kultur/2019/08/wer-war-tutanchamun; besucht am 17.04.2024.

15 https://www.sueddeutsche.de/wissen/das-trockene-mittelmeer-verstopfung-bei-gibraltar-1.468544; aufgerufen am 16.10.2023.

16 In seinem großartigen Buch *Gorgon. The Monsters That Ruled the Planet Before Dinosaurs and How They Died in the Greatest Catastrophe in Earth´s History* (2004, London: Penguin Books) sieht sich der Paläontologe Peter D. Ward in Südafrika noch schlimmeren Strapazen ausgesetzt: Rassismus, Klapperschlangen, Malaria. Er fragt sich: »Wieso komme ich hier her?«

Fast schon poetisch antwortet er auf dem Fuß: »Das hier sind Antiquitäten von immenser Schönheit und Seltenheit. Freudenschreie hallen durch die Felsen, während das Alter von dir abfällt und du die besten Momente deiner Kindheit nochmal erlebst.« (Übers. d. A.).

17 *Ein Dinopark für Gazas Kinder*, Lübecker Nachrichten vom 02.07.2015

18 *Imagine*, Lied von John Lennon, 1971.

19 Wikipedia-Eintrag; aufgerufen am 15.10.2023.

20 Frisch, Max (1981): *Der Mensch erscheint im Holozän.* Frankfurt am Main: Suhrkamp.

21 Haushofer, Maren (2004): *Die Wand.* Leipzig: List.

22 Vogel, Jürgen (2017): *Der Mann aus dem Eis.* Alive, DVD, Alive.

23 Schott, Raoul (2016): *Erste Erde. Epos.* München: Carl Hanser Verlag.

24 Vasarhelyi, Elisabeth Chai (2019): *Free Solo. Ein Leben ohne Angst.* DVD, Capelight Pictures.

25 König, Ralf (2019): *Stehaufmännchen.* Hamburg: Rowohlt.

26 Zugegeben, die aktuellen Forschungsergebnisse zum gigantischen Gliederfüßer *Arthopleura* sind nicht eindeutig. Während ihm einige Wissenschaftler durchaus fleischfressende Gewohnheiten zuschreiben, wird er von manchen anderen als reiner Vegetarier angesehen. Möglich ist sicher auch, dass er Gemischtköstler war.

27 https://www.instagram.com/himmapaan/?hl=de; aufgerufen am 09.05.204. Ein Besuch lohnt sich!

28 Ja, richtig: Das vierbeinig laufende Tier mit dem Segel auf dem Rücken, das oft fälschlicherweise für einen Dinosaurier gehalten wird.

29 https://www.hna.de/lokales/wolfhagen/wolfhagen-ort54301/wolfhager-ur-handtier-geht-welt-3374327.html, aufgerufen am 22.6.2024

30 Neben den Dinosauriern ist dieses Exponat im Senckenberg mein liebstes Ausstellungsstück. Wie viel Lebenszeit habe ich wohl schon vor der Schauvitrine verbracht, in der dieses archaische Duell für die Öffentlichkeit konserviert ist? Mehr darüber finden Sie auf https://museumfrankfurt.senckenberg.de/de/ausstellung/dauerausstellungen/anakonda/; aufgerufen am 09.05.2024.

31 Dessen Salzgehalt, so wird erzählt, soll tatsächlich dem des Urmeeres entsprechen.

32 Dies also schreibt der Künstler zu seinem Bild: »So ist der Mensch mit dem eigens kreierten Anspruch angetreten, ›sich die Erde untertan zu machen‹, doch blind gegenüber der Tatsache, dass seine Spezies wohl nicht die Krone der Schöpfung, sondern leider eher deren Kloake ist. In letzter Konsequenz wird sein widernatürliches Verhalten meines Erachtens dafür sorgen, dass unsere Art mit den eigens dramatisch veränderten Lebensbedingungen auf dem Planeten Erde wohl nicht mehr zurechtkommt. Ein Indiz dafür, dass dies – bewusst oder unterbewusst – ›sehenden Auges‹ geschieht, sind die utopischen Bestrebungen unserer Spezies, neue Lebensräume innerhalb unseres Sonnensystems, unserer Galaxis oder sonst wo im Universum zu erschließen. Für mich steht fest, unsere Art ist ein ›Irrläufer der Evolution‹ (Koestler, Arthur: *Der Mensch – Irrläufer der Evolution. Die Kluft zwischen Denken und Handeln. Eine Anatomie menschlicher Vernunft und Unvernunft.* Frankfurt am Main: S. Fischer Verlag.) und die immerwährende Kraft des natürlichen Gleichgewichts wird ihren Fortbestand verhindern. Tröstlich ist nur die Gewissheit, dass das Leben in seiner ganzen Pracht danach immer wieder und überall eine weitere Chance erhalten wird, seine ganze faszinierende Pracht und Schönheit zu entfalten.«

33 Coppens, Yves (2002): *Lucys Knie. Die prähistorische Schöne und die Geschichte der Paläontologie.* München, dtv.

34 ebd.

35 Cadbury, Deborah (2001): *Dinosaurierjäger. Der Wettlauf um die Erforschung der prähistorischen Welt.* Reinbek bei Hamburg: Rowohlt. S. 24ff.

36 https://de.statista.com/statistik/daten/studie/1315410/umfrage/verteilung-der-saeugetiere-nach-art-weltweit/, aufgerufen am 12.11.2023.

37 Buchtipp: Cocker, Mark (2001): *Birders. Tales of a Tribe* London: Random House.

38 Burkeman, Oliver (2023): *Four Thousand Weeks. Time Management for Mortals.* London: Picador.

39 Tudge, Colin (2000): *The Variety Of Life. A Survey and a Celebration of all the Creatures That Have Ever Lived.* London: Oxford University Press. (Übers. d. A.).

40 In dem sie offenbar selbst nichts als Sand haben.

41 Chevalier, Tracy (2009): *Zwei bemerkenswerte Frauen.* München, Albrecht Knaus Verlag.

42 Simons Talent führte unter anderem dazu, dass seine Zeichnung eines *Dorudon* – das ist ein Urwal – 2013 in der *Prehistoric Times* veröffentlicht wurde. Diese in den USA vom Enthusiasten Mike Fredericks herausgegebene Zeitschrift ist seit über einem Vierteljahrhundert *das* Organ der »Paläo- Community«. Auch mittlerweile etablierte deutsche Paläo-Künstler wie Joschua Knüppe oder Frederik Spindler veröffentlichten hier ihre Darstellungen prähistorischer Lebewesen. Es bedeutet mir viel, Simons *Dorudon* in meinem Buch zu haben.

43 Mehr dazu in Kapitel 11.

44 Hier weist Simons Darstellung Parallelen zu Dr. Achim Schwermanns Ausführungen auf, die ich als nächstes vorstellen werde. Ich finde das so schade: Heutzutage wird jedermann Anwalt, Betriebswirt oder Banker; für die Rüstung, die Autoindustrie und die Banken ist scheinbar immer Geld da. Währenddessen müssen Idealisten in Wissenschaft und Forschung mit ihren wirklich relevanten Beiträgen zum gesunden Fortbestand der Welt oft genug schauen, wo sie bleiben.

45 Das bringt mich zurück zu Walter Muensterbergers Idee, dass manche Gegenstände sich in den Augen ihrer Besitzer zu regelrechten magischen Objekten verwandeln können. Was wiederum selbst ein Relikt aus unserer Zeit als Jäger und Sammler sein könnte. Schon die Neandertaler, heute selbst Fossilien, sammelten nachweislich Versteinerungen. Ist das nicht ein faszinierender Gedanke?

46 Sie erinnern sich doch? Hier trennten sich einst die Wege der Synapsiden und der Sauropsiden.

47 Muensterberger, Werner (1999): *Sammeln. Eine unbändige Leidenschaft.* Frankfurt am Main: Suhrkamp Taschenbuch Verlag.

48 Alles weist darauf hin, dass dieses Exemplar in der Werkstatt der »Bernd Wolter Design GmbH« in Rehburg-Loccum entstanden ist, die unter anderem den berühmten Dinosaurier-Park in Münchehagen (Niedersachsen) mit Modellen versorgt. Das Stativ weist Bohrlöcher auf, die darauf hinweisen könnten, dass »Cora« schon einmal ausgestellt wurde. Der Werdegang meines Centerpiece bleibt mysteriös. Wurde es gestohlen? Habe ich womöglich Hehlerware gekauft? War die Skulptur aussortiert worden? Wurde sie als nicht ausstellungstauglich eingestuft? Jeder Hinweis, der zur Aufklärung beiträgt, ist mir willkommen.

49 Geben Sie auf YouTube einfach »Kathrins Dinoversum« ein. Und wenn Sie schon mal dort sind: Ein Abstecher zu Kathrins Musikprojekt »Matzumi« lohnt sich unbedingt.

50 Das Interview wurde am 24.7.2023 veröffentlicht auf: https://collider.com/jurassic-park-slash-comments/; aufgerufen am 28.02.2024. (Übers. d. A.). Darin stellt Slash auch seine Beteiligung an einem Projekt in Aussicht, das etwas mit den Dinosauriern zu tun haben wird. Bleiben wir gespannt!

51 https://dinotoyblog.com/forum/index.php; aufgerufen am 11.05.2024.

52 https://steinkern.de; aufgerufen am 11.05.2024.

53 Fossilien sind längst zu Statussymbolen und Investitionen geworden, Yachten und Kunstwerken ähnlich. Der Kapitalismus macht auch vor der Urzeit nicht halt. Die Märkte wachsen, was dazu führt, dass wissenschaftliche Sorgfalt bei Ausgrabungen zu kurz kommt, der Schwarzmarkt für Fossilien blüht und öffentliche Museen angesichts reicher Sammler vermehrt das Nachsehen haben. Wem gehört die Erdgeschichte? Dazu unbedingt sehenswert: Die Arte-Dokumentation *Auf der Jagd nach Dino-Fossilien.* https://www.youtube.com/watch?v=F0KT6GqyADY; aufgerufen am 11.5.2024.

54 Ich hätte gern mit der Band darüber gesprochen, doch man hüllte man sich nach meiner freundlichen Anfrage ans Management leider in Schweigen.

55 Larsen, Reif (2009): *Die Karte meiner Träume.* Frankfurt am Main: S. Fischer. S.39

56 Mash, Robert (2004): *Dinosaurier (nicht nur) für Haus, Hof und Garten. Ein praktischer Ratgeber für den modernen Tierfreund.* München: Elsevier GmbH.

57 *The_development_of_conceptual_interests_in_young_children*; https://www.researchgate.net/publication/222665928;_ aufgerufen am 31.5.2024.

58 Renz-Polster, Herbert (2011): *Menschenskinder. Plädoyer für eine artgerechte Erziehung*. München: Kösel-Verlag.

59 *When the Dinosaurs Held Sway*. Washington Evening Star, 11.06.1905.

60 Der Fund erregte das Interesse des englischen Botanikers Mark Catesby. Während die weißen Plantagenbesitzer ihn bibeltreu als Überreste eines Opfers der Sintflut auslegten, stimmte der Wissenschaftler der Interpretation der aus Angola und dem Kongo stammenden Arbeiter zu.

61 Ich war gute 19 Jahre zuvor in dieser Stadt, aber das Programm meiner Gasteltern war zu eng gestrickt, als dass ich hätte flanieren und dabei einen solchen Laden entdecken können.

62 *LEGO*© erwirtschaftet mittlerweile einen Großteil seines Umsatzes mit der Zielgruppe der Erwachsenen und der Markt scheint noch längst nicht gesättigt.

63 Dawkins, Richard (2012): *Der Zauber der Wirklichkeit. Die faszinierende Wahrheit hinter den Rätseln der Natur*. Berlin: Ullstein.

64 Wie zur Bestätigung fand ich während meiner Recherchen eine entsprechende Anzeige von damals, die die Modelle mit »These are not toys. Collect authentic dinosaur models!« bewarb. Heutzutage sind Sammler verwöhnt von der Vielfalt und der Qualität der Marken und Modelle, der Markt ist gigantisch geworden. Doch Mitte der Achtzigerjahre des letzten Jahrtausends war man froh, wenn einen mal jemand derart ernst nahm.

65 Ich möchte hier um Gottes Willen keine Gender-Debatte bedienen oder vom Zaun brechen. Doch ehrlich gesagt habe ich immer noch nicht rausgefunden, welches Geschlecht der Artikel der jeweiligen Art hat

(und ob überhaupt). Bei all den Tieren mit »-saurus« im Namen scheint das recht eindeutig, aber danach wird es wirklich schwammig. Ich habe mich einfach danach gerichtet, was am besten klingt.

66 Genesis 1,28.

67 Für alle vorgeschlagenen Schandtaten biete ich mich gern als Berater oder Vermittler an. Entweder kann ich etwas selbst oder ich kenne jemanden, der jemanden kennt.

68 www.bruchhauser-steine.de; aufgerufen am 11.05.2024.

69 Wiesmüller, Dieter (1992): *Pernix . Die Abenteuer eines kleinen Sauriers im Urzeitwald.* Aarau: Sauerländer.

70 Halstead, Beverly (1982): *Schreckensklaue, ein fleischfressender Dinosaurier.* Hamburg: Tessloff.

71 Oldroyd, David R. ( 1992): *Die Biographie der Erde. Zur Wissenschaftsgeschichte der Geologie.* Frankfurt am Main: Zweitausendeins.

72 https://www.berliner-zeitung.de/archiv/der-amerikanische-kulturkritiker-neil-postman-hat-ein-buch-ueber-erziehung-geschrieben-archaeologie-und-astronomie-als-hauptfaecher-in-der-schule-li.657222, aufgerufen am 23.6.2024.

73 Michaelsen, Sven (2006): *Starschnitte. Interessante Menschen erklären sich und die Welt.* Köln: Dumont, S. 29

74 Hilfe gibt es zum Beispiel bei: Miller, Steve (2007): *Dinosaurier zeichnen.* Köln: Taschen.

75 Vor einigen Jahren begleitete ich als Erziehungsbeistand einen in einer Wohngruppe lebenden 16-Jährigen, dessen Verhalten durchaus den Begriff »Systemsprenger« rechtfertigte. Einige unserer besten gemeinsamen

Momente hatten wir, als wir unter fachlicher Anleitung einen liegenden »Regal- Saurier« aus Ton modellierten, brannten und glasierten.

76 Süddeutsche Zeitung Magazin, 18.11.2022, S.30 ff.

77 In diesem Buch sind drei handgemachte Bilder zu finden. Zwei davon wurden gemalt, die dritte hat Marie Rohde mit einem Grafikprogramm am PC und damit selbstredend auch mit Unterstützung künstlicher Intelligenz erstellt. Dieses Centerfold wie auch das Buchcover selbst sorgten schon im Vorfeld der Veröffentlichung für Gesprächsstoff. Lässt die Skepsis, auf die die Werke neben großer Begeisterung eben auch stießen, sich vielleicht als Hinweis auf unser ambivalentes Verhältnis zu den verschiedenen Wechselwirkungen von Natur, Kreativität und Technik deuten? Scheint hier vielleicht auch eine gewisse Angst vor dem Einfluss der künstlichen Intelligenz durch? Ich bin wirklich neugierig auf weitere Rückmeldungen, Meinungen und Gespräche zu diesem Thema.

78 Inspiration ohne Ende gibt es dazu bei Dixon, Dougal(1988): *The New Dinosaurs. An Alternative Evolution.* Topsfield, MA: Salem House Publishers.

79 Ich empfehle Conway, John, Kösemen, Cevdet M. und Naish, Darren (2012): *All Yesterdays. Unique and Speculative Views of Dinosaurs and Other Prehistoric Animals* . Irregular Books.

80 Ein »Schnibbelbuch« zu einem Thema entsteht, wenn man Bilder und Texte aus anderen Veröffentlichungen ausschneidet, vielleicht noch eigene Schreibmaschinentexte dazu klebt und diese Collagen dann kopiert. Das Layout der Seiten entsteht somit oft erst kurz vor der Vervielfältigung der Seiten und entwickelt nicht selten einen besonderen Charme.

81 Ausgerechnet ein schon älteres, unscheinbares Kinder-Taschenbüchlein enthält noch immer die kompakteste mir bekannte Anleitung zur Fossiliensuche: Norman, David (1987): *Kennst du diese Dinosaurier.* Ravensburger Buchverlag.

82 Mehr zu seiner Arbeit unter: www.danielfitzke.de; aufgerufen am 12.05.2024.

83 Mehr zu ihrer Arbeit unter: www.gerlinde-schoenberg.de; aufgerufen am 12.05.2024.